기독교문서선교회(Christian Literature Center: 약칭 CLC)는 1941년 영국 콜체스터에서 켄 아담스에 의해 시작되었으며 국제 본부는 미국 필라델피아에 있습니다. 국제 CLC는 59개 나라에서 180개의 본부를 두고, 약 650여 명의 선교사들이 이동 도서차량 40대를 이용하여 문서 보급에 힘쓰고 있으며 이메일 주문을 통해 130여 국으로 책을 공급하고 있습니다. 한국 CLC는 청교도적 복음주의 신학과 신앙 서적을 출판하는 문서선교기관으로서, 한 영혼이라도 구원되길 소망하면서 주님이 오시는 그날까지 최선을 다할 것입니다.

추천사 1

김인숙 대표
한국기독교경제학회

　경제 활동은 일용할 양식을 공급하고 일상의 삶을 영위하기 위한 가장 기본적인 활동이다. 개인과 조직과 국가, 사회의 경제 발전을 위해서는 경제 활동의 과정과 결과에 형평성과 공정성이 보장돼야 한다. 노동이나 자본이나 지적 재산권을 투입하여 재화와 서비스의 산출에 기여한 만큼 소득이나 이윤을 얻을 수 있어야 한다.

　또한, 개인이나 조직의 인위적인 태만이나 도덕적 해이에 의한 것이 아니라 사회 구조적 문제로 인해 소득과 이윤이 불공정하게 분배되지 않도록 해야 한다. 이를테면 일하고 싶어도 일할 수 없는 개인에게 조직이나 국가, 사회가 일용할 양식을 공급해 줄 수 있어야 공정하다. 공정성에는 사회적 약자에 대한 사회적 배려와 조절이 포함되어 있다.

　경제 정의는 이념에 치우치지 않고 형평성과 공정성을 포괄한다. 합격선이 그어져 있는 정태적 수준이 아니라 삶의 올바른 방향으로 나아가는 동태적 과정이다. 개인과 공동체적 사회가 유기적 관계에서 바람직한 가치를 부단히 이루어 가는 과정이다.

　경제적으로 부유하거나 빈곤하더라도 더불어 살아갈 수 있도록 한편으로는 자신의 사유 재산권을 합법적으로 행사하면서, 다른 한편으로는 타인의 삶에 기본적인 필요를 충족시키는 사회적 책무를 이행하는 일이 경제 정의로 향하는 기본적인 길이다.

『현대 경제학과 청지기 윤리』(Economics today)를 저술한 도널드 A. 헤이(Donald A. Hay)는 이러한 관점에서 단언했다.

> 이상적인 인간성은 개인주의에서가 아니라 상호 구성원이 되는 데서 발현되는 것임이 틀림없다.

그러면 개인주의에 근거하여 치열하게 경쟁하는 현대의 시장자본주의 사회에서 경제 정의를 내세울 때 공감할 수 있는가?

인식론적으로 공감한다고 하더라도 경제 현장에서 실천할 수 있는가?

성경은 소극적 배려의 차원을 넘어 적극적 섬김의 과정으로 경제 정의를 인식하고 실천하기를 가르친다. 기독교 윤리학자이자 경제학자인 저자 앤드루 하트로프(Andrew Hartropp)는 2003년 박사 학위 논문에서부터 고심한 하나님의 경제 정의의 네 가지 핵심 원칙을 이 책에서 독창적으로 정립하여 제시했다. 하나님의 원칙에 따른 타인 섬김, 경제적 약자에 대한 특별한 배려, 대인 관계의 질적 개선, 하나님의 복에 모든 사람의 참여, 이 네 가지는 현대에 적용 가능한 '강력하고 정당한 원칙들'이라고 주장한다.

이 책은 하나님 나라를 이루는 경제 정의가 일상적인 경제 활동 영역에서 소소하지만 확실하게 실천 가능하다는 관점(소·확·천)을 강조한다. 개인의 소비 행위에서, 기업의 경영 의사 결정과 노사 관계에서, 금융 기관의 대출 과정에서, 정부의 법제도 운영과 사회단체의 보완적 역할에서 구체적으로 실천할 수 있다고 피력한다. 경제 현장에서 하나님 나라를 추구하는 우리 모두에게 형제애가 깃든 소망의 도전이자 초청이다.

경제 논리와 현실은 날카롭고 차갑게 여겨진다. 그러므로 하나님의 경제 정의는 그 장애 요소를 극복할 개인과 개인의 관계 회복에 초점을 두고 있다. 저자는 이렇게 선언한다.

"성경에 따르면, 경제 정의를 실천해야 하는 책무는 사회의 모든 사람에게 주어져 있다."

중대한 주제를 무겁지 않게 설득하는 이 책은 하나님 나라를 향해 경제 활동에 참여하는 우리 모두가 재확인하고 재도전할 과제를 제시한다. 유익한 성찰과 토론과 실천의 계기가 되리라 기대하며, 숙독하기를 적극적으로 추천한다.

추천사 2

신 기 형 목사
꿈의동산이한교회 담임, 기독교 윤리학 박사

'양날 가진 칼과 같은 책.'

앤드루 하트로프의 『하나님의 경제 정의』는 보기 드문 조합으로 이루어져 있다. 하나님의 마음과 경제 정의, 경제적 약자와 금융 산업, 불평등과 하나님 복에의 참여. 이런 사안 하나만으로도 많은 토론과 글이 나오는 복잡하고 어려운 내용인데, 저자는 오늘날의 현안과 성경 그리고 경제학 이론으로 예수님을 본받고 하나님의 마음으로 살아가고자 하는 자들에게 고민거리와 함께 실제적 실천 사항을 알려 준다. 저자의 독특한 이력이 잘 말하듯, 저자의 성경 해석은 균형과 깊이를 골고루 갖고 있고, 저자의 경제 현안에 대한 이해와 설명은 어느 한쪽으로의 쏠림 없이 현실적이면서도 매우 신뢰할 만하다.

저자의 독특한 기여는 정의의 근거를 하나님의 성품에 두는 데 있다. 정의는 '조잡한 이성이나 변할 수밖에 없는 감정'의 차원이 아니라 온 세상과 우주를 창조하시고 다스리시는 하나님의 뜻에서 비롯됨을 저자는 반복해서 강조하고 일깨운다. 그래서 저자는 정의가 갑자기 나타난 것도 아니고 인간이 만든 개념이 아님을 분명히 한다. 물론 정의감은 인간에게 있지만 이는 하나님의 성품에서 비롯된 것이다.

그래서 정의란 하나님이 세우신 규범에 따라 사람들을 적절하게 대하는 것이다. 따라서 정의는 상태나 상황이 아니라 관계를 말하고, 경제 정의는 경제 영역에서 하나님이 세우신 규범에 따라 사람들을 적절하게 대하는 것을 말한다. 가난한 사람을 돌보는 것, 서로에게 공평하고 정당한 것, 그래서 모두가 번성할 수 있는 것 등이다.

저자는 이런 규범이 소비 생활, 직장 생활, 교회와 금융 기관, 나아가 정부나 비정부 영역에서 어떻게 작용해야 하는지 친절하게, 그러면서도 심도 있게 제시한다. 금융 기관에서의 경제 정의 논의가 눈길을 끄는데, 금융 기관이 커질수록 직접 간접적으로 빈곤층을 상대할 기회가 더 많아지기에, 경제적 약자의 형편을 살피고 잘 안내해 서로가 혜택을 누리는 방향이 정의롭다고 말한다. 나아가 저자는 경제적 약자가 처할 수밖에 없는 고금리 현실에서 '자비로운 저금리 대출'로 대출이 덫이 아니라 빈곤에서 벗어나는 해방과 삶의 희망을 제공할 수 있어야 한다고 주장한다.

저자는 성경이 말하는 경제 정의를 '평등과 불평등을 넘어 모든 사람이 하나님의 손길 아래서 일하고 번영할 수 있고, 물질적 축복을 포함한 하나님의 복을 안정적으로 누릴 수 있는 상태'라고 정의한다.

이 책은 가볍게 읽을 수 있는 책이 아니다. 손쉬운 해결책을 제시하지도 않는다. 우리 각자가 나름대로 견지하는 경제적 혹은 정치적 성향을 무작정 지지하지도 않는다. 이 책은 저자의 삶처럼 하나님의 마음을 갖고 이사야가 바라본 세상에 공의를 세우시는 예수님의 비전을 현실 속에서 실현하고자 하는 자들을 위한 책이다. 인내를 갖고 한 장 한 장 읽어 간다면 오늘날 경제를 보는 시야가 바뀌고, 내가 경제 생활 속에서 만나는 사람들을 어떻게 대해야 하는지 더 분명해질 것이다. 특별히 엄주연 교수의 탁월한 번역은 이 책을 읽는 우리에게 큰 복이기도 하다.

이 책은 경제를 숫자와 현상으로만 보는 경제학자들, 성경과 경제를 분리하여 생각하는 신학자들과 목회자들, 각자의 관점에서만 경제 문제를 바라보는 성도들 그리고 이상과 현실 가운데서 하나님의 뜻을 진지하게 고민하는 사람들, 바로 여러분을 위한 책이다.

추천사 3

한 정 화 박사
한양대학교 경영대학 교수, 전 중소기업청장

　정의에 대한 상대적 관점이 만연해 있는 현실에서 이 책은 하나님의 규범과 원칙에 근거한 절대적 가치로서 정의가 무엇인가를 명쾌하게 제시하고 있다. 동시에 다양한 이해 관계자의 입장에서의 정의의 이해와 실천 방법을 보여 주고 있다.
　성경은 창세기에서 요한계시록까지 '하나님이 어떤 분이신가?'를 보여 주고 있는데, 일관되게 그분은 공의로우신 분이라는 것, 인간 세상에 그분의 성품을 드러내시기를 원하셨다는 것이 이 책의 핵심 메시지이다. 저자는 경제 정의에 대해 단순히 불의를 막고 제재하는 차원이 아닌 경제적 약자에 대한 배려와 관계의 질을 높이는 것이며, 더 나아가 하나님의 복에 참여하는 것이라고 말한다.
　이러한 관점에서 경제 정의는 잘못된 것을 바로잡는 차원이 아닌 하나님의 사랑을 실천하는 것으로, 물질적 풍요를 누리는 사람들이 행해야 할 사회적 책임임을 강조한다.
　저자는 경제 정의에 대한 적극적이고 포괄적인 관점을 제시함으로써 경제 정의 실천의 현실적 당위성과 함께 구체적 실행 방법을 보여 주고 있다. 경제 활동에는 다양한 주체가 있는데, 이들의 각자의 위치에서 무엇을 어떻게 해야 하는지 그 지침을 제시하고 있다.

이 책의 가장 큰 미덕은 좌로나 우로나 치우치지 않는 균형 감각으로서, 독자들에게 공감을 불러일으킴과 동시에 실행의 필요성을 일깨우고 있다. 경제 정의에 관해 관심을 가지고 실천하기를 원하는 크리스천에게 필독을 권한다.

추천사 4

헬렌 손(Helen Thorne)
런던도시선교회(London City Mission) 훈련, 멘토링 본부장

복잡한 주제에 대한 이해하기 쉽고 생각을 자극하는 설명!

이 훌륭한 책은 당신이 성경을 탐구하고, 당신의 생각을 새롭게 하고, 세상과의 관계를 새롭게 정립하게 할 것이다.

추천사 5

리처드 턴불(Richard Turnbull)
옥스퍼드 기업시장윤리센터(The Centre for Enterprise, Markets and Ethics) 대표

앤드루 하트로프는 경제학과 신학 분야에서 박사 학위를 취득한 경제 정의 분야의 전문가이다. 그는 매우 신중하고 철저하게 그리고 놀라운 통찰력을 갖고 이 분야의 연구를 거듭해 왔다. 하트로프는 특히 하나님의 성품과 창조의 섭리 그리고 성경에 근거를 둔 정의의 체계를 확립하는 데 탁월한 학자이다. 비즈니스 현장에서 발생하는 윤리적 문제들은 대부분 경제 정의와 관련되어 있다.

하트로프는 소위 성경에 대한 '진보' 혹은 '보수'의 틀에서 벗어나 균형 잡힌 관점을 제시한다. 그는 희년(jubilee)의 문제에 대해서도 매우 신선한 통찰을 제공하고 있다. 그는 희년의 본질을 현대 사회의 소비지상주의, 고금리 대출, 직장과 기업의 역할 등에 적용하여 재해석했다. 그는 '경제 정의'라고 하는 복잡한 주제를 체계적이고 이해하기 쉽게 다뤘다.

GOD'S

ECONOMY

하나님의 경제 정의

God's Good Economy
Written by Andrew Hartropp
Translated by Jooyun Eum

Copyright ©2019 Andrew Hartropp
Originally published in English under the title
God's Good Economy
by Inter-Varsity Press
Causton Street, London SW1P 4ST, England.
All rights reserved.

Translated and printed by permission of Inter-Varsity Press.
License arranged through rMaeng2, Seoul, Korea.
This Korean Edition Copyright © 2021 by Christian Literature Center, Seoul, Korea.

하나님의 경제 정의

2021년 2월 28일 초판 발행

지 은 이	|	앤드루 하트로프
옮 긴 이	|	엄주연
편 집	|	황평화
디 자 인	|	김현진
펴 낸 곳	|	(사)기독교문서선교회
등 록	|	제16-25호(1980.1.18.)
주 소	|	서울특별시 서초구 방배로 68
전 화	|	02-586-8761~3(본사) 031-942-8761(영업부)
팩 스	|	02-523-0131(본사) 031-942-8763(영업부)
이 메 일	|	clckor@gmail.com
홈페이지	|	www.clcbook.com
송금계좌	|	기업은행 073-000308-04-020 (사)기독교문서선교회
일련번호	|	2021-12

ISBN 978-89-341-2240-1(94230)
ISBN 978-89-341-2223-4(SET)

이 한국어판 저작권은 알맹2 에이전시를 통해 Inter Varsity Press U.K.와(과) 독점 계약한 (사)기독교문서선교회가 소유합니다. 신저작권법에 의하여 한국 내에서 보호를 받는 저작물이므로 무단 전재와 무단 복제를 금합니다.

CLC 경제 시리즈 5

세상 속에서 하나님의 경제 정의를 실천하라

하나님의 경제 정의

앤드루 하트로프 지음 | 엄주연 옮김

CLC

차례

추천사 1

    김 인 숙 대표 | 한국기독교경제학회

    신 기 형 목사 | 꿈의동산이한교회 담임, 기독교 윤리학 박사

    한 정 화 박사 | 한양대학교 경영대학 교수, 전 중소기업청장

    헬렌 손 | 런던도시선교회 훈련, 멘토링 본부장

    리처드 턴불 | 옥스퍼드 기업시장윤리센터 대표

저자 서문 16

역자 서문 19

약어 목록 22

GOD'S GOOD ECONOMY

서론	23
제1장 경제 정의란 무엇인가?	31
제1부 인간 관계에서의 경제 정의 실천	**64**
제2장 소비자의 경제 정의 실천	65
제3장 직장에서의 경제 정의 실천	88
제4장 교회: 경제 정의의 등불	115
제2부 세상에서의 경제 정의 실천	**145**
제5장 회사와 법인	146
제6장 은행과 금융 기관	175
제7장 더 넓은 사회: 국가와 세계	213
에필로그	250
성찰과 토론 그리고 실천을 위한 토의 질문	257
미주	269
경제 정의 관련 기관	286
주제 색인	293

저자 서문

앤드루 하트로프 박사
옥스퍼드 기업시장윤리센터

이 책은 경제 정의에 관심을 가진 모든 사람을 위한 것이다. 내가 '경제 정의'라는 용어를 사용한 이유는 이 용어가 '효율적인' 혹은 '성장하는'이라는 표현보다 더 큰 의미가 있기 때문이다.

"요즘 경제가 잘되고 있습니까?"

만약 당신이 경제학자에게 이런 질문을 한다면, 아마도 이런 취지의 대답을 들을 수 있을 것이다.

"네, 올해의 국내총생산(GDP)은 2퍼센트의 성장을 전망하고 있습니다."

그러나 이 책은 경제의 도덕성에 대해 다루고 있다.

정의를 실현하는 것이 착한 경제의 핵심이다. 우리는 경제 정의가 실제로 무엇인지를 올바로 이해해야 할 필요가 있다. 많은 사람이 경제 정의라는 말을 좋아하지만, 실제로 그 뜻이 정확하게 무엇인지에 대해서는 혼돈하고 있다.

이 책에는 당신을 놀라게 할 만한 내용이 많을 것이다. 예를 들면 '경제 정의'와 '하나님'이 서로 깊이 연관되어 있다. 이 경우에는 당신이 이 책을 계속 읽기를 바란다.

나는 경제학자, 신학자 그리고 교회 사역자이다. 기독교인으로서 지난 20여 년 동안 경제 정의가 무엇인가에 관해 탐구해 온 나는 하나님이 정의를 사랑하신다는 사실을 깨닫게 되었다. 이 정의에는 경제 생활도 포함되어 있다. 경제 정의의 근거는 하나님과 그의 성품에서 찾을 수 있다. 나는 성경과 예수 그리스도를 통해 자신을 계시하신 하나님에 기초를 둔 경제 정의의 실천에 대해 당신과 나누고자 한다.

당신을 놀라게 할 만한 또 다른 것이 있다. 경제 정의는 물건을 사고, 팔고, 일하고, 생산하고, 거래하는 등의 경제 활동에서 우리가 서로 어떻게 연관되어 있는가에 관한 것이다. 경제 정의는 우리의 모든 관계 속에서 실천해야 한다. 우리는 경제 정의를 단순히 정부 차원의 일로 미루어 둘 수 없다.

이 책에는 다소 도발적인 것들도 있다. 예를 들면 무엇이 '경제 정의'인가에 대한 당신의 생각과 행동에 도전하기도 한다. 그러나 만약 이 책이 올바르고 정의로운 것이 무엇인가에 대한 진실에 도달할 수 있게 해 준다면, 도발이 반드시 나쁜 것은 아닐 것이다.

나는 이 책을 집필하는 동안 도움을 준 모든 분에게 감사의 마음을 전한다. 나는 지난 20여 년 동안 경제 정의에 관해 연구하는 동안 수많은 사람과 교류해 왔다. 이와 관련하여 나에게 격려와 도전으로 함께해 준 모든 분에게 감사를 표하는 바이다.

특히 마이클 배너(Michael Banner), 조나단 채플린(Jonathan Chaplin) 그리고 도널드 A. 헤이(Donald A. Hay)에게 특별한 감사의 마음을 전한다. 이 책의 편집자인 영국 IVP출판사의 필립 듀스(Philip Duce)와 교정과 교열을 위해 수고해 준 엘도 바크허젠(Aldo Barkhuizen) 그리고 이 책을 추천해 준 헬렌 손(Helen Thorne), 리처드 턴불(Richard Turnbull) 그리고 앤서니 빌링턴(Antony Billington)에 대한 감사도 빼놓을 수 없다.

지난 수년 동안 내가 이 책을 집필할 수 있도록 격려와 권면을 아끼지 않았던 나의 아버지인 앨런(Alan)과 자녀들인 다니엘(Daniel), 로잔나(Rosanna), 브리오니(Bryony) 그리고 조셉(Joseph)에게도 감사한다. 무엇보다도, 나의 가장 친한 친구이자 이 책을 집필하는 동안에 겪은 모든 우여곡절에도 불구하고 인내하며 동행해 준 사랑하는 아내인 클레어(Claire)의 헌신적인 지원과 기도에 진심 어린 감사의 마음을 전하고자 한다.

부활절에 이 서문을 쓰는 것은 인간의 시간과 공간 속에서 공개적으로 십자가에 못 박혔고, 죽었다가 다시 사신 예수 그리스도를 회상하는 특별한 의미가 있다. 아마도 그리스도의 부활보다 경제 정의의 중요성을 더 극명하게 보여 주는 것은 아무것도 없을 것이다. 그리고 그리스도의 복음은 현세와 내세의 모든 영역에 영향을 미친다.

역자 서문

엄 주 연 박사

한국선교훈련원(GMTC) 원목/교수

 이 책과의 만남은 저자와의 특별한 만남에서부터 시작되었다. 이 책의 저자인 앤드루 하트로프(Andrew Hartropp) 박사는 내가 영국의 옥스퍼드선교대학원(OCMS)에서 박사 학위 논문을 쓸 때 지도 교수(tutor)로서 영국의 학문적 전통에 대한 길잡이가 되어 주었다. 경제학과 신학 분야에서 박사 학위를 취득한 그는 이 분야에 대한 풍부한 지식과 그 깊이를 가늠하기 어려운 지혜 그리고 불꽃 같은 신념과 확신으로 서로 공통점이 많지 않아 보이는 이 두 학문 영역을 복음주의 신학의 관점에서 통합해 온 위대한 학자이며 실천가이다.

 이와 같은 그의 학문적 업적과 통찰은 내가 그로부터 배운 삶의 교훈 가운데 극히 일부에 지나지 않는다. 소박하고 검소한 생활 방식, 가족에 대한 깊은 사랑과 섬세한 돌봄, 약간 유행에 뒤떨어진 듯하지만 여전히 유쾌한 웃음을 자아내는 특유의 유머 코드, 교회 공동체와 지역 사회 지도자로서의 섬김의 지도력 그리고 후배 학자의 학문과 삶에 대한 전인적 돌봄 등은 내가 그를 왜 학문과 인생의 멘토로서 존경하고 사랑하는지를 잘 보여 준다.

복음주의 신학과 선교학에서 '정의'는 새로운 주제가 아니다. 1974년 7월 스위스 로잔에서 개최된 세계복음화국제대회가 채택한 로잔 언약(The Lausanne Covenant)과 1989년 7월에 발표한 마닐라 선언(The Manila Manifesto)에도 정의와 인간의 존엄성 그리고 사회적 책임을 명시하고 있다. 이 밖에도 신학과 선교학의 제반 분야에서 정의와 사회 참여는 지속적으로 주요 주제로 다루어져 왔다.

이와 같은 논의는 학계에서만 머물지 않았다. 비록 더 큰 노력이 필요하지만, 한국을 비롯한 세계의 많은 교회와 그리스도인이 그들의 손길을 필요로 하는 지역 사회와 세계 곳곳에서 구제와 봉사를 비롯한 다양한 방식의 자발적 사회 참여를 통해 정의를 실천해 왔다. 이 책은 여기에서 더 나아가 경제 활동 면에서도 정의를 실천해야 할 교회와 그리스도인의 사명을 일깨우고 있다.

한국교회와 그리스도인은 경제 정의를 실천하는가?

아마도 이 질문에 대한 정직한 대답은 "예" 그리고 "아니요"일 것이다. 대다수의 한국 그리스도인이 하나님이 맡겨 주신 재정을 하나님 나라와 그의 의를 위해 사용하도록 최선을 다해 노력하고 있으며, 또한 온 세상의 모든 민족 가운데 하나님의 의와 공의가 세워지도록 기도해 왔기 때문에 이 질문에 당당하게 "예"라고 대답할 수 있다. 실제로 그들은 한정된 물질적 자원으로 교회 헌금, 선교적 지원, 구제 그리고 다양한 비영리 사회 기관과 개인을 위한 기부 활동에도 최선을 다해 참여하고 있다.

그러나 이 책에서 강조한 바와 같이 소비자로서, 직장인으로서, 교회 공동체의 일원으로서, 기업의 고용주나 고용인으로서, 은행과 금융 기관의 종사자로서 그리고 국민의 한 사람으로서 경제적 불의에 맞서 하나님의 의와 공의를 실천하는가에 대한 질문에는 "아니오"라고 대답할 수밖에 없는 것도 현실이다. 따라서 이 책은 경제 정의를 포함한 정의의 실천과 관련하여 한국교회의 부족한 부분을 보완해 줄 수 있는 귀중한 자료가 될 것이다.

이 책에서 거듭 밝혔듯이 하트로프 박사는 경제 정의를 어떻게 실천해야 하는가에 대한 모든 지역과 상황에 적용할 수 있는 세부적인 행동 지침을 제공하지는 않는다. 그는 성경으로부터 시대와 세대와 상황을 초월하여 적용할 수 있는 경제 정의의 본질과 목적 그리고 규범과 원칙을 제시하고 있다. 따라서 이 시대의 한국 사회의 현실에 적중하는 구체적인 실천 방안을 도출하고 실천하는 책무가 이제 우리의 몫으로 남게 되었다.

이 책을 읽고 있는 당신이 바로 불의의 흑암 가운데서 정의의 밝은 빛을 비추는 등대가 되어야 할 사명을 가진 하나님의 백성이다.

목동 언덕에서

약어 목록

ESVUK	English Standard Version Anglicized edition
NIV	New International Version
NT	New Testament
OT	Old Testament
RSV	Revised Standard Version
TOTC	Tyndale Old Testament Commentaries
WBC	Word Biblical Commentary

서론

이 책은 무엇에 관한 것인가?

이 질문에 대답할 수 있는 좋은 방법은 이 책을 뒷받침하는 네 가지의 확고한 신념에 대해 간략하게 설명하는 것이다. 이 신념들은 내가 이 책을 집필하는 동기가 되었다.

1. 경제 생활에서 정의가 중요하다

물건을 사고팔거나 사람을 고용하는 것을 포함한 경제 생활은 단순히 무엇을 만들고, 얼마나 만들고, 국내총생산(GDP)이 어느 정도인가에 대한 것만은 아니다. 경제적 번영을 누리는 것은 분명히 감사해야 할 일이다. 그러나 경제의 도덕성도 매우 중요하다.

우리 사회의 경제 활동에 착한 일이 일어나고 있는가?

경제 활동이 올바로 이루어지고 있는가?

나는 경제 생활에서 정의가 중요하다고 확신한다.

여기서 이런 질문이 제기된다.

"경제 정의가 무엇인가?"

제1장에서 이 부분을 자세히 다룰 것이다. 경제 정의가 중대한 사안이라는 확신을 하게 된 것은 궁극적으로 나의 두 번째 신념 때문이다.

2. 하나님은 정의를 사랑하시고 공평하시며 의로운 분이시다

신자인 나는 성부, 성자, 성령 하나님을 믿고 신뢰한다. 하나님은 자신이 누구인가에 대해 우리가 막연히 추측하지 않도록 자신을 분명하게 나타내셨다. 하나님은 정의를 사랑하는 자신의 확고한 의지가 담긴 성경을 우리에게 주셨다. 성경은 하나님 자신이 의롭고 진실하며 정의로운 분이라는 사실을 입증하고 있다.

또한, 성경은 하나님이 정의로우실 뿐 아니라 은혜와 자비가 충만하신 분이라는 사실도 보여 주고 있다. 그러나 이 증거는 구약성경에만 나타나는 것이 아니라, 2천여 년 전에 이 땅에 오셔서 하나님 자신을 인간에게 친히 나타내셨다.

신약성경에는 예수 그리스도와 그가 선포한 기쁜 소식(복음)들로 가득 차 있다. 그리고 예수 그리스도의 삶, 가르침, 죽음 그리고 부활은 하나님이 정의롭고 자비와 은혜가 충만하신 분이라는 사실을 극명하게 드러내고 있다.

경제 정의가 중요하다는 나의 확신은 이와 같은 확고한 기반 위에 확립되어 있다. 이 확신은 나 자신의 조잡한 이성이나 변할 수밖에 없는 감정이 아니라 하나님의 성품에 그 근거를 두고 있다. 그분은 바로 우리가 사는 이 세상과 우주를 창조하시고 다스리시는 정의와 공의의 하나님이시다. 이 세상은 창조자의 흔적을 품고 있다. 그래서 경제 정의가 중요하다고 믿는 것이 합리적이라고 할 수 있다.

3. 하나님의 구원 계획의 큰 그림: 하나님의 나라

성경은 하나님이 하늘과 땅을 창조하셨다는 말씀으로 시작한다(창 1-2장). 성경의 마지막 책인 요한계시록은 하나님이 새 하늘과 새 땅을 창조하실 것이라고 예언한다. 이것은 물질 세계가 하나님에게 중요하다는 사실을 말해 주고 있다. 그러므로 그에게는 경제 생활 속에서 발생하는 일들도 중요한 것이다.

창조와 새 창조는 마치 연극에서 '배우1'과 '배우4'의 역할과 같다.

'배우2'와 '배우3'은 어떻게 되었나?

성경은 하나님을 반역하는 것으로 인간의 역사가 시작되었다고 말한다(창 3장). 그들은 하나님의 말씀에 불순종하는 죄를 범했다. 이 반역은 곧 '타락'의 결과를 가져왔다. 이 현실을 바탕으로 하는 이 드라마에서 배우2가 타락에 해당하고, 그 불행한 결말은 경제 생활을 포함한 인간의 삶의 전 영역에 영향을 주었다.

그러나 하나님은 인간을 썩고 부패한 상태로 내버려 두지 않았다. 그는 인간을 구속하기 위한 활동에 나섰다. 이것이 바로 '구원'이다. 그는 자신을 위해 한 사람을 택했고, 이집트에서 노예들을 구출했다. 그리고 궁극적으로, 하나님의 구원 계획을 성취하기 위해 하나님의 아들 예수 그리스도를 이 땅에 보내셨다. 이것이 바로 현실 드라마에서 배우3이 담당한 역할이다. 따라서 성경의 큰 그림은 현실 세계의 드라마에서 네 가지의 역할로 구분할 수 있다.

> 창조 → 타락 → 구속 → 새 창조

나는 하나님이 구원의 하나님이라는 사실을 기뻐한다. 나는 그의 구원 계획이 진리이며, 그가 이 위대한 계획을 실행하고 계신다는 확신이 있다. 나는 또한 새 창조를 통해 그 구원 계획이 완성될 것이라고 믿는다. 그리고 나는 이 구속과 구원의 역사에 물질적, 신체적 그리고 경제적 영역들도 포함된다는 사실을 인정한다. 구원은 '영적' 영역에만 국한되지 않고, 창조와 새 창조의 맥락 속에서 이루어지고 완성될 것이다.

성경이 말하는 '하나님의 나라'는 하나님의 구원 계획을 다른 방식으로 표현한 것이다. 하나님은 온 우주의 주권자이다. 인간이 하나님에게 불순종한 결과인 타락은 그의 통치를 거부한 것이다. 그러나 하나님은 그 상태로 내버려 두지 않고 구원 계획을 실행했다. 따라서 하나님의 나라는 곧 기쁜 소식(마 4:23; 막 1:14-15)이며, 이 복음은 정의를 사랑하는 하나님이 경제 생활에서도 완전한 정의를 실현할 것이라는 사실도 포함한다.

4. 세속화된 서구 세계: 경제 생활도 마찬가지다

> 이 시대의 사람들이 복음을 거부하는 주된 이유 중의 하나가 복음을 거짓이라고 생각하기 때문이 아니라 사소한 것으로 인식하기 때문이다.[1]

존 스토트(John Stott)의 이 주장은 그리스도인이 직면하는 세속화의 심각성을 잘 보여 주고 있다. 세속화는 종교적 신념과 제도를 공공의 영역으로부터 분리하는 과정을 의미한다. 좀 더 직설적으로 표현하면, 세속화는 하나님을 이 세상의 구석으로 밀어내 버리는 것을 말한다.

오늘 뉴스를 보거나 신문을 읽어 보라.

거기서 하나님을 찾아볼 수 있는가?

하나님과 기독교가 이 세상에서 사소하거나 무관한 존재로 취급되고 있다. 사람들은 그들의 일상 생활 속에서 마치 하나님을 절대로 만나지 않을 것처럼 살아가고 있다. 이것이 바로 세속화된 서구 세계의 현실이다. 그리고 경제의 측면에서의 세속화는 더 지배적이다.

영국이나 서구 세계에서 국내총생산(GDP), 경제 성장, 혹은 경제 정의에 대해 하나님이 하실 말씀이 있다고 생각하는 사람들이 얼마나 되겠는가?

그러나 하나님은 여전히 하나님이시다. 그는 변함없이 자신의 구원 계획을 실행하고 계신다. 우리는 패배주의에 사로잡히지 않아야 한다. 우리는 세상이 하나님을 구석 자리로 밀어내고 있는 모습을 무기력하게 바라보고만 있지 않아야 한다. 오히려 그 반대가 되어야 한다. 예수 그리스도는 그의 제자들이 세상 속에 있기를 원하지만, 세상의 풍조에 흔들리는 것은 원하지 않으신다. 그는 이 문제를 위해 기도하셨다(요 17:15-19). 그리고 세속화에 대응하는 방법은 저항하는 것이다.

우리가 세상 속에 살고 있다는 것은 사회 생활, 경제 생활 그리고 비즈니스 등과 관련해서 역동적으로 상호 작용하고 있다는 것을 말한다. 이 사회의 일부가 되고, 그 속에서 살아가는 것을 말한다. 더 나아가 거칠고 험난한 매일의 삶 속에서도 선을 행하는 것을 의미한다. 나는 선을 행하는 삶의 일부가 바로 경제 생활 속에서 정의를 실천하는 것이라고 확신한다.

저명한 기독교 사상가 오스 기니스(Os Guinness)는 참여를 통해 세속화에 대응하는 것에 관해 탁월한 책을 저술한 바 있다. 그는 이 책에서 그리스도인의 회복에 대해 다음과 같이 말했다.

> 우리는 발전된 세상 속에서 그리스도를 따르는 사람으로서 공통의 도전에 직면해 있다. 우리가 하나님과 그분의 복음을 신뢰하고 당당하게 세상에 나가서 그리스도인의 새로운 회복을 위해 살고 일하며, 기독교 신앙의 희망으로 어둠에 도전할 때 오늘날 우리가 보고 성취할 수 있는 모든 것의 지평 너머에 있는 그 이상의 결과를 가져올 것이라고 나는 확신한다.[2]

나는 경제 정의를 실천하는 것이 바로 그 당당한 참여의 중요한 일부라고 확신한다. 그리고 경제적 차원을 포함하여 우리가 이 세상에서 진실한 삶을 살아감으로써 사람들에게 예수 그리스도의 복음을 증거할 더 큰 기회를 얻게 될 것이다. 삶과 증거는 함께 가는 것이다. 그러나 우리가 진실한 삶을 살아가려면 이 세상에서 현재 무슨 일이 일어나고 있는지에 대해 알아야 한다.

이것이 바로 내가 이 책을 쓰는 목적이다. 많은 사람이 '정의'에 대해 큰 관심을 두고 있지만, 정작 그 실체가 무엇인지, 어디에서 발견할 수 있는지 그리고 어떻게 실현할 수 있는지는 잘 모르고 있는 것이 현실이다.

우리는 그리스도인으로서 정의에 대해 올바로 이해해야 한다. 그리고 성경을 통해 경제 정의에 대한 하나님의 뜻을 분별해야 한다. 기니스는 이렇게 주장한 바 있다.

> 세상을 이해해야 하는 가장 중요한 이유는 세상을 사랑하고 구원하고자 하는 우리의 소망 때문이다. 세상은 사람들이 우리가 전해야 할 복음의 메시지를 듣는 사회적 환경이기 때문이다.[3]

따라서 경제학과 신학 그리고 기독교 윤리학을 전공한 나의 학문적 배경을 고려하여, 나는 당신이 이 시대에 예수 그리스도를 선포하는 위대한 과업을 성취할 수 있도록 돕기 위해 이 글을 쓰는 것이다. 그리스도를 증거 하는 삶의 한 부분으로써 경제 정의를 실천하는 것이 하나님이 우리에게 주신 사명이다.

5. 이 책의 구조

이 책의 제1장에서는 "경제 정의란 무엇인가?"

이 중요한 질문에 대한 해답을 탐구한다. 사실상 여기에는 매우 큰 혼란과 의견 차이가 있다.

성경이 말하는 경제 정의란 무엇인가?

성경은 이에 대해 하나님의 성품 그 자체에 근거한 매우 일관성 있고 확고한 해답을 제시하고 있다. 이 책은 크게 두 부분으로 나뉘어 있다.

제1부는 우리의 일상적인 관계 속에서 경제 정의를 실천하는 것에 대해 다루고 있다. 여기에는 우리가 소비자로서, 직장인으로서 그리고 교회의 일원으로서 어떻게 경제 정의를 실천할 것인가에 대한 논의가 포함되어 있다.

제2부는 더 넓은 차원의 사회에서의 경제 정의의 실천에 관해 설명한다. 제2부에서 강조하고자 하는 것은 기관들과 단체들 속에서 그리스도인의 역할에 대한 것이다.

제1장

경제 정의란 무엇인가?

만약 당신이 사람들에게 정의를 좋아하는지를 물으면, 많은 사람이 "그렇다"라고 대답할 것이다. 아마도 '불의'(injustice)를 좋아하거나 지지하는 사람은 많지 않을 것이다.

그러나 당신이 사람들에게 정의가 무엇을 뜻하는지를 물어보면 아마도 당신은 그들의 서로 다른 반응들에 놀랄 것이다.

'정의'가 공정성에 대한 것인가?

아니면, 도덕적 책무를 엄격하게 실천하는 것을 의미하는가?

혹은 보상과 처벌에 대한 것인가?

아니면 정의가 공평이나 평등에 대한 것인가?

'정의'의 뜻을 사전에서 찾아볼 수 있다. 웹스터(Webster) 온라인 사전은 '정의'를 네 가지의 측면에서 설명하고 있다.[1]

이 복잡한 설명은 내가 앞서 언급한 바대로 "정의란 무엇인가?"

이에 대한 매우 다양한 관점들이 있다는 것을 뜻한다.

우리가 '사회 정의'와 '경제 정의'에 중점을 둔다면, 그 견해는 더 다양해질 것이다. 어떤 사람들은 사회에서의 정의는 곧 '권리'에 근거를 두어야만 한다고 주장하기도 한다. 아마도 우리 가운데 상당수는 이 견해에 동의할 것이다. 국제연합(UN)의 '세계 인권 선언'(Declaration of Human Rights)이 여기에 해당하는 강력한 선언문이다.

많은 사람이 권리는 인종이나 출생지 또는 성별과 관계없이 인간으로서의 존재 자체에 내재해 있다고 믿고 있다. 그래서 우리는 '교육 받을 권리' 혹은 '의식주에 대한 기본권'을 주장할 수 있다. 이와 같은 맥락에서 볼 때, 사회 정의는 이러한 권리가 실제로 보장될 수 있도록 하는 것과 관련이 있다.

그러나 어떤 사람들은 정의가 '권리'가 아닌 '필요'에 대한 것이라고 주장한다. 필요는 각 사람이 처한 상황이나 환경에 따라 달라지는 개별적이고 개인적인 것이다. 반대로, 권리는 앞서 언급한 바와 같이 개인의 특정한 상황이 아니라 인간으로서의 존재 그 자체에 내재해 있는 기본권을 의미한다.

노예로 억압받는 사람들은 자유에 대한 절박한 필요가 있고, 정의를 위해 절규하며 싸우고자 할 것이다. 만약 어느 마을 전체가 굶주리고 있다면 식량을 절실히 필요로 할 것이다. 이런 상황에서 그들의 필요가 채워진 것을 정의가 실현된 상태라고 말할 수 있을 것이다.

정의는 또한 '자격' 혹은 '가치'로 이해할 수 있다. '정당한 노력에 대한 공정한 대가'라는 말은 정의가 보상, 자격, 혹은 가치 등의 의미를 내포하고 있다는 뜻이다. 다른 한편으로, 정의는 또한 '처벌'이라는 부정적인 뜻도 있다. 만약 경영자나 고용인이 범죄를 저질렀다면, 실직하거나 투옥되는 것이 정의로운 결과라고 말할 수 있을 것이다. 이런 관점에서 볼 때, 정의는 합당한 대가를 받는 것을 뜻한다.

지금까지의 논의를 종합하면, 정의가 권리, 필요 그리고 대가의 의미가 있다는 것을 알 수 있다. 문제는 이 세 가지의 개념들이 서로 충돌한다는 것이다. 예를 들면 자원이 부족한 지역의 상황을 가정해 보자.

이 부족한 자원을 사람들의 권리, 필요, 대가를 기준으로 분배되어야 하는가?

문화, 기후, 나이 및 경제 발전 상황 등 전 세계의 차이점을 고려할 때 권리, 필요 및 대가 등의 기준이 서로 충돌할 수밖에 없는 문제가 발생한다.

이 모든 문제가 우리에게 큰 어려움이 될 수밖에 없다.

사회 정의 또는 경제 정의가 무엇인지에 대한 합의가 없다면 더 큰 정의로 나아가는 방법에 대해 어떻게 서로 동의할 수 있겠는가?

이 문제의 심각성은 정치적 이념의 차이에서 더 명확하게 나타난다. 좌파의 정치적 사상과 사고는 대체로 권리에 특별한 관심을 둔다. 예를 들어 좌파의 사람들은 사회의 소득 격차와 부의 편중을 부당한 것으로 간주하는 경향이 있다. 이것은 좌파의 사람들이 일반적으로 권리에 기반을 둔 정의에 더 큰 의미를 부여하기 때문이다. 예를 들면 만약 모든 사람이 국민 소득을 똑같이 분배받을 자격이 있다면 소득 격차가 큰 것은 불의한 것으로 간주할 수 있다.

반면에 우파의 정치 이념을 가진 사람들은 '가치'에 더 큰 의미를 부여하는 경향이 있다. 소득이 많은 사람은 그럴만한 자격이 있다고 생각하는 그들은 이렇게 주장한다.

"높은 소득은 그만큼 열심히 일했기 때문이다. 그래서 공정하다."

문제가 보이는가?

이 두 가지의 정치적 이념은 정의가 무엇인가에 대해 전혀 다른 태도를 보인다.

어느 쪽이 더 나은가 혹은 옳은가에 대해 누가 결정할 수 있는가?

그것을 어떻게 판단할 수 있는가?

이 문제를 바라보는 또 다른 방법이 있다. 지난 수백 년 동안 철학자들이 정의에 대해 특히 경제 정의에 대해 깊은 숙고를 거듭해 왔다. 그들은 한편으로는 '생산과 소비의 정의'로, 다른 한편으로는 '분배의 정의'로 구분하기도 한다.[2] 문제는 사람들이 '경제 정의'에 대해 생각할 때, 이 두 가지 중의 하나를 취사선택하려는 경향이 있다는 것이다.

첫째, 생산과 소비의 정의는 생산자와 공급자, 판매자와 소비자, 혹은 고용주와 고용인 사이에 착취가 있었는가에 초점을 맞추고 있다.

여기서 착취는 정의와 반대의 개념이다. 예를 들어 'X'라는 국가에 어떤 경쟁 업체도 없는 '칩셀'(Cheapsell)이라는 이름의 유일한 슈퍼마켓 가맹점이 있다고 가정해 보자. 이 상황에서 칩셀은 잠재적으로 식품 공급자를 착취할 수 있는 강력한 권력을 갖게 된다.

칩셀은 경쟁이 치열한 시장 상황에서는 결코 있을 수 없는 터무니없는 낮은 가격을 생산자에게 강요할 수 있는 위치에 있는 것이다. 만약 칩셀이 이 권한을 악용한다면 농부들은 그들이 받는 돈으로는 생존하기도 어려운 처지에 내몰릴 수 있는 것이다. 그래서 칩셀은 공급자를 착취할 수 있는 권력을 갖고 있다.

우리는 기업과 노동자들 사이에서도 이와 비슷한 상황을 어렵지 않게 예상할 수 있다. 거대하고 강력한 독점 기업이 노동자들에게 매우 낮은 임금을 지급할 수 있을 것이다. 만약 그 국가에 최저임금에 대한 정책이 없다고 상상해 보라. 혹은 독점적으로 전력을 공급하는 회사가 소비자들이 "이건 정당하지 않아!"라고 불평할 정도로 전기료를 과도하게 인상할 수 있는 위치에 있다고 상상해 보라. 이 사례들은 불의한 착취의 일면을 잘 보여 주고 있다.

둘째, '분배의 정의'이다.

이것은 소득과 부가 어떻게 국민에게 분배되는가에 중점을 두고 있다. 이것은 마치 케이크를 만드는 과정보다는 케이크를 어떻게 나눌 것인가에 관심을 집중하는 것과 같다. 특히 이런 질문이 그 핵심이다.

"공평하게 나누어졌는가?"

구체적으로는, 가난한 사람들에게 돌아갈 몫과 부자가 가져갈 몫이 공정하게 분배되었는가를 감시하는 것이다.

분배의 정의는 또한 필요 혹은 권리에 기초한 정의의 개념을 사용하기도 한다. 사람들은 대체로 빈곤층의 필요를 충족시켜 주는 방향으로 소득이 분배되기를 바란다. 권리에 기초한 정의에 관심을 가진 사람들은 소득과 부의 분배가 평등하게 이루어지고 있는가를 기준으로 정의를 평가한다.

경제 정의에 관한 연구와 논쟁의 충격적인 특징 중 하나는 우리에게 둘 중의 하나를 취사선택하도록 강요하고 있다는 것이다. 우리는 생산과 소비의 정의나 분배의 정의 중의 하나를 택할 수 있다. 그러나 오직 극소수의 사람들만이 이 두 가지의 측면들을 모두 포용하는 '정의'를 생각하고 있다.[3]

그러므로 경제 정의와 관련하여 상당한 혼란이 있다. 정의에 대한 다양한 관점들이 존재한다. 문제의 본질은 정의란 무엇인가에 대한 많은 관점 중에 어떤 것을 선택하는가에 있다.

마치 어떤 샴푸를 선택할 것인가 혹은 다음 휴가 때는 어디로 갈 것인가를 결정하는 것과 같이 하나만을 까다롭게 선택해야 하는가?

정의를 생산과 소비 혹은 분배 중에 어떤 것을 선택해야 하는지를 누가 말할 수 있는가?

만약 우리에게 권리, 필요 그리고 대가 등의 세 가지의 선택 사항들이 주어져 있다면, 무엇이 진정한 정의인가?

누구의 관점이 옳은가?

1. 다원주의적 세상

지금까지 정의에 대한 혼란스러운 다양한 관점이 있다는 것을 살펴보았다. 이러한 혼란이 가중되는 것은 21세기의 현대 사회의 가치 체계가 더욱더 다원화되고 있기 때문이다. 반면에 지난 세기에는 도덕적 가치나 문화적 규범 등에 대한 한 사회의 지배적인 관점이 존재했지만, 21세기에는 관점의 다양성이 증가하는 다원주의적 추세를 보인다. 이러한 다원주의적 시대 상황은 '정의란 무엇인가'에 관한 혼란스러운 선택 범위에서 두 가지의 대조적인 경향이 나타나고 있다.

첫째, 다원주의적 시대 상황에서는 "정의란 무엇인가?"

이를 포함하여 무엇에든지 다양한 관점이 등장할 가능성이 훨씬 더 커졌다. 다원주의는 다양한 의견들이 뿌리내리고 번창하도록 장려하는 문화적 모판이다. 이것의 단점은, 다원주의가 팽배해 있는 이 시대에는 진리의 보편성에 대한 인식이 1950년대의 영국보다 훨씬 희박해졌다는 것이다.

둘째, 어떤 사람들은 '정의'에 대한 다원주의적 접근을 환영한다.

이들은 "마음껏 상상의 날개를 펼쳐 보라" 혹은 "당신에게는 당신의 도덕적 가치가 있고, 나에게는 내 것이 있다"라는 말을 선호한다. 그래서 그들은 "당신에게는 정의에 대한 당신의 생각이 있고, 나에게는 내 견해가 있다. 이게 좋은 거야"라고 주장한다.

정의에 관한 갈등이 커질 때 때로는 웃지 못할 상황이 벌어질 수도 있다. A라는 사람이 정의에 대한 매우 강한 평등주의적 관점으로 정치 분야에서 훨씬 더 큰 평등을 달성하기 위한 정책을 수립하기 위해 열심히 노력할 수 있다. 정의에 대한 전혀 다른 견해를 가진 B라는 사람은 A의 견해에 동의하지 않기 때문에 정반대의 정책을 원한다면, A와 B는 서로 다른 관점의 정의를 위해 서로 싸워야 할 것이다.

도덕적 '상대주의'를 주장하는 사람들은 그들의 신념에 대한 '절대적' 확신이 있다는 역설이 있다. 이것이 도덕적 상대주의 학파의 치명적인 약점일 수 있다. 기독교는 전통적으로 하나님에게서 오는 도덕적 절대성이 있다고 주장한다. 이 관점은 성경을 통해 우리에게 계시가 되어 있으며, 나는 이것이 도덕적 상대주의보다 훨씬 견고하다고 믿고 있다.

이 다원주의의 문화적 상황을 이해하는 것이 특히 나 같은 사람들에게는 매우 중요하다. 왜냐하면, 나는 성경이 하나님의 말씀이라는 것을 확신하고 있고, 더 나아가 성경이 우리의 믿음과 행동에 대한 하나님의 뜻을 기록한 책이라고 믿는 그리스도인이기 때문이다. 다시 말하면, 나는 성경이 절대적 진리라고 믿는다. 그러나 오늘날 많은 나라에서 널리 퍼져 있는 다원주의적 추세는 성경의 절대적 진리라는 주장에 대해 경멸하고 있다.

그들은 이렇게 외치고 있다.

"이 문제에 대해 대체 누가, 무슨 기준으로, 누구를 정죄할 수 있는가?"

"우리 각자가 자신만의 독특한 관점을 갖고 있다는 것을 인정하고 받아들일 수는 없는가?"

이러한 다원주의적 시대 상황 속에서 경제 정의에 대해 오직 성경만이 확실한 답을 줄 수 있다고 주장하기가 훨씬 더 어렵다. 그러나 이러한 시대적 추세의 도전에 대해 무관심하기보다는 이 문제를 올바로 인식해야 한다.

2. 경제 정의에 대한 성경적 이해

지금까지 우리는 정의와 관련된 복잡한 문제들을 살펴보았다. 우리는 또한 21세기의 다원주의적 추세와 이것이 제시하는 도전에 주목했다. 이러한 상황 속에서 나는 경제 정의에 대한 성경적 관점을 다음과 같이 제시하고자 한다.

1) 정의의 기본 전제

가장 중요한 첫 단계는 성경적 정의에 대한 기본 전제를 확립하는 것이다. 이 전제에는 세 가지 핵심 요소들과 그 요소들을 뒷받침하는 성경적 관점들이 포함되어 있다.

첫째, 경제 정의를 포함한 정의는 하나님의 성품에 근거를 두고 있다. 하나님은 정의로운 분이시며, 모든 일을 공의로 행하신다.

둘째, 하나님의 피조물 속에 정의가 내재해 있다. 하나님이 창조하시고 다스리시는 이 세상은 공정한 질서를 포함하는 세상이다. 이것은 특히 하나님이 만드신 세상에서 살아가는 모든 방법에 적용된다.

셋째, 하나님의 말씀인 성경은 정의가 무엇인가를 우리에게 드러내고 있다. 그리고 그 정의에는 경제 생활의 정의가 포함되어 있다.

이 세 가지의 전제들은 매우 중요한 의미가 있다.

첫째, 정의의 근거에 대한 것이다.
둘째, 정의의 구조와 관련되어 있다.
셋째, 정의의 실체를 의미한다.

이 세 가지의 전제는 경제 정의의 본질적 특성에 해당한다. 따라서 경제 정의에 대한 성경적 관점을 제시하기 전에 세 가지 전제에 대해 조금 더 이야기할 필요가 있다. 이 부분이 대단히 중요하기 때문에 너무 빨리 다음 단계로 넘어가는 것은 어리석은 생각이다.

(1) 정의는 하나님의 성품에 근거를 두고 있다

이 주장은 실제로 정의에 대한 일반적인 상식과는 전혀 다른 것이다.

"정의란 무엇입니까?"

사람들에게 이렇게 물으면, 여러 가지 대답이 나올 수 있다. 그중에 하나는 정의가 일종의 추상적 윤리 원칙이라는 것이다. 어떤 사람들은 정의가 우리가 이성적으로 추론할 수 있는 것이라고 말하고, 또 다른 사람들은 정의를 궁극적으로 우리 마음에 있는 것이라고 주장하기도 한다. 반면에 정의가 하나님의 성품으로부터 나온다는 것은 근본적으로 다른 접근법이다.

하나님이 공의를 사랑하고, 모든 일을 정의롭게 행하신다는 것을 우리가 어떻게 알 수 있는가?

그것은 하나님 자신이 말과 행동으로 명백하게 밝혔기 때문이다. 구약으로 돌아가서 모세는 하나님의 행동을 보고, 그의 말씀을 들은 후에 다음과 같이 반응했다.

> 내가 여호와의 이름을 전파하리니 너희는 우리 하나님께 위엄을 돌릴지어다 그는 반석이시니 그가 하신 일이 완전하고 그의 모든 길이 정의롭고 진실하고 거짓이 없으신 하나님이시니 공의로우시고 바르시도다(신 32:3-4).

이 말씀에 의하면 모세는 하나님이 정의롭고 그의 모든 길은 정당하다고 선언했다(4절). 또한, 하나님은 자신이 공의를 사랑한다는 사실을 스스로 증명하신다. 하나님이 선지자 이사야를 통해서 하신 말씀을 주목해 보라.

> 무릇 나 여호와는 정의를 사랑하며 불의의 강탈을 미워하여 성실히 그들에게 갚아 주고 그들과 영원한 언약을 맺을 것이라(사 61:8).

하나님이 정의를 사랑하신다는 것은 하나님의 매우 강력한 의지의 표현이다. 여기서 우리는 하나님이 정의에 대한 강한 열정을 가지고 계신다는 사실을 알 수 있다.

정의에 대한 하나님의 열정은 그의 성품으로부터 나온다. 시편의 예를 살펴보자.

> 여호와는 의로우사 의로운 일을 좋아하시나니 정직한 자는 그의 얼굴을 뵈오리로다(시 11:7).

여기서 우리는 성경이 두 가지를 결합하여 말하는 것을 볼 수 있다. 하나님은 의로운 분이시고, 의로운 일을 좋아하신다는 것이다. 성경에서 '의롭다'는 것은 일반적으로 사람이나 사물이 그 존재의 목적에 부합해야 한다는 뜻으로 사용된다. 하나님은 의롭고 참되시며 정의를 사랑하신다. 이것이 그의 성품이다. 하나님은 이런 분이시다. 이것이 하나님의 모습이다.

의로우시고 의로운 일을 사랑하시는 분이라고 자신을 계시하신 하나님은 이 세상과 우주를 창조하고 유지하시는 바로 그 하나님이시다.

> 땅과 거기에 충만한 것과 세계와 그 가운데에 사는 자들은 다 여호와의 것이로다(시 24:1).

그러므로 이 세상에 사는 피조물인 우리에게 정의가 하나님의 성품 그 자체에 뿌리를 두고 있다는 것을 깨닫는 것은 우리에게 매우 큰 의미가 있다. 정의는 어느 날 난데없이 나타난 것이 아니다. 정의는 우리 인간이 만든 개념이 아니다. 정의는 하나님이 어떤 분이신가에 뿌리를 두고 있다.

(2) 하나님의 피조물에 정의가 내재해 있다

성경적 경제 정의의 두 번째 전제는 하나님의 피조물에 본성적으로 정의가 내재해 있다는 것이다. 엔지니어 팀이 자동차를 설계할 때 자동차의 작동에 필요한 핵심 기능들이 포함되어 있는지 확인한다.

이 핵심 기능들은 자동차의 기본 구조에 해당하고 자동차 설계의 필수 요소이다. 이 핵심 기능 중 하나는 자동차의 각 부품의 상호 작용 기능이다. 또한, 연료 시스템과 같은 또 다른 혁신적인 기능일 수도 있다.

자동차가 생산과 출고의 과정을 거쳐 운전자가 그 자동차를 사용하기 위해서는 엔지니어가 설계한 그 기능들이 반드시 그 차에 포함되어 있어야 한다. 이처럼 자동차의 생산에는 정해진 규칙이 있다. 그런 의미에서 하나님은 정의, 특히 인간이 하나님의 세상에서 살아가는 방식으로 정의를 세우셨다. 하나님이 창조하신 세상에는 근본적인 질서가 있다.

나는 이 근본적인 질서가 세상에서 발생하는 모든 일에 완벽하게 반영되고 있다고 말하는 것은 아니다. 자동차의 예를 들면 자동차를 운전하는 사람은 그 자동차를 완벽하게 운전하거나 그 기능들을 적절하게 사용할 수 있어야 한다. 이 세상의 일들은 완벽하지 않다. 성경은 오늘날의 세계에는 불의가 만연해 있다고 말한다. 그러나 우리가 불의에 대해 말할 수 있다는 사실 그 자체가 바로 정의가 그 속에 있다는 것을 뜻한다. 만약 자동차에 이러한 핵심 기능들이 빠져 있다면, 해당 기능들을 제대로 사용하지 못하는 운전자에 관해 이야기하는 것은 의미가 없다.

하나님이 피조물 안에 정의를 내재하셨다는 것은 우리가 직관적으로도 느낄 수 있다.

"정말 불공평하다!"

"분명히 부당하다!"

특정 행동이나 상황에 대해서 들을 때, 우리가 이렇게 외치는 이유는 무엇인가?

정의가 피조물 속에 있고 인간으로서 우리가 하나님이 주신 정의에 따라 창조된 질서의 일부이기 때문에 우리는 부당하다는 것도 알 수 있는 것이다. 이것은 사회와 경제 생활에 매우 폭넓게 적용되고 있다.

(3) 성경은 우리에게 공의가 무엇인지 밝혀 준다

여기에는 경제 생활에서의 공의도 포함된다.

정의가 하나님의 성품에 뿌리를 두고 있다는 것과 우리가 정의를 알 수 있다는 것은 많은 차이가 있다. 이것이 바로 세 번째 전제에 해당한다. 하나님은 정의가 무엇인가에 대해 하나님 자신만 알기를 원하지 않으셨다.

그는 이것을 인간에게 공개하기로 하셨다. 그가 선택한 공개 방법은 바로 성경이었다.

말이라는 것은 기록으로 남기든, 침묵으로 표현하든, 아니면 들을 수 있게 하든 상관없이 많은 의미가 있다. 말은 가장 보편적인 의사소통하는 방식이다. 그리고 성경은 우리에게 성경이 하나님의 말씀이라고 거듭해서 말하고 있다.[5]

성경에는 경제 정의를 포함한 정의에 대한 계시도 포함되어 있다. 이것은 획기적인 주장이 아닐 수 없다. 앞서 언급한 바와 같이, 경제 정의에 대한 다양한 견해가 있다. 그러나 경제 정의에 대한 진실은 바로 성경을 통해 우리에게 공개되었다. 오늘날 많은 사람이 이 주장이 어리석거나 거만하거나 아니면 둘 다라고 비판할 것이다. 이런 반응은 특히 이 다원주의 시대에 충분히 예상할 수 있다.

그러나 이 부정적인 반응이 이 사실을 무효로 할 수는 없다. 그리고 가끔 진실은 우리를 놀라게 한다. 만약 당신이 이 주장을 듣고 싶어 한다면, 경제 정의에 대한 성경의 핵심 논지들을 설명하는 이 장의 나머지 부분에 주의를 기울여야 할 것이다.

2) 경제 정의에 대한 성경적 이해의 핵심 요소

① 정의란 하나님이 주신 규범과 원칙에 따라 사람을 대하는 것이다. 이것이 바로 정의에 대한 성경적 관점의 핵심이다. 경제 활동을 할 때도 하나님의 뜻에 따라 사람들을 대해야 한다. 하나님은 우리가 번성할 수 있도록 규범과 원칙을 주셨다.

② 정의에는 지역 사회가 가난하고 소외된 사람들을 어떻게 대하는가의 문제도 포함되어 있다. 성경적으로 경제 정의는 가난하고 소외된 사람들만을 위한 정의가 아니다. 그러나 이 문제를 특별히 강조하지 않을 수 없다.
③ 정의는 관계의 질적인 측면과 관련이 있다. 우리가 곧 보게 되겠지만, 성경에서 하나님이 주신 규범은 구매자와 판매자 혹은 대출자와 차용인 등을 포함한 관계적 상황을 다루고 있다. 여기에는 상호(양방향) 책임과 의무가 포함되어 있다. 그래서 정의는 관계적이다.
④ 자원의 분배에 대한 정의는 모든 사람이 물질적 풍요를 포함한 하나님의 복을 누리는 것을 의미한다. 다시 말해서, 지역 사회가 정의를 실천하여 모두가 하나님의 풍성한 복을 누리는 것을 말한다.

다음은 이 네 가지의 핵심 요소에 대해 성경적 근거와 함께 자세히 설명한 것이다.

(1) 정의는 하나님이 정한 규범에 따라 사람을 대하는 것이다
하나님이 정한 규범에 따라 사람을 대하는 것에는 여러 가지 중요한 특징이 있다.

첫째, 사람들과 관계 속에서 자신의 책무를 다해야 한다.
성경에는 정의를 실천하는 것에 대해 자주 언급하고 있다. 이 책에서 나는 정의에 대한 많은 사례를 제시할 것이다. 그러나 이 시점에서 나는 하나의 사례만으로도 충분하다고 생각한다. 창세기 18:19에서 하나님은 아브라함의 선택을 언급했다.

> 내가 그로 그 자식과 권속에게 명하여 여호와의 도를 지켜 의와 공도를 행하게 하려고 그를 택하였나니 이는 나 여호와가 아브라함에게 대하여 말한 일을 이루려 함이니라(창 18:19).

우리는 여기서 의와 공도 즉 의롭고 선한 일이 이루어져야 한다는 점을 주목해야 할 필요가 있다.[7] 정의는 '우리가 서로 어떻게 대하는가?'에 대한 것이라는 사실을 강조하고 있다. 구약성경에 언급된 상업 거래에 사용되는 계량 단위는 경제의 측면에서 좋은 사례가 될 수 있다. 신명기 25:13-15을 살펴보자.

> 너는 네 주머니에 두 종류의 저울추 곧 큰 것과 작은 것을 넣지 말 것이며 네 집에 두 종류의 되 곧 큰 것과 작은 것을 두지 말 것이요 오직 온전하고 공정한 저울추를 두며 온전하고 공정한 되를 둘 것이라 그리하면 네 하나님 여호와께서 네게 주시는 땅에서 네 날이 길리라 (신 25:13-15).

이 본문은 온전하고 공정한 계량 단위를 강조하고 있다.[8] 어떤 사람이 시장에서 당근과 감자를 사고 싶어 한다고 가정해 보자.
판매자는 농산물을 계량하는 방법이나 도구를 갖고 있을 것이다. 이 본문의 메시지는 명확하다. 판매자가 잘못된 계량 방법을 사용하여 구매자를 속이지 말라는 것이다. 따라서 경제 생활에서 정의는 상대방을 올바른 방식으로 대하는 것을 포함하고 있다.

어떤 사람들은 그건 당연한 것 아니냐고 대답할 수도 있을 것이다. 상업 거래에서 정확하고 공정한 계량 방법을 사용하는 것은 경제 정의의 실천과 직접적인 관련이 있기 때문이다. 여기서 중요한 것은 이것이 하나님이 정한 경제 정의의 규범들 가운데 하나에 불과하다는 것이다.

둘째, 노동에 대한 적절한 대가를 지불한다.

우리가 함께 살펴봐야 할 성경 본문이 있다. 신명기 18장에서 하나님은 모세를 통해 제사장들을 위한 물질적 보수에 대해 가르치고 있다. 이 본문이 21세기의 상황과 매우 다르다고 생각할 수도 있지만 여기서 중요한 것은 이 본문이 보여 주는 원리에 있다.

신명기 18:1-2에서 레위 제사장들은 땅이나 재산을 분배받을 수 없다고 선언한다. 그 이유는 여호와가 그들의 기업이기 때문이다(2절).

그렇다면 그들이 어떻게 먹을 것을 구할 수 있겠는가?

이 질문에 대해 3절에서 다른 사람들이 소나 양과 같은 희생 제물을 가져올 때 그 제물들의 일부를 제사장들이 먹을 수 있다는 것으로 대답하고 있다. 그다음에 3절에서 "제사장이 백성에게서 받을 몫은 이러하니"라고 말한다. 이 본문에서 사용된 '몫'은 정의($mišpāṭ$)와 동일한 의미가 있다. 그러므로 제사장들이 보수를 받는 것은 정의로운 것이었다.

모세를 통해 이스라엘 백성들에게 주어진 하나님의 메시지 중에 임금의 신속한 지불에 대한 규범도 있다. 레위기 18:19에는 이렇게 기록되어 있다.

> 너는 네 이웃을 억압하지 말며 착취하지 말며 품꾼의 삯을 아침까지 밤새도록 네게 두지 말며(레 18:19).

정당한 임금의 신속한 지불에 대한 하나님의 규범은 명백하다. 그 반대는 사기, 억압 그리고 불의가 될 것이다.

신약성경에도 임금에 관한 중요한 가르침이 있는데, 이것은 복음을 전파하기 위해 일하는 사람들이 어떻게 보수를 받아야 하는가에 관한 맥락에서 나온 것이다. 이 가르침은 일에 대한 대가를 지불하는 것과 관련된 성경의 본문 중 하나이다. 누가복음 10:5-7은 예수님이 제자들을 선교 현장으로 보낼 때 주신 지시 사항들이다.

> 어느 집에 들어가든지 먼저 말하되 이 집이 평안할지어다 하라 만일 평안을 받을 사람이 거기 있으면 너희의 평안이 그에게 머물 것이요 그렇지 않으면 너희에게로 돌아오리라 그 집에 유하며 주는 것을 먹고 마시라 일꾼이 그 삯을 받는 것이 마땅하니라 이 집에서 저 집으로 옮기지 말라(눅 10:5-7).

"일꾼이 그 삯을 받는 것이 마땅하니라"라는 말씀을 주목해 보라.
이것이 우리에게 주어진 명백한 원칙이다.
그렇다면 왜 이 원칙을 주목해야 하는가?
그것은 이 원칙이 당연한 것으로 보인다는 점에 있다. 사실 경제 정의와 관련된 대부분의 성경적 가르침은 매우 상식적이다. 그러나 우리는 때때로 이 상식을 무시한다. 일꾼이 그 삯을 받을 자격이 있다는 원칙은 매우 중요하다. 사도 바울은 디모데에게 보낸 첫 번째 편지에서 이 같은 원칙을 지역 교회 지도자들의 사역에 적용하고 있다.

> 잘 다스리는 장로들은 배나 존경할 자로 알되 말씀과 가르침에 수고하는 이들에게는 더욱 그리할 것이니라 성경에 일렀으되 곡식을 밟아 떠는 소의 입에 망을 씌우지 말라 하였고 또 일꾼이 그 삯을 받는 것은 마땅하다 하였느니라(딤전 5:17-18).

여기서 바울은 두 개의 서로 다른 본문을 인용하고 있다. 구약성경(신 25:4)에서 나온 것과 예수님의 가르침에 대한 바울의 해석에서 온 것이다.[9]

소와 관련된 이 교훈을 인간에게 적용한 것은 매우 흥미로운 일이다. 바울은 성경이 매우 논리적이며 하나님의 뜻을 증거하고 있다는 것을 잘 알고 있었다. 따라서 이 말씀을 통해 인간으로서 우리가 서로를 어떻게 대해야 하는가에 대한 교훈을 얻는 것은 매우 타당한 해석이라고 할 수 있다.

원칙은 분명하다. 교회 지도자들, 특히 하나님의 말씀을 가르치고 전파하는 일을 하는 사람들은 적절한 보수를 받아야 한다. 이것은 하나님이 우리에게 보여 준 규범에 따라 서로를 대하는 정의의 실천에 대한 사례이다.

이와 같이 우리는 모든 인간의 노력에는 정당한 물질적 보상 혹은 대가가 주어져야 한다는 확고부동한 원칙을 갖고 있다. 다시 말하면 근로자가 자신이 일한 만큼의 임금을 받을 자격이 있다는 원칙은 모든 종류의 고용

관계에 적용되어야 한다. 이것이 정의이고 우리가 서로를 대하는 올바른 방법이다.

지금까지 우리는 경제 생활에 대한 성경적 규범과 원칙의 사례들을 살펴보았다. 이 사례들은 경제 정의의 본질을 정립하는 데 도움이 된다. 정의는 하나님이 주신 규범에 따라 사람들을 적절하게 대하는 것을 의미한다.

셋째, 정의의 규범과 원칙은 만유를 창조하시고 다스리시는 하나님에 의해 주어졌다.

이 특징은 앞서 언급한 바와 같이, 하나님이 정의를 피조물 안에 내재하셨다는 것과 관련이 있다. 하나님의 피조물에는 정의의 명령이 주어져 있다. 그리고 하나님은 우리가 번성할 수 있도록 경제 정의에 대한 규범을 제공하셨다. 하나님의 뜻을 행하는 것은 궁극적으로 언제나 우리의 유익과 더불어 그의 영광을 위한 것이다.

그러므로 경제 정의에 대한 하나님의 규범과 원칙은 결코 독단적이지 않다. 반대로, 이 규범과 원칙들은 창조의 질서와 조화를 이루고 있다. 이제 우리는 인간으로서 하나님의 명령에 따라 경제 정의에 대한 규범과 원칙을 준수하는 것을 포함하여 그분의 완전한 뜻에 순종해야 한다.

그러나 성경에서 그러한 순종은 결코 순종 그 자체가 목적이 아니다. 오히려 우리는 사랑의 하나님 뜻과 명령에 순종하여 그분이 먼저 우리에게 부어 주신 사랑에 대한 응답으로 그분에 대한 사랑을 표현해야 하고,[10] 실제로 하나님의 뜻이 우리에게 유익하다는 것을 더 많이 배워 가야 한다.[11]

그러므로 우리가 모든 경제 활동에서 공정한 계량 방법을 사용하고, 사람들을 정당하게 대우할 때 하나님의 경제 정의가 인간의 번영을 위한 것이라는 사실을 알게 될 것이다. 지금까지 경제 정의에 대한 성경적 이해의 기초적인 측면을 자세히 살펴보았다면, 이제 다른 세 가지 핵심 요소를 다뤄야 할 때이다.

(2) 정의는 지역 사회의 가난하고 소외된 사람들을 어떻게 대하는지를 포함한다

성경적으로 경제 정의는 가난하고 소외된 사람들을 위한 것이 전부는 아니지만, 이 문제를 특별히 강조하고 있다. 구약성경은 이 문제를 매우 중요하게 다루고 있다. 특히 욥기서는 그 대표적인 사례이다. 욥은 큰 고통 가운데 있었지만, 욥기 29:14-16에서 그는 고통을 당했을 때 자신의 삶을 되돌아보았다.[12]

> 내가 의를 옷으로 삼아 입었으며 나의 정의는 겉옷과 모자 같았느니라 나는 맹인의 눈도 되고 다리 저는 사람의 발도 되고 빈궁한 자의 아버지도 되며 내가 모르는 사람의 송사를 돌보아 주었으며(욥 29:14-16).

정의의 옷을 입는 것, 즉 정의를 행하는 것은 가난한 사람들을 돌보기 위한 행동이다. 이것은 정의를 실천하는 데 핵심적 부분이다. 이것은 단순한 인간 발명품이 아니다. 가난한 자와 소외된 자를 위한 정의의 모범은 하나님 자신이 보여 주셨다. 이것은 성경에 여러 번 나타난다.

시편을 살펴보자.

> 여호와께서 공의로운 일을 행하시며 억압당하는 모든 자를 위하여 심판하시는도다(시 103:6).

그리고 시편의 또 다른 부분에서도 이와 유사한 말씀을 찾아볼 수 있다.

> 내가 알거니와 여호와는 고난 당하는 자를 변호해 주시며 궁핍한 자에게 정의를 베푸시리이다(시 140:12).[13]

예레미야 22:13-17에 나타난 가난한 사람들을 위한 하나님의 정의는 우리도 그와 똑같이 해야 할 책임을 강력하게 요청하고 있다. 하나님은 예레미야를 통해 유다의 왕 여호야김(18절 참조)에 대해 말씀하셨다. 여호야김의 상업 거래에서 행한 불의를 고려할 때 이것은 심각한 메시지였다. 나는 전체 본문을 인용하여 그 맥락을 파악하고자 한다.

핵심 본문은 16절이다(굵은 글씨).

> 불의로 그 집을 세우며 부정하게 그 다락방을 지으며 자기의 이웃을 고용하고 그의 품삯을 주지 아니하는 자에게 화 있을진저 그가 이르기를 내가 나를 위하여 큰 집과 넓은 다락방을 지으리라 하고 자기를 위하여 창문을 만들고 그것에 백향목으로 입히고 붉은 빛으로 칠하도다 네가 백향목을 많이 사용하여 왕이 될 수 있겠느냐 네 아버지가 먹거나 마시지 아니하였

으며 정의와 공의를 행하지 아니하였느냐 그 때에 그가 형통하였었느니라 **그는 가난한 자와 궁핍한 자를 변호하고 형통하였나니 이것이 나를 앎이 아니냐 여호와의 말씀이니라** 그러나 네 두 눈과 마음은 탐욕과 무죄한 피를 흘림과 압박과 포악을 행하려 할 뿐이니라(렘 22:13-17).[14]

하나님은 요시야 왕이 가난하고 억압받는 사람의 사정을 헤아려서 처리해 주었는데(16절), 바로 이것이 나를 아는 것이 아니겠느냐고 말씀하신 것이다. 이 말씀은 하나님을 아는 것과 가난하고 억압받는 사람의 사정을 이해하고 돕는 것을 분리할 수 없음을 증거하고 있다. 그리고 이것은 결과적으로 15절에 나오는 정의와 공의의 핵심 요소이다.[15]

마지막 사례는 메시아에 대한 구약성경의 예언이다.

이사야 11장에 다윗 혈통이 마치 잘라진 나무처럼 끊어질 것이지만 줄기에서 새 순이 돋고 뿌리에서 새 가지가 나오듯이 다윗의 후손 가운데서 새로운 왕이 일어나며, 주의 영이 그에게 내려오실 것이라는 예언이 기록되어 있다(1-2절).

장차 오실 메시아에 대해 다음과 같이 증거하고 있다(3-5절).

그가 여호와를 경외함으로 즐거움을 삼을 것이며 그의 눈에 보이는 대로 심판하지 아니하며 그의 귀에 들리는 대로 판단하지 아니하며 공의로 가난한 자를 심판하며 정직으로 세상의 겸손한 자를 판단할 것이며 그의 입의 막대기로 세상을 치며 그의 입술의 기운으로 악인을 죽일 것이며 공의로 그의 허리띠를 삼으며 성실로 그의 몸의 띠를 삼으리라(사 11:3-5).[16]

예수님을 믿고 따르는 사람들은 예수님이 이 땅에서 살고 사역하는 동안 이 예언을 실제로 성취했다는 것을 인정할 것이다. 예수님은 가난한 사람들에게 좋은 소식을 전해 주셨다. 그는 제자들에게 가난한 사람들을 돌봐 줄 것을 요청하셨고, 정의와 자비 그리고 신뢰를 잃어버린 종교 지도자들을 책망하셨다(마 5:3; 11:5; 23:23; 눅 4:18; 6:20; 11:41을 보라).

성경적 경제 정의의 두 번째 핵심 요소는 공동체 안에서 가난하고 소외된 사람들을 돌보는 것이다.

(3) 정의는 관계의 질적 수준과 관련이 있다

이것이 성경적 경제 정의의 셋째 핵심 요소이다. 성경에서 하나님이 주신 원칙은 종종 판매자와 구매자 혹은 채권자와 채무자와 같은 상업적 관계를 다루고 있으며, 이 관계에는 상호 책임이 따른다. 따라서 정의는 관계와 관련이 있다. 이 관계의 원칙은 이 장의 앞부분에서 설명한 대로 하나님이 주신 규범과 원칙에 따라 사람들을 대하는 경제 정의의 핵심 원리에서 나온 것이다.

우리가 서로를 대하는 방식은 언제나 관계의 맥락에서 발생하며, 하나님이 세우신 인간 관계의 규범과 원칙은 상호 책임의 의무에서 나온다. 신명기 24장에 언급된 이 사례는 애굽으로부터 이스라엘 백성들을 구해 낸 하나님이 모세를 통해 그들에게 새로운 약속의 땅에서 어떻게 살아야 하는지 지시하는 상황이다. 신명기 24:16-18에서 하나님은 약속의 땅에 들어갈 이스라엘 백성들에게 이방인과 고아와 과부를 어떻게 대해야 하는지 가르치고 있다.[17]

> 너는 객이나 고아의 송사를 억울하게 하지 말며 과부의 옷을 전당 잡지 말라 너는 애굽에서 종 되었던 일과 네 하나님 여호와께서 너를 거기서 속량하신 것을 기억하라 이러므로 내가 네게 이 일을 행하라 명령하노라 (신 24:16-18).

여기서 우리는 하나님이 노예로 있던 자기 백성들을 직접 구출하신 것을 통해, 사람들을 대하는 방식에 있어서 좋은 모범을 보여 주셨다는 것에 주목해야 한다. 하나님은 이스라엘 백성들에게 가난한 사람들의 몫을 박탈하지 않아야 한다고 명령하셨다.

그들에게 정의는 어떤 모습인가?

바로 다음 본문(19-22절)에 잘 나타나 있다. 그것은 바로 '나눔의 원칙'이었다.

> 네가 밭에서 곡식을 벨 때에 그 한 뭇을 밭에 잊어버렸거든 다시 가서 가져오지 말고 나그네와 고아와 과부를 위하여 남겨 두라 그리하면 네 하나님 여호와께서 네 손으로 하는 모든 일에 복을 내리시리라 네가 네 감람나무를 떤 후에 그 가지를 다시 살피지 말고 그 남은 것은 객과 고아와 과부를 위하여 남겨 두며 네가 네 포도원의 포도를 딴 후에 그 남은 것을 다시 따지 말고 객과 고아와 과부를 위하여 남겨 두라 너는 애굽 땅에서 종 되었던 것을 기억하라 이러므로 내가 네게 이 일을 행하라 명령하노라 (신 24:19-22).

이 말씀에서 우리는 정의가 무엇을 뜻하는지 알 수 있다. 그것은 물질적 풍요를 누리는 사람들이 가난한 사람들에 대해 사회적 책임을 다하는 것이다. 그러나 이 본문을 주의 깊게 살펴보면, 물질적 풍요를 누리는 사람들뿐만 아니라 나그네와 고아 그리고 과부들에게도 책임이 있다는 사실을 보여 준다. 만약 그들에게 특별한 신체적인 문제가 없다면 20-21절에서 보는 바와 같이 집 밖으로 나가서 먹을 것을 구하는 노력을 하는 책임이 그들 자신에게 주어져 있다는 것이다.

신체적 혹은 정신적으로 연약하거나 노년기에 있는 사람들에게는 가족이나 지역 사회가 다른 방법으로 돌봐야 하는 책임이 있다. 그들에게는 언제 어디서나 원하는 대로 일하거나 수확할 자유가 없는 실정이고, 제한적인 여건 속에서만 행동할 수밖에 없기 때문이다. 이 나눔의 원칙은 레위기 19:9-10에도 언급되어 있다.

이 사례들은 사람 사이에서 질적인 면이 얼마나 중요한지를 잘 보여 주고 있다. 이미 충분한 자원을 가진 사람들은 그들이 절박한 상황에 처해 있었을 때 하나님으로부터 어떤 대우를 받았는지 기억해야 하며, 그들은 어려움에 처해 있는 사람들을 하나님으로부터 받은 것과 같이 사랑과 자비로 대해야 한다.[18] 이것이 정의를 실천하는 것이다.

상호 책임의 중요성은 채권자와 채무자의 관계에서도 드러난다. 이와 관련된 성경의 교훈을 살펴보자. 성경은 이 주제와 관련하여 풍부한 사례들을 보여 준다. 이 시대에 성경적 정의를 실제로 적용하는 것에 대해서는 이 책의 뒷부분에서 자세하게 다룰 것이다. 여기서는 이와 관련된 성경의 규범과 원칙을 간단하게 살펴보고자 한다.[19]

우리는 채권자와 채무자 양쪽 모두에게 의무가 있다는 균형 잡힌 관점을 가져야 한다. 이 의무들을 차례로 살펴보자.

채무자는 채무를 상환해야 할 책임이 있다. 이것이 채무자가 실천해야 할 정의이다. 시편 37:21은 다음과 같이 진술하고 있다.

> 악인은 꾸고 갚지 아니하나 의인은 은혜를 베풀고 주는 도다(시 37:21).

채무를 상환하는 것은 선택 사항이 아니다. 이 말씀에 의하면, 상환하지 않는 것은 악인의 행동이라는 것이다. 부채가 어떤 이유에서 발생했든 간에 상관없이 채무자는 그 채무를 상환해야 할 책임이 있다. 구약의 율법은 채무자가 자신의 책임을 회피할 수 있는 어떤 가능성도 보여 주지 않는다. 또한, 채권자나 기관에도 큰 책임이 있다.

모세를 통해 이스라엘 백성들에게 주신 하나님의 법에 따라 누군가에게 대출해 준 사람에게도 중요한 책임이 부과되었다. 오늘날에는 채권자가 상환의 안전을 확보하기 위해 채무자로부터 동산 혹은 부동산 등을 담보물로 받는 담보 대출이 일반화되어 있다.

이러한 경우, 채무자의 존엄성과 복지를 보호해야 할 책임이 있는 대출자에게는 상당한 제약이 따른다. 예를 들어 대출자는 담보를 확보할 목적으로 채무자의 집에 무단으로 들어갈 수 없다(신 24:10-11 참조). 그리고 대출자가 채무자의 의복을 담보물로 가져간 경우, 그 대출자는 그 의복을 해가 지기 전에 돌려보내야 했다(출 22:26-27). 따라서 채권자나 기관은 채무자를 존중해야 한다. 이것이 채권자와 채무자의 관계에서 지켜야 할 필수적인 원칙이다.

구약성경의 법에 따른 채권자의 두 번째 의무는 이스라엘 사람들에게 대출을 7년째에 면제해야 한다는 것이었다. 이것은 신명기 15:1-11에서 분명해진다.[20] 그러한 대출은 일반적으로 절박한 도움이 필요한 사람에게만 이루어졌다(7-8절). 이런 이유로, 7년의 면제 날짜가 가까이 왔다고 하더라도 더 많은 자원을 가진 사람들이 관대해야 했다.

> 삼가 너는 마음에 악한 생각을 품지 말라 곧 이르기를 일곱째 해 면제년이 가까이 왔다 하고 네 궁핍한 형제를 악한 눈으로 바라보며 아무것도 주지 아니하면 그가 너를 여호와께 호소하리니 그것이 네게 죄가 되리라 너는 반드시 그에게 줄 것이요, 줄 때는 아끼는 마음을 품지 말 것이니라 (신 15:7-8).

여기서 우리는 채권자와 채무자가 서로를 어떻게 대해야 하는지에 대한 하나님의 뜻을 볼 수 있다. 채무자는 상환해야 할 책임이 있다. 또한, 채권자도 채무자를 자비와 존엄으로 대해야 할 책임이 있다. 그리고 부채로 인한 노예 상태에서 벗어나는 해방과 희망의 원칙이 있다.

경제 정의는 관계의 질과 관련이 있다. 비록 시대적 상황은 다르지만, 하나님의 규범과 원칙은 오늘날 우리가 서로를 어떻게 대해야 하는가에 대한 중요한 교훈을 제시해 준다.

(4) 자원 분배에 대한 정의는 모든 사람이 물질적 풍요를 포함하여 하나님의 복을 누리는 것이다

이것이 경제 정의의 네 번째이자 마지막 핵심 요소이다. 정의의 실천으로 지역 사회의 모든 구성원이 하나님의 풍성한 복을 누릴 수 있어야 한다. 지금까지 우리는 서로를 어떻게 대해야 하는지를 중점적으로 살펴보았다. 경제 정의는 지역 사회의 빈곤층과 소외 계층에 대한 정의와 밀접한 연관성을 갖고 있다.

자원 분배는 마치 '케이크'를 어떻게 나누어야 하는가에 대한 이야기와 같다.

자원 분배에 대한 성경적 근거는 무엇인가?

약속의 땅에 들어가려고 했던 이스라엘 백성들에게 주어진 지침들을 살펴보자. 여기서 신학적 맥락을 매우 신중하게 살펴보아야 한다. 하나님은 이스라엘 백성들을 애굽의 노예 생활에서 구속하셨다. 이스라엘 백성들에게 주어진 책임이 신명기 11장에 명확하게 언급되어 있다.

하나님은 그들과 맺은 언약에 따라 약속의 땅으로 인도하겠다고 약속하셨다. 이 같은 언약 관계 속에서 그들의 책임은 하나님이 제정한 모든 법에 순종하는 것이었다. 그들이 하나님께 순종한다면 젖과 꿀이 흐르는 땅(9절)을 차지하는 물질적인 축복을 누릴 수 있었다.

이제 하나님은 그의 백성들이 거룩한 나라가 되도록 구원하셨고(출 19:6), 약속의 땅으로 데리고 오셨기 때문에 모든 사람이 하나님의 축복을 누릴 것이라는 기대에 차 있었다. 언약적 약속과 언약적 순종의 맥락에서 볼 때, 하나님의 복에 참여할 수 없다는 것은 누구도 상상도 할 수 없었다.

이 교훈은 신명기의 하반부에 나온다. 이스라엘에는 가난하고 소외된 세 부류의 사람들 즉 나그네와 고아와 과부들이 있었다. 당시에는 이들 중 누구도 자신의 땅(재산)을 갖지 못했던 것으로 보인다. 예를 들어 한 여자가 미망인이 된 경우, 사망한 남편의 명의로 된 땅은 다른 사람에게 넘어갔기 때문이다(민 27:1-11 참조).²¹

이 규범이 이 사람들은 하나님이 약속하신 물질적 축복에 참여하지 못하게 되었음을 의미하는가?

그렇지 않다. 예를 들어 신명기 16:11은 특별한 예배와 큰 기쁨이 넘치는 연례 축제에 나그네와 고아와 과부들이 어떻게 구체적으로 포함되어야 하는지에 대해 매우 분명하게 가르치고 있다.

> 너와 네 자녀와 노비와 네 성중에 있는 레위인과 및 너희 중에 있는 객과 고아와 과부가 함께 네 하나님 여호와께서 자기의 이름을 두시려고 택하신 곳에서 네 하나님 여호와 앞에서 즐거워할지니라(신 16:11).

가난하고 소외되었던 세 부류의 사람이 포함되어 있음을 주목해 보라. 같은 내용이 몇 구절 후에 나온다.

> 절기를 지킬 때에는 너와 네 자녀와 노비와 네 성중에 거주하는 레위인과 객과 고아와 과부가 함께 즐거워하되 네 하나님 여호와께서 택하신 곳에서 너는 이레 동안 네 하나님 여호와 앞에서 절기를 지키고 네 하나님 여호와께서 네 모든 소출과 네 손으로 행한 모든 일에 복 주실 것이니 너는 온전히 즐거워할지니라(신 16:14-15).

모든 사람은 물질적인 축복을 포함하여 하나님이 주시는 복에 참여해야 한다. 그리고 이 참여는 축제 시간만을 위한 것이 아니라 일 년 내내 진행되어야 한다. 구약성경 법에는 가난한 사람들을 위해 모든 토지에 대해 3년마다 10분의 1(십일조)의 소산을 따로 떼어야 한다는 요구가 있었다. 모든 토지가 3년째 되는 해의 소산을 남겨 두어야 했기 때문에, 매년 적어도 일부 토지들은 3년째에 해당됐다. 이것은 가난한 사람들에게 매년 그들의 몫의 식량이 따로 마련되어 있었다는 것을 의미한다.

가난한 사람들에게 얼마나 분배되었는가?

겨우 연명할 정도의 최소한의 몫에 불과했는가?

이 3년의 십일조를 살펴보자.

> 매 삼 년 끝에 그해 소산의 십 분의 일을 다 내어 네 성읍에 저축하여 너희 중에 분깃이나 기업이 없는 레위인과 네 성중에 거류하는 객과 및 고아와 과부들이 와서 먹고 배부르게 하라 그리하면 네 하나님 여호와께서 네 손으로 하는 범사에 네게 복을 주시리라 (신 14:28-29).

여기서 중요한 것은 "와서 먹고 배부르게 하라"라는 것이다. 여기서 '배부르게'로 번역된 단어는 '채움'을 의미한다. 우리 대부분은 '제대로 된 식사'의 의미를 알고 있다. 이 '만족'은 모든 사람을 위한 것이다. 그리고 적절한 저장 시설을 통해 농산물을 일 년 내내 모든 사람이 나눌 수 있도록 보관했다. 여기서 중요한 것은 수치적 '평등'이 아니라 '모든 사람'에 있다. 모든 사람은 물질적인 축복을 포함하여 하나님의 복을 누릴 수 있어야 한다.

이스라엘에 주어진 이와 같은 원칙은 다른 여러 세부 조항에 의해 구체화되었다. 예를 들어 가난한 사람들을 위한 자비로운 대출, 어려움에 처한 사람들을 위한 주택과 일자리 제공(레 25:39-43), 나눔의 원리(레 19:9-10) 그리고 50년째 되는 해(희년)마다 자기 가족이 유산으로 받은 유산의 땅으로 되돌아가는 제도(레 25장) 등이다.

이와 같이 구약성경은 물질적 축복을 포함하여 모든 사람이 하나님의 복을 누려야 한다고 가르친다. 이것은 경제 생활에서 정의를 실천하는 것이 무엇을 의미하는지를 보여 주기 위해 하나님이 주신 규범과 원칙이다.

3. 결론

이 장에서 우리는 경제 정의에 대한 성경적 관점을 살펴보았다. 성경의 경제 정의는 하나님의 원칙에 따라 사람들을 대하는 것이다. 경제 생활에서 정의를 행하는 것은 가난하고 소외된 사람들을 위해 특별한 마음을 갖는 것으로부터 시작된다. 이것은 관계의 질과 관련이 있다. 그리고 성경의 경제 정의는 물질적 축복을 포함하여 모든 사람이 하나님의 복을 누리는 것이다.

이 기본적인 원칙들이 확립되면, 그 위에 오늘날의 사람들이 어떻게 실천해야 하는지를 포함한 나머지 부분들도 세워질 것이다.

이 책의 제1부는 소비자, 직장 및 교회 등을 포함한 우리의 일상 생활에서의 경제 정의 실천을 다룰 것이다. 제2부에서는 보다 넓은 사회에서 어떻게 경제 정의를 수행할 수 있는지 살펴볼 것이다. 그리스도를 따르는 사람들이 그들이 속한 기업과 기관들 속에서 그리고 그들을 통해서 그리스도인이 끼칠 수 있는 영향에 중점을 둘 것이다.

제1부

인간 관계에서의 경제 정의 실천

제2장 소비자의 경제 정의 실천

제3장 직장에서의 경제 정의 실천

제4장 교회: 경제 정의의 등불

제2장

소비자의 경제 정의 실천

나는 방금 한 번도 본 적이 없는 운동화 한 켤레에 대한 영상을 시청했다. 영국에서는 챕(chap)이라고 부르는 운동화를 미국은 스니커즈(sneakers)라고 했다.

그 영상에서 이런 질문이 나왔다.

"내가 사는 물건의 인적 비용이 얼마인지 아십니까?"

예를 들어 아시아 어딘가에 있을 어느 특정한 운동화를 생산하는 공장에서 일하는 근로자들의 근로 여건을 알고 있는가?

우리는 운동화 한 켤레를 45,000원에 구입할 수 있지만, 공장에서 그 운동화를 제조하는 근로자들에게 지불하는 비용은 얼마인가?

어느 회사의 운동화를 생산하는 근로자들에게는 무엇을 의미하겠는가?

그 영상에는 중요한 정보가 포함되어 있었다. 운동화와 같은 물건을 생산하는 공장들은 근로 여건이 매우 열악하다는 것이다. 많은 공장이 강제 노동 즉 현대 노예 제도를 사용하고 있었다. 그 영상은 또한 소비자가 그 운동화를 생산하는 근로자들과 무관하지 않다는 것을 지적하고 있다. 우리는 그들의 얼굴을 알지 못하지만 그들과 매일 만나고 있을 수도 있다. 그들이 생산한 물건을 구입하는 우리는 그들과 서로 연결되어 있다.

제1장에서 언급한 바와 같이, 성경적 경제 정의는 하나님이 주신 규범과 원칙에 따라 모든 경제 관계에서 사람들을 올바르게 대우하는 것을 의미하며, 이는 직접적인 만남뿐만 아니라 간접적인 관계에도 적용되어야 한다.

그래서 우리는 이런 질문과 도전을 피할 수 없다.

"내가 구입하는 물건의 인적 비용(human cost)은 얼마인가?"

그리고 이것은 사람들을 올바르게 대해야 하는 그리스도인에게 주어진 질문과 도전이다.

1. 글로벌 경제와 소비자

여기서 중요한 개념은 '공급망'(supply chain)이다. 기업인들과 경제인들에게 이 용어는 상품과 서비스를 제조, 공급 및 판매하는 데 관련된 모든 종류의 연결 구조를 뜻한다. 1980년대에 세계화가 시작된 이후에 공급망은 훨씬 더 복잡해졌다. 세계화는 본질적으로 경제적으로 고도의 전 세계적 상호 연결성을 의미한다.

이를 통해 운동화에서부터 휴대전화 그리고 항공기에 이르기까지 각종 제품을 생산하는 회사들은 전 세계 어디서나 제품의 모든 부품을 가장 저렴하고 가장 적합한 공급 업체를 확보할 수 있게 되었다.[2] 전구처럼 단순한 제품조차 이제 당신의 집으로 들어가기 전에 전 세계의 공급망을 따라 매우 복잡한 여행을 하고 있다.

현대 세계의 다른 많은 제품도 마찬가지이다. 운동화 사례로 다시 돌아가 보자. 예를 들어 2016년 11월에 선풍적 인기를 얻었던 특정한 운동화 한 켤레의 부품은 106개 이상으로 구성되어 있었다.[3] 이 운동화를 생산하는 회사에 광범위한 관계망이 확보되어 있다. 전 세계의 공급망을 활용해 상당한 생산 비용과 부대 비용을 절감할 수 있는 것이다. 예를 들어 한 공급 업체는 그 업체에 특화된 운동화의 깔창만을 공급하고, 다른 업체는 발의 뒤꿈치가 닿는 작은 부품을 납품하는 것이다.

이와 같은 복잡한 세계적 공급망 구조는 더욱더 세분화될 것이다.[4] 세계화의 여러 측면과 마찬가지로, 이와 같은 공급망 구조는 긍정적인 측면과 부정적인 측면을 모두 갖고 있다. 부정적인 측면은 아무리 그 의도가 좋은 운동화 회사라고 하더라도 그 회사의 부품 공급 업체들이 직원들에게 적절한 근무 여건을 제공하는지를 확인하기가 쉽지 않다는 것이다.

따라서 전 세계에 산재한 공급망의 여러 곳에서 근로자를 착취할 가능성이 매우 높다는 문제가 있다. 그러므로 영국이나 미국 혹은 한국에 기반을 둔 생산자는 전 세계에 흩어져 있는 노동자들을 착취하지 않도록 상당한 노력과 시간을 투자해야 한다.[5]

타락한 이후로 인간이 서로 착취하는 경향이 있는 것은 사실이지만, 세계화는 이러한 악의적 행위가 전 세계적 차원에서 자행될 수 있는 새로운 국면을 제공하고 있다.

그러나 세계화는 많은 긍정적인 측면을 갖고 있다. 세계적 공급망은 적어도 두 가지의 긍정적인 측면이 있다.

첫째, 과거보다 제품을 더 저렴하게 생산하고 시장에 더 빨리 출시할 수 있고, 이는 소비자와 생산자 모두에게 이익이 될 수 있다.

둘째, 전 세계 차원의 제조업의 성장으로 고용이 크게 증가하였다. 예를 들어 아시아와 비서구권의 많은 사람이 이전보다 더 많은 수입을 올릴 기회를 갖게 되었고, 이는 곧 빈곤에서 벗어나는 계기가 되었다.

그러나 소비자로서 우리는 이 현상을 어떻게 이해해야 하는가?

우리는 그리스도인으로서 인적 비용의 문제에 대해 어떻게 대처해야 하는가?

당신은 아마도 이렇게 반문할 수도 있을 것이다.

"우리가 어떤 물건을 구입할 때 전 세계적으로 얽혀 있는 복잡한 공급망의 도덕성을 일일이 따져봐야 한다는 것인가?"

물론 그것은 불가능하다. 나는 그런 것을 제안하지 않는다. 그러나 적어도 우리는 이 문제에 대해 어느 정도의 관심을 가져야 한다. 우리는 소비자로서 우리가 구입하는 상품을 생산하는 사람들과 연결되어 있다. 그래서 우리는 최소한 그들에게 올바른 대우를 해야 한다는 사실은 잊지 않아야 한다. 잠시 후에 나는 우리가 이것에 대해 무엇을 할 수 있는지에 대한 몇 가지의 간단한 제안을 할 것이다.

그러나 우리는 전 세계의 공급망에는 불공정에 대한 수많은 증거가 있다는 사실을 명확히 해야 한다. 직물과 의류의 사례를 살펴보자. 앞서 언급한 영상에 의하면, 패션 회사의 71퍼센트의 공급망 속의 근로자들이 강제 노동에 시달리고 있다는 것이다.[6] 그렇다. 열 명 중 일곱 명 이상이 여기에 해당한다. 놀라운 일이 아닐 수 없다. 통계 자료는 시간이 지남에 따라 변하기 마련이지만 이 하나의 통계만으로도 이 문제에 대한 깊은 우려를 낳게 한다.

강제 노동 혹은 노동력 착취는 비즈니스나 경제 측면에서만 발생하는 억압의 형태는 아니다. 그러나 아마도 현대 사회에서 볼 수 있는 최악의 형태일 것이다. 수많은 사람이 끔찍한 근로 조건과 매우 낮은 임금 혹은 또 다른 방식의 억압 속에서 고통당하고 있다. 여기에는 매우 심각한 불의가 행해지고 있다는 사실을 인정해야 한다. 많은 사람이 부당한 대우를 받고 있다. 그들이 생산한 물건을 구입하는 우리는 그들과 무관하지 않다.

그렇다면, 우리는 어떻게 해야 하는가?

여기에 두 가지의 제안이 있다.

첫째, 특정한 회사의 상품 가격이 시장에서 통상적으로 구입할 수 있는 거의 동등한 품목의 가격보다 실질적으로 현저하게 낮은 경우 부당한 임금으로 제품이 생산되었을 것이라는 합리적 단서가 될 수 있다. 이 단서를 황색경보라고 생각해 보자. 이것은 의류 업체들과 관련하여 확실한 단서가 될 것이다.

의류 산업에서 생산자에 대한 경쟁은 갈수록 치열해지고 있다. 서구의 많은 의류 기업은 그들의 공급망 속에 종사하는 근로자들을 억압하는 일을 피하기 위해 노력하고 있다. 다른 기업들보다 현저하게 낮은 가격을 책정하는 기업은 공급망의 어딘가에서 근로자들에게 실질적으로 적은 비용을 지불해야만 그렇게 할 수 있다는 것을 의미한다.

이것은 경고 신호일 뿐이다. 이것만으로는 아무것도 증명할 수 없다. 그러나 이런 종류의 경고 신호가 주어지면 신속한 조사가 이루어질 수 있다. 예를 들어 해당 기업이 불의를 피해야 할 도덕적 책임을 다하지 않고 있다는 증거들을 인터넷 자료들을 통해서 찾아볼 수 있을 것이다. 이 조사를 마친 후에, 당신이 이 기업의 도덕성에 문제가 있다는 확신이 든다면, 다른 곳에서 물건을 구매해야 할 것이다.[7]

둘째, 다시 인터넷에서 광범위하게 사용 가능한 정보를 찾는 데 최소한의 시간과 노력을 기울여 그들의 공급망 속에 있는 근로자들을 어떻게 대우하는가를 살펴보고 도덕적 해이의 증거를 발견하는 것이다.

다시 말하지만, 인터넷에서 간편하게 검색하여 광범위한 정보를 얻을 수 있다. 예를 들면 미주 5에 언급한 바와 같이, '공급망의 공정'(supply chain injustice)이라는 검색어로도 많은 정보를 얻을 수 있다. 그런 다음에 소비자로서 지출할 때 해당 정보를 참고할 수 있다.

인터넷의 주목할 만한 특징 중 하나는 접근 가능한 정보로 인해 기업의 행위에 영향을 줄 수 있으며, 이를 통해 소비자가 더 나은 변화를 가져올 수 있는 상당한 힘을 발휘할 수 있다는 것이다. 반드시 불매 운동이 필요한 것은 아니다. 온라인으로 접할 수 있는 정보가 많아지고 그 정보를 검색하는 소비자들이 많아지도록 개인들이 협력할 때 전 세계의 변화에 영향을 끼칠 수 있다.

이렇게 함으로써 우리는 하나님이 우리에게 맡기신 돈으로 하나님의 법을 실천하고 불의를 바로잡는 중요한 역할을 담당할 수 있다.

이사야 선지자는 다음과 같이 말했다.

> 이것이 어찌 내가 기뻐하는 금식이 되겠으며 이것이 어찌 사람이 자기의 마음을 괴롭게 하는 날이 되겠느냐 그의 머리를 갈대 같이 숙이고 굵은 베와 재를 펴는 것을 어찌 금식이라 하겠으며 여호와께 열납될 날이라 하겠느냐 내가 기뻐하는 금식은 흉악의 결박을 풀어 주며 멍에의 줄을 끌러 주며 압제 당하는 자를 자유하게 하며 모든 멍에를 꺾는 것이 아니겠느냐 또 주린 자에게 네 양식을 나누어 주며 유리하는 빈민을 집에 들이며 헐벗은 자를 보면 입히며 또 네 골육을 피하여 스스로 숨지 아니하는 것이 아니겠느냐 그리하면 네 빛이 새벽 같이 비칠 것이며 네 치유가 급속할 것이며 네 공의가 네 앞에 행하고 여호와의 영광이 네 뒤에 호위하리니(사 58:5-8).

그리스도께서 오시기 전에 수 세기 동안 이사야를 통해 주어진 하나님의 말씀은 인간이 직면한 이 근본적인 문제들과 하나님이 그의 백성들에게서 찾고 계시는 것에 대한 하나님의 뜻을 보여 주고 있다. 하나님의 뜻은 변하지 않는다. 그러므로 우리가 소비자로서 구매하는 물건에 대해 가능한 한 인적 비용에 대해 생각하고 행동을 취해야 한다. 그렇게 함으로써 우리는 불의의 사실을 풀어 줄 수 있다.

2. 윤리적 쇼핑?

이 시점에서 일부 독자들은 이렇게 반문할 수 있을 것이다.
"이 책의 저자가 '윤리적 쇼핑'에 대해 이야기하는 것인가?"
나는 "예"라고 대답하고 싶지만, 실제의 대답은 "아니오"이다.
그 이유는 다음과 같다.

첫째, 나는 '윤리적 쇼핑'이라는 용어를 따옴표로 묶었다.
영국에서 이 용어가 최근에 어떻게 사용되는가를 알고 있기 때문에 나는 가상의 질문에 대한 나의 대답은 "아니오"이다. 나는 소비자의 윤리적 가치가 우리의 행동을 이끌어 가야 한다는 확고한 신념을 갖고 있다. 이것이 바로 "예"라고 대답하고 싶은 이유이다. 그러나 이 용어가 사용되는 방식이 나를 불편하게 한다.

둘째, '윤리적 쇼핑'이라는 용어와 이와 유사한 용어인 '윤리적 소비자'라는 용어에 대해 언급하고자 한다.
이와 같은 용어들을 온라인으로 검색해 보면, 일종의 '윤리 등급' 혹은 '윤리 성적표'라는 개념들을 발견하게 될 것이다. 이러한 윤리 등급이나 성적은 환경, 동물 그리고 사람에 대한 생산자의 행위에 대한 정보와 개인의 윤리적 선호도에 따라서 생산자의 윤리성에 점수를 매기는 정치적 요인들을 근거로 매겨지고 있다.[8]

이와 같은 윤리 등급이나 성적표가 도움이 되기도 하지만, '윤리적 쇼핑' 개념에 대한 나의 비판의 요지는 '윤리적'이라는 용어를 몇 가지 기준을 바탕으로 측정함으로써 그 의미가 축소될 우려가 있다는 것이다. 윤리적 행동을 측정하거나 순위를 매길 수 있다는 발상은 성경에서 찾아볼 수 없다. 하나님은 우리의 삶을 평가할 기준을 갖고 계시지만, 그 기준은 그분의 완전한 사랑이다.

> 네 마음을 다하며 목숨을 다하며 힘을 다하며 뜻을 다하여 주 너의 하나님을 사랑하고 또한 네 이웃을 네 자신 같이 사랑하라(눅 10:27).

그리고 하나님은 우리에게 등급을 매기셨다.

> 모든 사람이 죄를 범하였으매 하나님의 영광에 이르지 못하더니(롬 3:23).

다시 말하면, 우리에게 "이르지 못하더니"라는 등급을 주신 것이다. 그러나 하나님은 우리에게 측정 가능한 점수를 주시지 않았다. 그는 우리가 서로 등급을 부여할 것을 제안하신 적이 없다. 더 큰 문제는 사람들이 자신의 '윤리적 선호도'의 기준을 가질 수 있다고 생각한다.

이것은 도덕적 상대주의에서 나온 발상이다. 이와는 대조적으로 성경은 오직 하나님만이 우리를 위해 도덕의 표준을 정하신다는 것을 보여 주고 있다. 이것이 '윤리적 쇼핑'에 대한 나의 비판의 핵심 요지이다.

이 비판은 앞서 언급한 '윤리적 쇼핑'의 두 가지 문제 모두에 해당한다. 사람이나 기업의 행위를 수치로 측정하는 것은 어떤 식으로든 지양해야 한다. 만약 당신이 순위나 등급을 매기길 원한다면, 그것은 단순한 체크 표시의 연습에 불과하다. 누군가가 설문지를 보내 주어진 항목들을 사용하여 평가할 수는 있겠지만, 이는 어디까지나 인간의 생각일 뿐이다. 이 방식은 필연적으로 지나치게 단순화할 수밖에 없고, 현실의 문제를 수치로 측정할 수 있는 범위로 축소해 버리는 결과를 초래하게 된다.

이것은 두 번째 기능, 즉 다른 조직이나 회사를 서로 비교하고자 하는 시도와 관련이 있다. 순위나 등급을 정하기 위해 공통적이고 측정 가능한 '점수'가 요구된다. 그러나 앞서 언급한 바와 같이 성경은 결코 인간이 정한 '도덕성'이나 '가치 기준'에 따라 서로 비교하는 것을 제안하지 않는다. 그리고 개인의 윤리적 성향을 중심으로 하는 도덕적 상대주의는 성경적으로 용납될 수 없다.

이 모든 비판을 긍정적인 차원으로 바꾸어 설명하면 성경은 우리에게 지속적으로 "정의를 행하고 불의를 행하지 말라"라고 분명하게 강조하고 있다(이와 관련하여 우리는 이미 많은 사례를 살펴보았다). 이것은 윤리적 등급이나 점수와는 비교할 수 없는 매력적인 비전을 제시하고 있다. 더 나아가 성경은 결코 우리에게 "조금 더 정의를 행하라"라고 말하지 않고 "하나님 앞에서 옳은 일을 행하라"라고 명쾌하고 외치고 있다.

따라서 나에게 '윤리적 쇼핑' 개념은 심각한 결함이 있는 것으로 보인다. 이와 같은 이유로 나는 이 용어나 이와 같은 접근법을 사용하지 않는다.

윤리 등급이나 윤리 성적표 등의 접근 방식이 어떻게 서로 다른 기업들을 평가하는지를 살펴보면, 우리가 배워야 할 유익한 부분이 있는 것은 분명한 사실이다. 일부 기업들에 대한 '윤리적 쇼핑' 웹사이트에서 유용한 정보를 얻을 수 있기 때문에 특정 기업 상품의 구매를 피할 수도 있다. 그러나 전반적으로 볼 때 '윤리적 쇼핑' 개념은 여전히 심각한 문제를 갖고 있다.

3. 경제 정의 실천의 더 큰 개념

'윤리적 쇼핑'에 대한 나의 비판에도 불구하고 이 개념의 장점 중 하나는 소비자의 도덕적 책임을 일깨워 주었고, 이 책임이 매우 중대하다는 것을 인식하게 해 주었다는 것이다. 이 개념이 생산자와 소비자가 서로 연결되어 있다는 점에서 어느 정도 설득력이 있는 것은 분명하다.

'윤리적 쇼핑'이 생산자와 판매자들이 그들의 모든 공급망에 있는 모든 사람을 착취하지 않아야 한다는 것에 대한 경각심을 불러일으켜 주었다는 점에서는 나의 논지와 일맥상통하는 면이 있다. 그리고 이것은 이미 이 장에서 논의한 바와 같이 경제 정의를 실천하는 데 핵심적 측면이다.

'윤리적 쇼핑'의 약점은 이미 내가 주장한 바와 같이 수치로 측정하는 단순화의 문제에 있다. 정의는 그것보다 훨씬 더 큰 개념이다. 소비자로서 정의를 실천하는 것은 '윤리적 쇼핑'으로 포착할 수 있는 것보다 더 중대한 것이다. 따라서 여기서는 소비자가 정의를 실천하는 것이 무엇을 의미하는지에 대한 다른 측면들을 살펴볼 것이다.

1) '소비지상주의'에 대한 대항

그러나 여기서 첫 번째 과제는 '소비자'가 무엇을 의미하는가에 대한 어려운 질문을 하고 오늘날의 '소비지상주의'에 대항하거나 최소한 비판을 하는 것이다.

누군가가 이러한 질문을 할 수도 있을 것이다.

"소비지상주의가 경제 정의와 무슨 상관이 있는가?"

이것은 근본적인 문제이다.

마태복음 6장에서 예수 그리스도는 우리에게 냉혹한 선택을 촉구했다. 24절에서 그는 "한 사람이 두 주인을 섬기지 못할 것이니 … 너희가 하나님과 재물을 겸하여 섬기지 못하느니라"라고 말했다. NIV 성경은 여기서 재물이 우상이 될 수 있다는 의미에서 돈(Money)의 첫 글자를 대문자인 'M'으로 표기했다. 우리는 참되신 하나님과 재물을 겸하여 섬길 수 없다. 재화와 서비스의 획득에 몰두하게 만드는 소비지상주의는 우상이다. 우리는 하나님과 소비지상주의를 겸하여 섬길 수 없다. 둘 중 하나를 택해야 한다.

다음의 본문은 이 냉혹한 선택에 대해 보다 자세하게 설명하고 있다. 우리의 몸과 마음이 먹을 것과 마실 것과 입을 것을 포함하는 물질적 욕구에 집착하는 것(32절)과 먼저 그의 나라와 그의 의를 구하는 것(33절) 사이에 하나를 택해야 한다는 것이다.

하나님의 의를 구하는 것은 그의 공의를 추구하는 것을 의미한다. 그러므로 우리는 한편으로는 소비지상주의와 돈에 대한 사랑, 또는 다른 한편으로는 하나님에 대한 사랑과 그분의 공의를 추구하는 것 사이의 선택에 직면하게 된다. 그렇기 때문에 소비지상주의에 대항하는 것은 경제 정의를 수행하는 데 근본적인 문제이다.

이 시점에서 하나님의 의를 구하는 방법과 그분의 공의를 찾는 방법에 대해 조금 더 설명하고자 한다. 성경에서는 의(righteousness)를 행하는 것과 정의(justice)를 실천하는 것 사이에 밀접한 관련이 있다. 우리는 제1장에서 이것에 대한 많은 사례를 살펴보았다.

구약의 의와 정의는 서로 밀접하게 연결되어 있어 우리는 이 둘을 하나의 실체로 볼 수 있다.[9] 이것은 누군가가 "레스토랑과 외식을 좋아한다"라고 말하는 것과 같다. 레스토랑과 외식은 별개의 것이 아니다. 이 두 단어가 같은 뜻으로 사용되었기 때문이다. 같은 뜻을 가진 두 단어를 약간 다르게 강조하여 그 의미를 더욱 강화하는 것이다.

이와 같은 맥락에서 의와 공의도 함께 사용할 수 있다. 의는 하나님의 뜻과 일치하여 옳은 일을 하고자 하는 내면적 품성을 강조한다. 정의는 정의로운 일을 하는 행동을 의미한다. 헬라어 원어 성경에서 '의'와 '정의'는 같은 단어를 사용하고 있지만, 이 단어는 옳은 사람이 되는 것과 옳은 일을 하는 것을 모두 포함한다.

영어로는 의롭게 되는 것과 정의로운 일을 하는 것의 관계를 어렵지 않게 설명할 수 있다. 예를 들어 사도 바울이 로마서와 갈라디아 사람들에게 보낸 편지에서 그는 하나님이 어떻게 경건하지 않은 것을 의롭게 여기시는지에 대해 많이 기록했다. 이것은 그리스도께서 십자가에서 행하신 일, 즉 우리가 죄인으로서 받아야 할 정당한 형벌을 받는 것과 믿음에 의해 의롭게 된 그리스도인에 대한 것이다.

그러나 헬라어에는 내가 말한 것처럼 단순히 하나의 단어(또는 한 세트의 관련 단어)가 있으며 때로는 '옳은' 또는 '의'로 번역되고 때로는 '공의' 혹은 '정의'로 번역되기도 한다.[10] 우리는 먼저 하나님의 나라와 그의 의를 구해야 하므로, '그의 의를 구하는 것'에는 하나님의 공의를 행하는 일이 포함된다는 점을 잘 알고 있어야 한다.

그러므로 예수 그리스도께서 우리가 돈과 소비지상주의를 사랑하는 것과 먼저 그의 나라와 그의 의를 구하는 것 중의 하나를 선택을 해야 한다고 말씀하시는 것이다. 이것이 바로 소비지상주의에 대항하는 것이 경제 정의를 포함한 정의를 수행하는 데 필수적이라고 주장하는 이유이다. 소비지상주의의 우상을 물리치고 하나님을 향한 열정적인 사랑과 헌신으로 대체하지 않는 한 지속적으로 경제 정의를 수행하는 것은 불가능하다. 잘못된 곳에 우리의 마음을 두게 될 것이다.

2) 소비자의 권리와 폐해

정의를 배우는 데 또 다른 중요한 측면은 '소비자'에 대한 우리의 생각을 바로잡는 것이다. 성경은 이렇게 말한다.

> 우리에게 모든 것을 후히 주사 누리게 하시는 하나님께 …(딤전 6:17).

이 말씀은 하나님이 창조하신 이 놀라운 세상에서 우리가 누리는 물질적 풍요, 음식, 스포츠 그리고 그 밖의 모든 것을 긍정적으로 바라볼 수 있게 해 준다. 내가 주장한 바와 같이, '소비지상주의'의 문제는 이러한 것들로 하나님의 자리를 대체한다.

따라서 소비지상주의는 매우 잘못된 것이다.

그러나 물질적 풍요에 대한 긍정적인 측면과 소비지상주의 혹은 돈에 대한 사랑의 부정적인 측면 사이에서 어떻게 균형을 유지해야 하는가?

첫 단계는 긍정적인 측면과 부정적인 측면 모두를 수용해야 한다는 것이다. 그렇게 할 때 우리는 양쪽 모두의 장단점을 파악할 수 있을 것이다. 우리가 경제 정의를 실천하려면 소비자로서 매일의 일상 생활 가운데 이 둘 사이에서 선택하면서 살아야 한다.

경제학자들은 소비자의 행동이 경제 구조에 큰 영향을 끼친다고 주장한다. 이것은 앞서 언급한 성경적 관점과 일치한다. 이 영향을 이해하는 한 가지 방법은 '수요와 공급'의 법칙이 대다수 경제 분석의 핵심이라는 점에 주목하는 것이다. 나는 지금 당신에게 그런 분석의 아주 작은 일부를 보여 주고자 한다.

이 시점에서 멀리 달아나지 않기를 바란다!

수요와 공급의 법칙은 국가 경제 차원의 거시적 경제와 특정한 시장이나 산업 차원의 미시적 경제를 포함한 양쪽 모두에 적용되는 매우 중요한 개념이다.

소비자의 선택이 서비스나 재화에 대한 전반적인 수요를 결정하는 데 중요한 기준이 된다. 이 수요는 서비스나 재화의 가격을 포함한 다양한 요인에 따라 달라진다. 시장의 또 한편에는 농민, 제조업체, 혹은 소매 업체 등 재화나 서비스를 제공하는 사람들이 있다. 재화와 서비스의 공급도 역시 가격을 포함한 광범위한 요인들에 의해 영향을 받는다. 실제로 수요와 공급 그리고 가격은 서로 다양한 방식으로 상호 작용한다. 이 과정을 거쳐 수요와 공급이 결국에는 서로 평행을 유지한다.

그 결과로 당신과 나는 재화와 서비스를 구매할 수 있고 이를 공급하는 사람들은 생계를 유지할 수 있게 되는 것이다. 그러나 다수의 경제 분석에 따르면, 소비자는 일반적으로 이 전체 과정에서 강력한 권한을 갖고 있다. 예를 들어 소비자가 전체적으로 빵의 소비를 줄인다면, 이러한 수요 감소는 빵의 판매 감소와 가격 하락으로 이어진다. 재화와 서비스 시장은 수요와 공급에 민감하게 반응할 수밖에 없다. 소비자는 이와 같은 방식으로 재화와 서비스 공급 업체에 '신호'를 보낼 수 있다.[11]

앞서 언급한 바와 같이, 성경은 우리가 누릴 수 있는 모든 것을 풍성하게 주신다고 말씀하고 있다. 그런 관점에서 볼 때 개인과 가정이 선택을 통해 생산자에게 영향을 줄 수 있는 경제 체계를 가지고 있다면 좋은 일이다.

그러나 동시에 '소비지상주의'의 막강한 권력에는 하나님의 나라와 그의 정의에 부합하지 않는 일련의 가치가 경제를 지배하는 위험이 내포되어 있다. 따라서 우리는 소비자의 권리와 하나님의 좋은 선물로부터 오는 즐거움으로 인한 긍정적인 관점과 소비지상주의의 폐해에 대한 통합적 인식이 요구된다. 우리가 이 모든 것에 대해 균형 잡힌 관점을 갖기는 쉽지 않지만, 최선을 다해 노력해야 한다.

우리는 어떻게 해야 하는가?

여기서 중요한 것은 하나님의 가치가 우리의 사고와 감정을 다스리도록 하는 것이다. 이것이 바로 정의와 공의가 우리 속에 들어 올 수 있는 통로

이다. 만약 우리의 생각과 욕구가 하나님의 가치에 의해 영향을 받는다면 우리는 소비지상주의의 권력에 함몰된 사람들과는 전혀 다른 관점을 갖게 될 것이다. 다음의 몇 가지 방범을 생각해 보자.

4. 정의가 당신의 소비에 영향을 주게 하라

    소비자는 경제 정의에 큰 영향을 미칠 수 있다. 그 영향력을 잘 활용해야 한다. 그리스도인은 하나님이 맡기신 돈과 물질적 자원들을 관리해야 할 청지기적 사명을 갖고 있다. 청지기와 소비자인 우리는 정의가 우리의 소비에 선한 영향을 줄 수 있는 잠재력이 있다.

    현명한 청지기는 돈을 낭비하지 않는다. 우리는 합리적 소비를 해야 한다. 동일한 품목과 동일한 품질에 대해 더 많은 비용을 지불할 필요가 없다. 이것이 성경적 원리는 아니다. 돈을 낭비하지 않고 현명한 소비를 하는 데 반드시 그리스도인이어야 할 필요는 없는 것이다. 그러나 지혜로운 청지기 직분을 감당함으로써 우리는 정의로운 경제 생활을 실천할 수 있다.

    예를 들어 우리는 제1장에서 성경적인 정의는 가난하고 소외된 사람들을 위한 정의가 그 핵심 요소라는 것을 살펴보았다. 따라서 빈곤층과 소외 계층에 대한 관심이 우리의 소비에 어떤 영향을 미칠 수 있는지 살펴보아야 한다.

    그러나 우리가 실제로 이것을 어떻게 실천할 수 있겠는가?

여기에 자세한 지침을 줄 수는 없지만 우리는 모두 상상력을 발휘하여 몇 가지의 선택 사항들을 찾아볼 수 있다. 예를 들어 많은 개인과 가정이 재정 사용 면에서 다소 간의 여유를 갖고 있을 것이다.

이것이 무엇을 의미하는가?

여유 재정은 대출 상환, 주거비, 식비, 교육비, 보험료, 통신비 등을 포함한 고정 지출 비용을 지불한 이후에 사용할 수 있는 재정을 뜻한다. 우리는 이와 같은 고정 지출 항목들에 대해서도 절약의 여지가 있는지 살펴보아야 한다. 그러나 이와 같은 고정 지출 비용에서는 사실상 가난하고 소외된 사람들을 돕기 위해 지출을 축소할 수 있는 여지는 많지 않다.[12]

그런데 불구하고 이러한 모든 정기 지출 항목들에 대한 비용을 지불하고 남은 돈이 있을 수 있으며 이 부분에서는 우리가 재량권과 창의력을 발휘할 수 있다. 일부 개인 및 가정의 경우 재정 상황이 여의치 않아 선택의 여지가 거의 없는 경우도 많이 있다. 이와 같은 상황에서 다른 사람들의 필요를 살피고 돌보는 것은 적지 않은 어려움이 따른다.

그러나 많은 개인과 가정은 재정적인 여유가 있을 수 있다. 이러한 재정으로 정의를 실천할 수 있는 창의적인 방법을 생각해 보자.

예를 들어 최근 영국을 비롯한 여러 국가에서 새로운 유형의 사업인 '사회적 기업'이 개발되었다. 사회적 기업은 '사회를 이롭게 하고 개선하는 것이 핵심 목표인 기업'으로 정의될 수 있다. 그러나 사회적 기업은 자선단체와는 달리 여전히 독립적으로 운영하고 성장하며 이익을 창출하고자 하는 사업이다.[13] 당신이 사고 싶은 것 중 일부가 사회적 기업에서 구할 수 있는지를 확인해 보라.

당신은 지역 사회의 이익과 발전을 추구하는 사회적 기업의 접근 방식을 지지할 수 있는가?

이 질문에 대답하는 유일한 방법은 눈을 크게 뜨고 약간의 조사를 하는 것이다!

예를 들어 다른 방법으로는 직장을 가질 수 없는 가난하고 소외된 사람들에게 일자리를 제공할 목적으로 그리스도인이 운영하는 사회적 기업이 있을 수 있다. 이런 기업이 있는가를 살펴보라.

이것은 정의가 우리의 소비 생활에 영향을 주게 하는 한 가지 사례에 불과하다. 사회적 기업의 매력적인 특징은 어느 정도의 적정한 수익을 창출하고자 하는 그들의 욕구가 그 기업을 효율적으로 운영하는 데 도움이 된다.

그들은 아마도 자원을 잘 관리하고 경쟁력을 갖춘 가격으로 품질이 좋은 제품을 만들기 위해 노력할 것이다. 이것은 우리가 그들로부터 물건을 구입한다면 '좋은 일을 하기 위해' 다른 비효율적 기업에 굳이 더 많은 돈을 지불할 필요가 없다는 것을 의미한다. 비효율적 기업도 시장 경제 속에 존재하려면 시장의 법칙을 따라야 한다.

1) 정의와 소비자의 우선순위

고정 지출 비용을 제외하고 우리가 임의로 사용할 수 있는 돈으로 정의를 실천하고자 한다면, 하나님의 의와 공의가 소비자로서의 우리의 우선순위를 바꾸기 시작할 것이다. 소비자로서 정의를 신중하게 생각할수록 우리 주변의 소비지상주의 문화가 우리의 생각과 욕구를 조종하는 방식에 대해 더 많이 알게 될 것이다. 그 결과로 우리는 소비의 유혹을 견뎌 낼 수 있는 능력이 더 커지고 그 욕구와는 다른 우선순위에 따라 행동할 수 있게 된다.

독자들에게 정확히 얼마를 지출하거나 무엇을 사야 하는지 알려 주는 것이 이 글을 쓰는 나의 목표는 아니다. 우리 각자는 이러한 일에 대해 오직 하나님께 책임을 져야 한다. 하나님은 모든 그리스도인에게 이 모든 일에 도움이 되는 성경, 기도, 성령 그리고 그리스도의 몸으로서 서로 지지하고 교제할 수 있는 교회 공동체를 선물로 주셨다.

당신이 지출하는 돈에 대해 기도해 본 적이 있는가?

그렇지 않다면, 이번 주부터 시작하라.

소비자로서의 우선순위와 관련하여 마지막으로 언급할 내용은 우리가 얼마를 지출하고, 저축하고, 빌려주고, 기부하는가에 대한 것이다(당신은 내가 지금까지 이것에 대해 아무 말도 하지 않았다는 것을 알고 있을 것이다). 하나님의 의와 정의가 소비자로서의 당신의 사고와 행동에 영향을 미치도록 허용함에 따라 여기에서도 약간의 변화가 있을 수 있다.

가난하고 소외된 사람들을 돌보는 것은 소비지상주의의 우선순위와는 거리가 멀다. 다시 한번, 나는 소비지상주의를 추천하고 싶지 않다. 우리가 얼마를 소비하고, 저축하고, 빌려주고, 기부할 것인가는 하나님 앞에서 우리 각자에게 달려 있다.[14]

사도 바울은 명백하게 이 원칙을 제시하고 있다. 고린도의 그리스도인들에게 보낸 편지에서 그는 다음과 같이 말했다.

각각 그 마음에 정한 대로 할 것이요 인색함으로나 억지로 하지 말지니 하나님은 즐겨 내는 자를 사랑하시느니라(고후 9:7).

5. 소비자가 사람을 대하는 방식

경제 정의의 성경적 원칙은 우리의 모든 관계 속에서 사람들을 올바로 대하는 것이다. 하나님이 성경을 통해 계시하신 규범과 원칙에 따라 우리는 다른 사람들에 대해 바르게 행동해야 한다. 우리는 이것을 이전 장에서 살펴보았다. 나는 당신에게 다음과 같은 질문을 하고자 한다.

당신은 쇼핑할 때 점원이나 상인들을 어떻게 대하는가?

그리스도인이 '내가 먼저'(또는 '나와 나의 가족이 먼저')라는 사고방식이 주도하는 소비지상주의 문화의 영향을 매우 쉽게 받는 것이 현실이다. 우리는 문화적 환경의 영향 속에서 살아가고 있다. '내가 먼저'라는 사고방식을 가진 소비자가 점원이나 상인을 무례하게 대하는 것은 전혀 문제가 되지 않는다.

왜 그런가?

쇼핑은 '나에 관한 것'이기 때문이다. 따라서 이러한 쇼핑객은 상점에서 일하는 사람들을 단순히 '나의 만족'을 위한 하나의 도구로 간주할 수 있다. 이와 반대로, 소비자로서 경제 정의를 실천하려면 우리와 접촉하는 모든 사람을 존중해야 한다. 이것은 일반적인 소비지상주의 문화와 완전히 반대되는 사고방식이다. 이 둘은 전혀 다른 개념이다. 이제는 그리스도인뿐만 아니라 많은 소비자와 고객이 예의 바르게 행동하고 있다. 그러나 여전히 재화와 서비스 시장 모두에 '내가 먼저' 문화가 만연해 있다.

예를 들어 많은 상가가 이제 '직원에 대한 폭언이나 욕설은 용납될 수 없습니다'라는 포스터를 붙여야 할 필요성을 느끼고 있다. 1980년대 영국은 그렇지 않았다. 지금은 마치 정중하게 행동하는 것이 의무가 아니라 선택 사항으로 보인다. 고객이 잘 대우받으면 정중한 태도를 보일 수도 있다. 그러나 많은 고객은 자신이 원하는 대우받지 못하면 무례한 행동을 해도 된다고 생각한다.

그러나 그리스도인은 그렇게 하지 않아야 한다. 우리가 어떤 대우를 받든지 우리는 주님 앞에서 친절을 베풀고 인내심을 갖고 사람들을 대해야 한다. 사도 베드로는 시편 34편을 인용하여 다음과 같이 기록하였다.

> 악을 악으로, 욕을 욕으로 갚지 말고 도리어 복을 빌라 이를 위하여 너희가 부르심을 받았으니 이는 복을 이어받게 하려 하심이라 그러므로 생명을 사랑하고 좋은 날 보기를 원하는 자는 혀를 금하여 악한 말을 그치며 그 입술로 거짓을 말하지 말고 악에서 떠나 선을 행하고 화평을 구하며 그것을 따르라 주의 눈은 의인을 향하시고 그의 귀는 의인의 간구에 기울이시되 주의 얼굴은 악행하는 자들을 대하시느니라 하였느니라(벧전 3:9-12).

이 말씀은 의로움(혹은 공의)이 무엇인지를 분명하게 보여 준다. 우리는 선을 행하고 다른 사람들과 평화로운 관계를 추구해야 한다. 내 경험에 따르면 고객으로서 내 입장을 전달해야 할 경우가 있다. 건의 사항이 있으면 의사소통 경로를 따라 자신의 견해를 밝히고 적절한 해결 방안을 찾아야 한다.

성경은 하나님의 백성들을 비방하는 사람들에 대해 매우 단호한 태도를 취하는 많은 예를 보여 주고 있다. 예를 들어 사도행전 16:37에서 보여 준 바울의 확고한 태도도 그 가운데 하나이다. 그러나 단호함은 항상 은혜와 온화한 정신과 겸손한 마음으로 표현해야 한다. 이 모든 것은 사람들을 어떻게 대해야 하는지 하나님의 말씀에 있는 규범과 원칙에 따른 것이다. 나는 위에서 시편을 인용한 베드로전서를 언급했을 뿐이다.

성경에는 하나님을 기쁘시게 하는 방법으로 생활하는 법을 가르치는 많은 자료가 있다. 우리는 성경 말씀을 배우고 실천하는 데 헌신해야 한다. 예수님은 이것에 대해 분명하게 말씀하셨다(마 4:4). 세상을 지배하는 소비지상주의에 대항하기 위해 하나님의 백성으로서 우리는 새로운 문화를 창출해야 한다.

6. 결론

우리가 성경적 가르침에 따라 경제 정의를 실천하고 싶다면 그것은 소비자로서의 우리의 행동에 큰 변화를 가져올 것이다. 왜냐하면, 우리가 그분을 믿는 믿음으로 살고, 하나님을 사랑하는 법을 배우고, 먼저 하나님의 나라와 그의 의를 구하는 그리스도인이기 때문이다. 제3장에서 우리는 직장에서의 경제 정의 실천에 대해 살펴볼 것이다.

제3장

직장에서의 경제 정의 실천

당신이 선호하는 관리 방식은 무엇인가?

우리 모두는 아니겠지만 대부분은 우리가 경영자인지, 경영의 대상인지 또는 둘 다인지에 대해 알고 있을 것이다. 온라인 검색을 통해 다양한 경영 방식들에 대해 찾아볼 수 있다. 일부 전문가들은 지시, 비전 제시, 혹은 참여(민주주의) 등을 포함하는 여섯 가지의 경영 방식을 제시하기도 한다.[1]

그러나 이들 중의 얼마나 많은 경영 방식이 근로자들을 공정하게 대우해야 한다는 요구 조건을 포함하는가?

당신의 일하는 태도는 어떤가?

여기에는 더 큰 다양성이 존재한다. 영국의 '사회 태도 조사'(The British Social Attitudes Survey)는 매년 3천 명을 대상으로 조사를 실시하고 있다. 이 조사는 '직업은 돈을 벌기 위한 수단일 뿐이다'라는 말에 대한 동의 여부를 묻는 항목이 있다. 2015년에는 49퍼센트의 응답자들이 "예"라고 대답했다. 시간이 지나도 이와 같은 비율은 매우 높은 일관성을 유지해 왔다. 1993년부터 2015년까지 조사 대상의 45-49퍼센트가 이 진술에 동의한다고 응답했다.[2]

당신의 대답은 무엇인가?

직장이 단순히 돈을 버는 수단일 뿐인가?

정의를 실천하는 장소가 될 수는 없는가?

이 장에서는 그리스도인으로서 직장에서 어떻게 공의를 행할 수 있는지 살펴볼 것이다. 이전 장에서 소비자로서 정의를 수행하는 것을 살펴보았다면 이제는 동심원의 다음 단계로 넘어가려고 한다. 개인과 가정이 지출하는 것에서 우리가 일하는 곳에서의 관계와 행동으로 확대하고자 한다. 제5장에서는 우리가 일하는 회사와 조직을 통해 그리고 우리가 실천할 수 있는 경제 정의에 대한 더 큰 영향을 살펴볼 것이다. 그러나 이 장은 우리 자신의 행동과 직장에서의 관계 정의에 중점을 둘 것이다.

1. 성경적 관점

경제 정의에 대한 성경적 관점을 간략하게 살펴보자.

첫째, '정의'는 하나님의 규범에 따라 사람들을 적절하게 대하는 것을 의미한다.

여기에는 지역 공동체(또는 사회) 내에서 가난하고 소외된 사람들을 어떻게 대우할 것인가도 포함된다. 우리는 또한 경제 정의가 관계의 질과 관련이 있다는 사실을 살펴보았다. 자원의 분배에 대한 정의는 모든 사람이 물질적 축복을 포함하여 하나님의 축복에 참여한다는 것을 의미한다.

그러나 이 모든 것이 직장의 세계에서 어떻게 전개되어야 하는가? 이것이 이 장의 핵심이다.

둘째, 하나님의 큰 그림 속에서 일 자체의 중요성을 이해하는 것이다.

성경에서 '일'은 생산적인 행위를 의미한다. 일에 대한 대가가 따를 수도 있고 그렇지 않을 수도 있다. 그리고 인간이 일하는 것은 하나님이 창조한 세상에서 청지기(혹은 관리자)의 직분을 수행하는 것을 뜻한다(예를 들어, 창 1:28; 2:15 참조).[3]

그러므로 피조물의 청지기로서 목적이 있고 생산적 활동의 일은 하나님의 큰 그림의 중심이 된다. 구속은 결코 하나님이 창조하신 질서를 벗어나는 것을 의미하지 않는다. 그 반대이다. 구속은 다른 많은 놀라운 것 중에서 인류의 타락(하나님에 대한 반역)으로 생긴 훼손으로부터 피조물의 회복을 의미한다.

이 회복의 역사는 지금도 계속된다. 우리는 하나님이 이 시대의 끝에서 가져올 새로운 피조물에 대한 회복의 충만함을 기뻐하며 기대한다. 그리스도께서 다시 오실 때 모든 방언으로 "예수 그리스도는 주님이시다"라고 고백함으로 하나님께 영광을 돌릴 것이다(빌 2:11).

그 사이의 우리 일은 성령에 의해 "그와 같은 형상으로 변화하여 영광에서 영광에 이르고"(고후 3:18), "먹든지 마시든지 무엇을 하든지 다 하나님의 영광을 위하여"(고전 10:31) 살아간다.

2. 현대 문화의 첨예한 대립

직장에서의 경제 정의 실천에 대한 성경적 가르침을 살펴보기 전에 노동에 대한 성경적 관점과 이 시대의 지배적인 사고방식과 문화적 관점 사이의 근본적 차이에 대해 다루어야 할 필요가 있다. 성경의 가르침을 우리의 삶에 진지하게 적용하려면 오늘날의 상황에 대해 잘 이해해야 한다. 앞서 언급한 바와 같이, 설문 조사에 참여한 영국인의 거의 절반이 "일은 돈을 벌 수 있는 수단에 불과하다"라는 말에 동의하고 있다.

이 결과는 또한 분명히 이 질문에 동의하지 않는다는 사람이 여전히 절반 이상이라는 것을 의미한다. 따라서 우리는 섣부른 일반화 오류에 빠지지 않도록 조심해야 한다. 이 설문 조사 결과는 "많은 사람에게 노동은 내 욕구를 충족시키고, 내 목표를 달성하고, 경력을 쌓고, 여가를 즐기기 위한 것"이라는 현대 문화의 보편적 추세를 반영하는 것으로 보인다. 이 현상은 '내가 먼저'라는 자기중심적 사고방식이 영국을 비롯한 서구 사회를 지배하고 있다는 사실을 반증한다.

이와 같은 문화적 추세는 성경의 가르침과 뚜렷한 차이가 있다.

이 차이가 얼마나 큰지를 이해하는가?

그런데도 우리는 여전히 이 문화 속에 살고 있다.

이 문화가 우리를 지배하게 할 것인가,

아니면 이 문화가 변화되도록 선한 영향을 끼칠 것인가?

현대 문화의 바탕에는 자기중심적 개인주의의 가치관이 존재하고 있다. 이 가치관이 경제와 경제 생활에 대한 학문적 접근을 지배하고 있다.

마이클 로즈(Michael Rhodes), 로비 홀트(Robby Holt) 그리고 브라이언 피커트(Brian Fikkert)의 최근 저서가 이 상황을 잘 표현하고 있다. 이들은 서구의 지배적 경제 세계관은 사람들을 "최대한 많은 돈을 벌어 소비와 쾌락을 즐기고자 하는 끊임없는 욕망을 가진 이기적인 개인들"이라고 규정한다고 말한다.[4]

이 저자들은 이와 같은 문화적 세계관이 학문적 사고에도 큰 영향을 주고 있다고 지적한 바 있다. 그들은 경제학의 학문 분야에 대한 대중적 입문 교과서에서 가져온 다음의 정의를 제안하고 있다.

> 경제학은 인간의 물질적 욕구에 대한 최대의 만족을 달성하기 위해 한정된 생산 자원의 효율적인 사용 또는 관리하는 것이다.[5]

이와 유사한 경제학에 대한 정의들도 많이 있다. 여기서 우리가 관심을 가져야 할 부분은 '인간의 물질적 욕구에 대한 최대의 만족을 달성하는 것'에 있다. 이것은 하나님의 영광을 위해 그가 주신 자원들을 잘 관리해야 한다는 성경의 관점과는 매우 거리가 먼 것이다. 위의 정의에서도 알 수 있듯이 한정된 자원의 효율적인 사용을 추구하는 것은 좋지만, 성경에 따르면, 인간의 물질적 욕구에 대한 최대한의 만족 목표는 완전히 잘못된 것이고 어리석은 것이다. 예를 들어 밭에서 거둔 많은 소출을 쌓아 둘 곳을 어떻게 해야 할지 궁리하던 어리석은 부자의 비유(눅 12:13-21)를 생각해 보자. 소출을 쌓아 둘 공간이 부족해진 부자가 다음과 같이 말했다.

또 이르되 내가 이렇게 하리라 내 곳간을 헐고 더 크게 짓고 내 모든 곡식과 물건을 거기 쌓아 두리라 또 내가 내 영혼에게 이르되 영혼아 여러 해 쓸 물건을 많이 쌓아 두었으니 평안히 쉬고 먹고 마시고 즐거워하자 하리라 하되 하나님은 이르시되 어리석은 자여 오늘 밤에 네 영혼을 도로 찾으리니 그러면 네 준비한 것이 누구의 것이 되겠느냐 하셨으니 자기를 위하여 재물을 쌓아 두고 하나님께 대하여 부요하지 못한 자가 이와 같으니라 (눅 18-21).

예수님은 그 부자를 "자기를 위하여 재물을 쌓아 두고 하나님께 대하여 부요하지 못한 자"(21절)로 규정하셨다.

인간의 물질적 욕구에 대한 최대한의 만족 목표는 어리석고 잘못된 것이다. 우리는 노동과 경제에 대한 성경적 비전과 이 시대의 풍조와의 뚜렷한 차이를 확실하게 알고 있어야 한다. 이 사고방식이 오늘날의 많은 사람의 노동에 대한 인식에 깊이 침투해 있다.

이 사고방식을 염두에 두고 이제 성경의 가르침이 정의와 직장에 어떻게 적용되어야 하는지에 대해 더 깊이 다루어 보자.

3. 직장에서의 경제 정의 실천에 관한 성경적 배경

에베소서와 골로새서는 우리에게 매우 중요한 원칙들을 제시하고 있다. 이 서신서들은 서로 보완적인 관계에 있기 때문에 함께 다루는 것이 좋을 것이다. 두 편지에서 바울은 먼저 독자들에게 '좋은 소식'(복음), '진리의 말씀'(엡 1:13; 골 1:6)을 상기시킨다. 즉, 주 예수 그리스도에 관한 좋은 소식을 전하고 있다. 바울은 독자들에게 좋은 소식, 즉 그들이 구원의 복음을 믿게 되었음을 일깨워 준다(엡 1:13).

그런 다음 예수 그리스도의 메시지와 하나님의 위대한 계획과 약속의 주요 내용을 설명한다. 여기에는 앞서 언급한 아름다운 새 피조물에 대한 하나님의 약속이 포함되어 있다.

> 하늘에 있는 것이나 땅에 있는 것이 다 그리스도 안에서 통일되게 하려 하심이라(엡 1:10).[6]

이 서신서들의 후반부에서 바울은 이 메시지의 의미와 실제 생활에 적용하는 방법을 제시한다. 이 실제적인 적용의 일환으로 두 서신에서 사도는 직장에서의 관계에 대해서도 언급하고 있다. 따라서 그리스도인의 행동은 믿음에서 나온다. 우리는 선한 행동으로 구원받을 수 없다. 우리는 오직 우리를 위해 십자가에서 죽으신 그리스도를 믿는 믿음으로만 구원받을 수 있다. 그러나 우리는 선행을 하기 위해 구원받는다(엡 2:4-10). 그리고 죄악 속에 살았던 옛사람이 죽고 새사람으로 거듭나 새로운 피조물이 되게 하신 것은 하나님의 놀라운 변화의 역사가 아닐 수 없다(고후 5:17).

에베소서 4:22-24에서 바울은 이 새로운 피조물을 다음과 같이 묘사한다.[7]

> 너희는 유혹의 욕심을 따라 썩어져 가는 구습을 따르는 옛 사람을 벗어 버리고 오직 너희의 심령이 새롭게 되어 하나님을 따라 의와 진리의 거룩함으로 지으심을 받은 새 사람을 입으라(엡 4:22-24).

이 새로운 피조물에 대해 하나님이 어떤 말씀을 하셨는가에 주목해 보라. 새로운 피조물은 하나님의 모습대로 '의와 진리의 거룩함'으로 창조된 존재이다. '의'로 번역된 단어는 앞서 살펴본 것과 같은 단어이다(*dikaiosynē*). 여기에서 볼 수 있듯이 정의의 개념이 포함되어 있다. 따라서 의와 정의와 거룩함은 우리의 모든 말과 행동에 적용되어야 한다. 여기에는 직장에서의 행동도 포함된다.

1) 본질적 원칙

골로새서는 직장에서의 관계에 대해 다음과 같이 증거한다.[8]

> 종들아 모든 일에 육신의 상전들에게 순종하되 사람을 기쁘게 하는 자와 같이 눈가림만 하지 말고 오직 주를 두려워하여 성실한 마음으로 하라 무슨 일을 하든지 마음을 다하여 주께 하듯 하고 사람에게 하듯 하지 말라 이는 기업의 상을 주께 받을 줄 아나니 너희는 주 그리스도를 섬기느니라 불의를 행하는 자는 불의의 보응을 받으리니 주는 사람을 외모로 취하심이 없느니라 상전들아 의와 공평을 종들에게 베풀지니 너희에게도 하늘에 상전이 계심을 알지어다(골 3:22-4:1).

여기서 우리는 몇 가지의 중요한 원칙들을 발견할 수 있다. 우리는 '마음을 다하여' 일해야 하고, 권력을 가진 사람들은 아랫사람들을 '의와 공평'(골 4:1)으로 대해야 한다.[9] 이것은 앞으로 살펴보게 될 본질적 원칙들이다.

골로새서의 문화적 상황은 오늘날 우리의 상황과는 큰 차이가 있다.

예를 들어 오늘날 많은 고용인이 그들의 고용주를 '상전'(master)이라고 부르지는 않는다!

잠시 후 나는 '종'과 '노예 소유권'에 대해 간단히 언급할 것이다. 그러나 이 말씀이 오늘날 우리에게 주는 원칙과 규범은 매우 중요하다.

바울은 상전과 종(오늘날의 고용주와 고용인) 모두에게 매우 분명한 교훈을 주고 있다. 이 둘 사이의 관계는 그리스도인의 일상 생활에서 중심적인 부분이다. 종은 그들의 주인에 대한 책임을 갖고 있고, 주인은 자신의 지배 아래에 있는 사람들에 대한 책임이 있다. 서로에 대한 이 책임이 모두 '관계' 속에서 이루어지는 것이다.

골로새서와 에베소서에서 직장 관계에 대한 가르침은 모두 세 개의 짧은 교훈 중에 세 번째 부분에 언급되어 있다(엡 5:22-6:9; 골 3:18-4:1). 두 서신 모두 이 세 부분은 모두 남편과 아내, 부모와 자녀 그리고 고용주와 고용인의 관계와 책임에 관한 것이다. 이 세 종류의 관계 사이에 주어진 명령들은 상호보완적으로 이해해야 한다. 첫 번째 명령을 두 번째 명령과 분리해서 해석하지 않아야 한다.[10]

1세기의 문화적 상황을 고려할 때 이 세 가지의 관계들은 실제로 한 지붕 속에서 이루어졌을 것으로 보인다. 가정은 많은 사람이 함께 살고 일했던 곳이었다.[11] 바울은 이 세 가지의 관계 모두에서 주님 안에서 그리고 주님을 위해서 실천해야 한다고 반복해서 강조하고 있다(예를 들어, 엡 6:1; 골 3:18, 22). 이것이 바로 그리스도의 통치 아래에서 사는 삶이고, 하나님 나라 백성들의 새로운 삶의 방식이다.

골로새서에 따르면, 고용인은 고용주를 위해 온 마음을 다해 일해야 하고, 고용주는 고용자들을 정의와 공평으로 대해야 한다. 이것은 그때나 지금이나 변함없는 본질적인 원칙이다. 주님께 하듯 온 마음을 다해 고용주를 위해 일하라는 것은 끔찍할 정도로 열악한 근로 환경 가운데서 일하는 고용인들에게는 지나친 명령일 것이다. 헬라어인 '둘로스'(*doulos*)는 '종'(bondservant) 혹은 '노예'로 번역될 수 있다. 종이나 노예에게 탈출할 자유가 없었다. 그들에게 탈출은 곧 죽음을 뜻하는 것이었다.

이와 같은 그 당시의 상황은 우리가 상상하기 어려운 것이었다. 1세기의 로마 제국에서는 노예들의 처우 환경이 점차적으로 개선되고 있었다.[12] 일부 상전들은 그들의 노예들을 해방시켜 주기도 했다. 그런데도 그 당시 노예들의 노동 환경은 오늘날 우리 중에 그 누구도 원하지 않는 상태였다. 그러나 성서의 가르침은 모든 노예가 마치 주님을 섬기는 것처럼 그들의 상전을 위해 열심히 일해야 한다는 것이다. 이것은 본질적인 원칙이다.

이 시점에서 잠시 다른 이야기를 해야 할 필요가 있다. 사도 바울이 왜 노예 제도에 저항하라는 말을 하지 않았는지 궁금할 것이다. 이 질문에 대한 많은 해석이 존재하지만, 이 책의 핵심은 아니다. 그러나 우리가 주목해야 할 것은 신약성경의 많은 내용이 노예 제도를 약화하는 데 기여했다는 것이다. 골로새서에서 바울은 그리스도 안에서 새롭게 거듭난 사람들에 대해 다음과 같이 기록했다.

거기에는 헬라인이나 유대인이나 할례파나 무할례파나 야만인이나 스구디아인이나 종이나 자유인이 차별이 있을 수 없나니 오직 그리스도는 만유시요 만유 안에 계시니라(골 3:11).

이 놀라운 말씀은 무엇보다도 마치 오늘날의 지배적인 사회적 차별과 관행 아래에 폭발 장치를 설치한 것과 같은 효과를 가져왔다. 그리스도를 통해 노예와 자유자 사이의 사회적 구분(불평등)이 폐지되었다. 갈라디아서 3:26-28에서도 동일한 원칙을 찾아볼 수 있다. 거듭난 사람들의 폭발적인 영향은 사도 바울이 종이었던 오네시모에 대해 빌레몬에게 쓴 편지에서도 잘 나타나 있다.[13]

노예 제도에 대한 논의에서 벗어나 고용인은 '마음을 다하여'(골 3:23) 고용주를 위해 일해야 한다는 위의 언급으로 다시 돌아가 보자. 그들의 상전과의 관계는 그리스도와의 관계에 따라 달라진다. 그들은 이 세상의 상전에게 복종해야 한다(골 3:22). 그러나 이 복종 자체가 주님에 대한 경외심은 아니다.[14] 그러나 우리의 상황에서 이것이 무엇을 의미하는지 더 깊이 탐구하기 전에 고용주의 책임도 살펴봐야 한다.

고용주에게 필요한 것은 무엇인가?

이미 언급한 바와 같이, 고용주와 고용인의 입장을 모두 고려해야 한다. '이 세상의 상전들'에게 주어진 명령은 훨씬 더 엄격하다. 그들은 종을 '정당하고 공정하게' 대해야 한다. 상전이 종을 억압적이고, 가혹하고, 부당하게 취급하기는 매우 쉽고 흔한 일이었다. 종은 그들을 보호할 법적 권리나 노동조합이 없었고, 자유를 찾아 떠날 자유도 없었다. 이런 상황 가운데 상전이 종에게 최소한의 대가만 지불하고 최대한의 노동을 강요하지 않을 이유가 없었다. 다른 상전들의 관행과 다르게 종을 취급해야 할 필요가 없었다.

바울은 왜 상전이 종을 정의롭게 대해야 하는지에 대해 간단하면서 강력한 이유를 제시하고 있다.

> 상전들아 의와 공평을 종들에게 베풀지니 너희에게도 하늘에 상전이 계심을 알지어다(골 4:1).[15]

하늘에 계신 상전은 언제나 의로우시다. 이 세상의 상전들은 영원한 상전 앞에서 그들의 행위에 대한 책임을 져야 한다. 업무 성과를 평가하는 것은 고용주나 고용인 모두에게 일반적으로 좋은 동기 부여가 될 수 있다. 그러나 바울은 상전들에게 궁극적인 평가는 마지막 날에 그리스도께서 하실 것이라는 사실을 일깨워 주고 있다.

이보다 더 큰 동기 부여가 어디에 있겠는가?

그들은 그리스도의 주권 아래에 속해 있다.

이와 동일한 동기 부여가 상전과 종 모두에게 주어져 있다. 종들은 주님을 섬겨야 하고(골 3:24), 상전들도 종들과 마찬가지로 하늘의 상전을 섬겨야 한다(골 4:1). 따라서 상전과 종의 관계는 그들과 그리스도와의 관계에 따라 달라진다. 이것이 우리가 지금 본 것처럼 종에게 주어진 것과 같은 원칙이다.

상전과 종이 모두 그리스도의 제자가 된 로마의 어느 가정의 모습을 상상해 보라.

만약에 그들이 신약성경이 가르치는 것을 모두 실천했다면 그들의 일상 생활이 어떻게 달라졌을지 상상할 수 있겠는가?

하늘에 계시는 한 분의 상전을 위해 그들이 조화롭게 일하는 모습을 볼 수 있을 것이다. 종이 마음을 다해 일하고 상전은 공정하게 종을 대하는 것은 그리스도의 구원 법이 다스리는 하나님 나라의 실제적인 모형이 될 수 있다.

모든 가족 구성원이 그리스도인이 아닌 가정은 어떻게 해야 하는가?

그들이 동일한 수준의 조화를 이룰 수는 없을 것이다. 우리는 그리스도의 사랑과 선하심으로 변화되지 않은 직장 상사와 함께 일하는 것이 더 어렵다는 것을 잘 알고 있다. 그러나 이와 같은 상황에서도 여전히 동일한 본질적 원칙이 적용되어야 한다.

2) 직장에서의 본질적 원칙 적용

이 모든 본질적 원칙이 오늘날의 우리에게 어떻게 적용되어야 하는가?

먼저 직장 상사로서의 책임을 가진 사람들에 대해서 살펴보자. 핵심 원칙은 당신을 위해 혹은 당신 아래에서 일하는 사람들을 정당하게 대우하는 것이다. 만약 당신이 경영자이거나 직장 상사라면 이것은 하나님이 당신에게 요구하고 있다.

당신은 이 원칙을 충실하게 준수하는가?

이 원칙은 강력하고 동시에 본질적이다. 경영자 혹은 직장 상사인 당신이 이 본질적 원칙을 적용하기로 한다면, 직장의 모든 관계 속에서 매우 강력한 영향을 줄 것이다. 왜냐하면, 이것이 대다수 직장이나 조직들의 관행들과 거리가 멀기 때문이다.

그리스도인 경영자나 직장 상사는 직장에서 직원들을 정당하게 대우함으로 정의를 실천할 엄청난 기회와 함께 근본적인 의무를 갖고 있다. 그들이 정의를 실천할 때 세상의 빛으로써 이 세상을 빛나게 할 수 있는 기회를 얻게 된다.

직원들을 공정하게 대우하는 것이 실제로 어떤 모습일까?

개인의 행동, 임금 및 급여, 근로 조건, 직장 동료 발전 지원 등을 포함하여 직장에서 이 원칙을 적용해야 하는 영역이 최소한 네 개가 있다. 이 영역들을 차례로 살펴보자.

(1) 개인적 행동

나는 경제 정의를 실천하는 데 관계의 질적인 측면이 그 핵심이라는 것을 강조한 바 있다. 따라서 경영자나 직장 상사의 행동은 그들을 위해 일하는 사람들과 관련하여 정의 실천의 핵심이 된다. 골로새서 4:1에 나타난 직장에서의 경제 정의에 대한 교훈을 여기에서도 적용할 수 있다. 경영자나 직장 상사마다 성격이 서로 다르고, 그들의 경영 방식도 다르다. 그러나 그리스도인 경영자나 직장 상사가 직원을 대하는 방식은 타협할 수 없다. 그들에게 주어진 하나님의 명령은 하나님이 기뻐하실 수 있는 방식과 신성한 마음으로 직원을 대해야 한다.

당신의 기업에 직원 관리와 의사 결정을 위한 문서 양식과 제출 시기와 방법 등 모든 측면에 매우 엄격한 규칙이 있다고 가정해 보자. 당신은 이러한 엄격한 규정 속에서 근무해야 한다. 당신은 조금 더 융통성이 있는 경영 방식이 도입되기를 원하지만, 당신에게는 아직 이 규정들을 변경할 결정권이 없다.

이 상황 속에서 당신이 해야 할 일은 직원들을 개인적으로 정당하게 대우하는 것이다. 예를 들면 부하 직원에게 특정한 업무를 특정한 방식으로 수행해야 하는 이유를 신중하게 설명해 주는 것이다. 심지어 당신이 기업의 경영 방식에 불만을 품고 있어도 사람들을 올바로 관리할 수 있다. 이것이 핵심이다.

또는 당신이 매우 느슨한 내부 문화를 가진 자선 단체에서 관리자로 일한다고 가정해 보자. 아마도 당신은 더욱 체계적인 제도적 규율을 도입해야 한다고 생각할 수 있다. 그러나 때로는 당신은 주어진 제약 속에서 일할 수밖에 없을 때도 있다. 이런 상황 가운데서도 직원과의 일대일 관계에서는 여전히 사람들을 공정하게 대해야 한다.

당신이 어떤 상황에서 기업을 경영하든지 상관없이 직원들이 다른 사람들을 부당하게 대하는 것을 볼 수 있을 것이다. 그러한 상황에서 직원을 정당하게 대우하는 것이 무엇을 의미하는지 신중하게 살펴보아야 한다. 우리는 직원들과 서로 의견이 맞지 않거나 갈등이 있을 때 어떻게 해결해야 하는지 하나님께 은혜와 지혜를 구해야 한다.

만약 당신이 직원들을 정당하게 대우하고자 한다면, 직원들은 당신이 그들을 방어해 줄 것이라고 기대할 수도 있을 것이다. 그렇다고 직원들이 잘못된 행동을 해도 맹목적으로 감싸주거나, 성과를 내지 못해도 관대해야 한다는 것은 아니다. 실제로, 잘못된 행동에 대한 책임을 지는 것이 정의로운 것이다. 그러나 그러한 경우에도 그 직원과의 일대일 관계는 가혹하게 대하거나 억압하는 것이 아니라 정의와 공정으로 대해야 한다.

(2) 임금과 급여

현실적으로 고용주는 고용인에게 지급하는 임금에 대한 결정권을 갖고 있을 수도 있고, 그렇지 않을 수도 있다. 따라서 직장에서 정의와 공정성을 적용하는 것은 상황에 따라 크게 달라질 수 있다. 그러나 여전히 우리가 알아야 할 몇 가지의 핵심 사항이 있다.

첫째, 고용인들에게 임금 수준이 직장에서 불만을 느끼는 핵심 요소가 될 수 있다는 사실이다.

한 통계 조사에 따르면, 45-49퍼센트의 영국인들이 '직업은 돈벌이 수단일 뿐이다'라는 것에 동의했다. 따라서 만약 당신이 고용주라면 이 사실을 염두에 두어야 한다. 이 통계는 상당수의 고용인에게 오직 돈을 벌기 위해 직장 생활을 하고 있다는 것을 보여 준다. 돈을 버는 것이 직장 생활의 유일한 목표라는 것이다.

다시 말하면, 적정 수준의 임금을 보장받지 못할 때 고용인들의 직장의 업무에 대한 헌신도는 급격하게 떨어질 수 있다는 것이다. 따라서 고용주는 적정 임금을 책정하고 지급하는 데 매우 세심한 주의를 기울여야 한다.

둘째, 고용인들에게 매우 명확하고 일관성 있게 임금을 지급해야 한다는 것이다.

앞서 언급한 바와 같이, 고용주가 임금에 대한 결정권을 갖고 있을 수도 있고, 그렇지 않을 수도 있다. 그러나 고용주로서의 당신이 실천할 수 있는 정의는 고용인들에게 적정한 임금을 일관성 있게 지급하는 것이다.

셋째, 기업이나 단체들의 임금에 관한 규정과 실행 방식이 고용주가 고용인들을 어떻게 인식하고 대우하는가에 대한 평가 기준이 된다는 사실을 의식해야 한다.

특히 단체들의 경우 고용주가 고용인을 대하는 두 가지의 전혀 다른 방식이 있다. 그 하나는 고용인을 단체의 자산(asset)으로 간주하는 것이고, 다른 하나는 고용인을 비용(cost)으로 인식하는 것이다. 상당수의 경제학자와 회계사들이 후자의 태도를 보인다.

물론 경제학자들과 회계사들이 서로 동의하는 것은 아니다. 경제 분석을 할 때 일반적으로 고용인들에게 지급하는 임금은 생산 비용으로 간주한다. 실제로 노동이 재화와 서비스를 생산하는 데 필요한 부분으로 인식되지만, 경제학 교과서에서 고용인에게 적용되는 주요 범주는 '비용'이다. 경제 분석에 따르면 기업은 모든 비용을 최소화하기 위해 가능한 한 적은 비용을 지급해야 한다.

회계사들은 가능한 한 최소한의 비용을 유지하는 역할을 담당한다. 따라서 급여는 최소화해야 할 비용으로 볼 수 있다. 따라서 경제학자들과 회계사들의 입장이 서로 상충할 때가 많이 있다. 이와 다른 입장은 고용인을 자산으로 인식하는 것이다. 실제로 고용인은 기업의 가장 중요한 자산이다.

다음은 고용인을 자산으로 보는 견해들이다.

첫째, "고용인은 기업의 가장 중요한 자산이다. 그들은 고객의 경험과 만족에 직접 영향을 끼치는 기업의 얼굴이다. 그러나 전략적 주도권을 갖고 적극적으로 고용인의 견해를 경청하고자 하는 고용주는 거의 없는 실정이다."[16]

그리스도를 믿는 고용주나 직장 상사들은 다른 사람들의 견해에 주의를 기울여야 한다. 다른 사람들의 말을 경청하는 것이 그들에 대한 사랑과 존중의 표현이다.

둘째, 탁월한 지도력 전문가이자 경영 자문가인 로저 딘 던컨(Roger Dean Duncan)은 '기업의 가장 중요한 자산인 고용인을 유지하는 아홉 가지 방법'이라는 인터넷 블로그(Blog)에서 "성공적인 기업은 고용인을 머리와 마음을 가진 전인적 존재로 인식한다"라고 말했다.[17]

실제로 고용인에 대한 이러한 관점에서 볼 때, 직업을 단순한 돈벌이 수단으로 인식하는 약 절반의 사람에게도 관점의 변화가 일어날 수 있다. 그렇다고 직업이 돈벌이 수단이라는 사실을 거부하는 것이 아니다. 그보다는 고용인을 가장 중요한 자산으로 여기는 인식에 변화가 있을 것이라는 말이다. 던컨은 다음과 같이 주장한다.

> 고용인을 단순한 자기 뱃속을 채우려는 사람으로 간주하지 않아야 한다. 그들은 임금만으로는 동기부여가 되지 않는다. 오늘날에는 '직업이 있는 것만으로도 감사하라'라는 구태의연한 말은 낮은 업무 성과와 높은 이직

률만 초래할 뿐이다. 고용 유지와 관련된 많은 연구는 성장과 배움의 기회를 제공하고, 쾌적한 업무 환경을 조성하고, 인격적으로 존중하는 등의 의미 있는 변화가 고용을 지속적으로 유지하는 데 영향을 미친다는 결과를 제시하고 있다.[18]

이와 같은 접근법은 인간에 대한 성경적 관점과 사람들을 어떻게 대해야 하는가에 대한 우리의 관점에 훨씬 더 가까운 것이다.

(3) 근로 조건

위의 인용문은 고용인들을 정당하게 대우하는 세 번째 원칙인 근로 조건과도 직접적인 관련이 있다. 즉, 사람들이 일하는 일련의 조건들을 말한다. 던컨이 주장한 바와 같이 고용인들은 일반적으로 좋은 업무 환경에서 인정과 존중을 받으며 근무할 때 격려를 받는다.

나는 이런 요소들도 고용인들을 어떻게 대해야 하는가에 관한 성경적 원칙의 핵심 요소들이라고 확신한다. 황금률로 잘 알려진 "무엇이든지 남에게 대접을 받고자 하는 대로 너희도 남을 대접하라"(마 7:12)는 예수님의 가르치심을 주목해 보라. 이 말씀은 하나님이 그리스도를 따르는 모든 사람 속에 역사하시는 새 창조의 일부이다.

따라서 당신이 만약 고용주 혹은 직장 상사라면 조직, 부서, 혹은 팀의 근무 환경을 개선하는데 어떻게 기여할 수 있겠는가?

이 책이 경영 방법 안내서는 아니지만, 고용주와 직장 상사의 건설적인 사고와 적절한 행동을 장려하는 데 도움이 되는 몇 가지 사항을 제시한다.

첫째, 사람들이 일하는 물리적 환경이 매우 중요하다.

따라서 고용주는 쾌적한 업무 환경을 조성하는 데 세심한 주의를 기울여야 한다. 사람이 핵심 자산이기 때문이다. 서구에서 21세기의 일하기 좋은 환경이 무엇인지에 대해 폭넓은 논의가 되는 것은 감사한 일이다. 예를 들면 적정한 온도와 습도, 인체 공학적 사무실 환경, 높은 건강과 안전 기준 등이 여기에 해당한다.

건강 문제나 안전 규정에 대한 강조가 과도하고 지나치게 요식적으로 들릴 수 있겠지만, 이 근로 조건들은 전적으로 성경적이며 정당하게 대우받고자 하는 인간의 보편적인 욕구에서 나온 것이다. 신명기 22장에서는 이 문제에 대한 하나님의 뜻을 이해할 수 있는 말씀이 언급되어 있다.

> 네가 새 집을 지을 때에 지붕에 난간을 만들어 사람이 떨어지지 않게 하라 그 피가 네 집에 돌아갈까 하노라(신 22:8).

그 당시의 주택 구조를 볼 때, 경사진 지붕이 아닌 평탄한 지붕이었다. 평탄한 지붕은 사람들이 앉아서 일몰을 즐기는 등 다양한 용도로 사용한 매우 일반적인 건축 양식이었다. 신명기에서 그 구절의 의미가 잘 나타나 있다. 집을 짓는 사람은 지붕 위로 올라가는 사람들이 쉽게 떨어지지 않도록 적절한 예방 조치를 취해야 한다.

이와 같은 예방 조치는 만약 이러한 조치를 취하지 않아서 안전사고가 발생했을 때 건축가나 집주인이 겪어야 할 고통과 죄책감을 피할 수 있게 해 주기도 한다. 짧고 간단한 구절이지만 안전 예방 조치와 관련하여 사람을 어떻게 대해야 하는지에 관한 깊은 의미를 내포하고 있다.

둘째, 좋은 근로 조건에는 고용인들이 일하는 시간, 휴식 시간, 휴일 제공 및 기타 시간 관련 요소들도 포함되어 있다.

다시 말하면, 고용인들이 바로 기업의 핵심 자산이며 그들을 공정하게 대우해야 한다. 물론 고용주는 조직이나 기업의 업무 규정을 준수해야 한다. 그러나 앞에서 살펴본 바와 같이, 직장에서 정의를 실천하고자 하는 고용주는 어떤 제약을 받더라도 고용인들을 정당하게 대우하기 위해 일관성 있는 지원을 펼쳐나갈 것이다.

셋째, 억압적이거나 부당한 근로 조건을 강요하고 있지 않은가를 점검하고 고용인들이 그런 식으로 대우받지 않도록 노력하는 것도 유용한 '사고 실험'(thought experiment)이 될 수 있다.

예를 들면 고용인들이 근무 시간 중에 적절한 휴식 시간을 가질 권리를 보장하는지에 대한 것이다. 분명히 예상하지 못했던 비상사태나 긴급 마감일 등의 예외적 상황이 발생할 수 있다. 그러나 휴식은 인간으로서의 기능을 수행하는 데 필수적이다.

(4) 전문성 개발

상당수 고용주가 고용인들이 전문성을 개발할 수 있도록 지원하고 있다. 이것은 여러 관점에서 의미가 있다. 예를 들어 고용인들이 조직의 핵심 자산이라는 점을 감안할 때 고용인 자산을 최대한 활용하기 위해 고용인 자산을 개발하는 것은 당연하다.

또한, 자신의 전문성이나 개인적 개발이 방해를 받을 때 고용인들은 다른 곳으로 떠나버릴 수 있다. 던컨은 다음과 같이 주장한 바 있다.

> 고용 유지와 관련된 많은 연구는 성장과 배움의 기회를 제공하고, 쾌적한 업무 환경을 조성하고, 인격적으로 존중하는 등의 의미 있는 변화가 고용을 지속적으로 유지하는 데 영향을 미친다는 결과를 제시하고 있다. 이들 가운데 얼마나 많은 요소가 '심리적 소유권'(psychological ownership)에 해당하는지를 주목해 보라.[19]

그러나 기독교 혹은 성경적 가치관으로는 이 중요한 '상식적인' 지침에 어떤 요소들이 추가 되어야 하는가?

만약 성경적 경제 정의가 하나님이 주신 규범과 원칙에 따라 사람들을 정당하게 대우하는 것이라고 한다면, 우리는 성경이 이 문제들에 어떤 통찰력을 제공하는지 파악하기 위해 신중하게 살펴보아야 한다. 그리고 앞서 언급한 바와 같이, 여기에서 핵심적인 원칙은 예수님이 가르쳐 주신 '황금률'이다.

> 무엇이든지 남에게 대접을 받고자 하는 대로 너희도 남을 대접하라(마 7:12).

당신의 발전을 위해 도움을 준 사람들을 잠시 생각해 보라.
그들이 제공한 의견, 교육, 훈련 및 지원이 없는 곳은 어디인가?

그런 다음 고용인 또는 직장 상사인 경우 팀 또는 조직의 고용인들에 대한 자신의 태도에 황금률을 적용해 보라.

그들의 개발과 발전을 어떻게 도울 수 있겠는가?

이 질문에 대한 답을 찾고 실천하려면 경제 정의의 요구 조건인 사람들을 정당하게 대우하는 것이 요구된다.

그러므로 이와 같은 사고와 행동은 고용인들을 관리하는 책임이 있는 모든 그리스도인에게 필수적이다. 이것은 고용인들이 시간이 있을 때 참여해도 좋은 선택 사항들을 뜻하는 것이 아니다. 고용인의 전문성 개발이 말만 앞세우는 고용주의 호의가 되지 않아야 한다.

전문성 개발에는 또 다른 결정적으로 중요한 부분이 있다. 경제 정의에 대한 성경적 이해는 공동체(또는 사회) 내에서 가난하고 소외된 사람들을 어떻게 대우하는지에 대한 강조를 포함한다는 것을 상기해 보라. 우리는 항상 가난하고 소외된 사람들에게 관심을 가져야 한다. 당신이 고용주이고 당신의 조직에 경제적으로 매우 큰 어려움에 있는 고용인이 있다고 가정해 보자.

그 사람을 어떻게 도와야 하는가?

어떻게 돕는 것이 최선의 도움인가?

'적자생존'이 지배하는 세상에서 이것은 당연히 터무니없는 질문일 수 있다. 그러나 성경은 적자생존의 세태를 지지하지 않는다. 반대로, 레위기 19장에서 하나님은 모세에게 이스라엘 백성에게 다음과 같은 명령을 내리라고 말씀하신다.

거류민이 너희의 땅에 거류하여 함께 있거든 너희는 그를 학대하지 말고 너희와 함께 있는 거류민을 너희 중에서 낳은 자 같이 여기며 자기 같이 사랑하라 너희도 애굽 땅에서 거류민이 되었었느니라 나는 너희의 하나님 여호와이니라(레 19:33-34).

외국인은 사회적으로나 경제적으로 매우 취약할 수 있다. 외국인의 취약점들을 악용하지 말라는 것이다. 이스라엘 백성들은 그들과 조상들이 외국인과 노예로 이집트에 있을 때의 극도로 고통당했던 처지를 떠올려야 했다. 주님께서 그들을 긍휼히 여겼기 때문에 그들도 주변의 가난하고 소외된 사람들에게 연민의 마음을 가져야 한다는 것이다.

그래서 그들은 과거의 그들과 같은 처지에 있는 외국인을 사랑하라는 명령을 받았다. 우리의 직장이나 조직에서 약하고 힘들어하는 사람들을 어떻게 대해야 하는지에 동일한 원칙이 적용되어야 한다.

그 사람이 어려움을 극복하고 성장할 수 있도록 어떻게 도울 수 있는가?

(5) 고용인: 당신은 그리스도를 섬기고 있으니 온 마음을 다해 일하라

지금까지 고용주의 책임을 살펴보았다. 이제는 그 반대편인 고용인의 책무에 대해 논의해 보자. 비록 고용인의 책무에 대한 언급은 간략하지만, 그 내용은 그렇지 않다.

우리 모두는 문화적 풍조의 영향을 받고 있다. 누구도 피할 수 없는 것이다. 21세기 서구 사회의 지배적인 직장 문화의 중심에는 바로 '나 자신'이 있다. 영국에서 설문조사에 참여한 사람들의 거의 절반이 '직업은 단순한 돈벌이의 수단일 뿐'이라는 말에 동의하고 있다는 사실을 상기해 보자.

또한, 많은 사람이 오직 나 자신의 욕구와 목표를 달성하고 경력을 쌓거나 여가를 즐기기 위해 일한다고 한다. 이것이 우리 사회의 일반적인 문화 풍조이다. 우리가 이 문화 속에서 살아가고 있기 때문에 이런 추세의 영향을 받지 않고 살아가는 것은 쉬운 일이 아니다. 예를 들면 당신의 직장 동료들이 근무 환경이나 조건에 대해 서로 불만을 표출하는 것이 일반적인 직장 분위기라면, 여기서 벗어나기는 매우 어려울 것이다.

그러나 이것이 바로 신약성경의 일에 관한 가르침이 매우 중요한 이유이다. 오직 주를 두려워하는 마음으로 성실하게 일하라는 골로새서 3장의 가르침은 오늘날의 문화적 풍조와는 전혀 다른 것이다. 따라서 이 가르침을 실천하는 것은 매우 어려운 일이 아닐 수 없다. 그러나 이 가르침은 오늘날의 직장 문화에 대처하는 데 도움을 줄 수 있다.

우리는 이 시대를 지배하는 직장 문화의 풍조에 어떻게 대항할 수 있는가?

우리는 매일 매일 하나님의 뜻에 점점 더 순종할 수 있도록 하나님의 말씀을 읽고, 묵상하고, 받아들이고, 성령의 능력을 구해야 한다. 그리스도인은 성경의 가르침에 따라 문화적 변화의 매개체가 되도록 부르심을 받은 사람들이다. 그러므로 우리는 하나님의 뜻에 반하는 문화적 풍조에 저항해야 한다.

우리는 이 시대를 지배하는 문화적 풍조, 특히 하나님의 기준에 미치지 못하는 문화를 분별해야 한다. 따라서 당신이 고용인이라면 직장의 잘못된 문화적 풍조에 대해 올바로 분별할 수 있도록 기도해야 한다. 이 세상의 풍조와 다르게 생각하고 행동하도록 주님께 기도해야 한다.

예를 들어 직장의 근무 환경이나 조건에 대해 투덜거리는 분위기가 팽배해 있다면 이 현상을 심각하게 인식해야 한다. 그리고 그와 반대로 어떤 태도가 주님을 기쁘시게 할 것인지 알아보아야 한다. 만약 로마 제국의 압제 속에서 노예로 살았던 초대교회의 신자들이 그들의 주인을 전심으로 섬기고 하나님의 영광을 위해 일했다면 우리도 그렇게 해야 한다는 사실을 기억하자.

오늘날의 널리 퍼져 있는 문화적 풍조를 고려할 때 골로새서 3:23-25이 말하는 "너희는 주 그리스도를 섬기느니라"라는 말씀의 의미를 이해해야 한다. 여기서 중요한 사실은 주님이 다시 오실 때 우리가 직면해야 할 심판에 관한 것이다.

우리가 섬기는 주님은 산 자와 죽은 자를 다시 심판하실 것이다. 따라서 우리 모두는 직장에서의 섬김을 포함하여 우리의 섬김에 대해 설명할 수 있어야 한다. 이것이 바로 우리가 직장에서 온 마음을 다해 성실하게 일해야 하는 본질적인 이유이다. 앞에서 말했듯이 이것이 궁극적인 평가이다.

영원한 구원에 대한 우리의 믿음이 오직 그리스도 자신과 그가 십자가에서 우리를 위해 행하신 일에 있다면, 앞으로 다가올 심판에서 우리의 구원은 이미 보장된 것이다. 구원은 오직 은혜와 믿음만으로 이루어진다. 이 사실을 기억하자.

4. 결론

　직장에서의 경제 정의 실천에 대한 성경적 교훈의 핵심은 바로 관계에 있다. 만약 당신이 고용주이거나 경영책임자 중의 한 사람으로서 고용인들에게 성경의 가르침을 실천한다면 삶이 훨씬 더 풍성해질 것이다. 마찬가지로, 만약 당신이 고용인이라면, 당신의 고용주가 그리스도인으로서 당신을 공정하게 대한다면 당신의 업무의 질도 훨씬 더 나아 질 것이다.

　나는 이제 기독교 신자의 비율이 불과 한 자릿수에 불과할 정도로 매우 적은 수의 영국 그리스도인의 한 사람으로서 이 글을 쓰고 있다. 따라서 그리스도인 고용주와 고용인이 함께 일하는 직장은 사실상 많지 않다. 그러나 우리가 이런 상황을 상상해 볼 가치가 있다. 그것은 주님을 더 잘 섬기고 사람들을 공정하게 대하기 위해 더 열심히 일하도록 우리를 자극할 수 있기 때문이다.

제4장

교회: 경제 정의의 등불

예수님이 제자들에게 이렇게 말씀하셨다.

> 새 계명을 너희에게 주노니 서로 사랑하라 내가 너희를 사랑한 것 같이 너희도 서로 사랑하라 너희가 서로 사랑하면 이로써 모든 사람이 너희가 내 제자인 줄 알리라(요 13:34-35).

바울은 갈라디아 성도들에게 이렇게 당부했다.

> 그러므로 우리는 기회 있는 대로 모든 이에게 착한 일을 하되 더욱 믿음의 가정들에게 할지니라(갈 6:10).

예수님은 또 제자들에게 이렇게 말씀하셨다.

> 너희는 세상의 빛이라 산 위에 있는 동네가 숨겨지지 못할 것이요 사람이 등불을 켜서 말 아래에 두지 아니하고 등경 위에 두나니 이러므로 집 안

> 모든 사람에게 비치느니라 이같이 너희 빛이 사람 앞에 비치게 하여 그들로 너희 착한 행실을 보고 하늘에 계신 너희 아버지께 영광을 돌리게 하라 (마 5:14-16).

1. 서론

등불은 어둠 속에서 밝게 빛난다. 예수님은 그를 따르는 사람들에게 "너희는 세상의 빛이라"라고 말씀하셨다. 그들은 밝게 빛나야 한다. 만약 당신이 예수님을 따르는 사람이라면 교회와 함께 당신도 밝게 빛나는 등불이 되어야 한다. 예수님은 선한 일을 하는 것이 세상을 밝게 빛나게 하는 것이라고 가르치셨다.

이것이 경제 정의와 무슨 상관이 있는가?

많다!

제1장으로 돌아가서 우리는 성경적 경제 정의의 핵심 중 하나가 지역사회의 가난하고 소외된 사람들을 항상 보살피고 존중해야 한다고 언급한 바 있다. 그러므로 도움이 필요한 사람들에게 공의를 행하는 것은 예수 그리스도께서 자신의 교회에 당부하신 '선한 일' 중 하나이다.

사도행전 9장에 언급된 다비다라는 여 제자가 그 사례가 될 수 있다.

> 욥바에 다비다라 하는 여제자가 있으니 그 이름을 번역하면 도르가라 선행과 구제하는 일이 심히 많더니(행 9:36).

그녀는 가난한 사람을 돕는 것이 하나님의 뜻이라는 것을 잘 알고 있었다.[1]

당신은 이런 주장을 할 수도 있을 것이다.

"정의는 불의한 사회 구조를 개혁하는 것이고, 가난한 사람을 돕는 것은 정의가 아니라 자선이 아닌가?"

이 경우 제1장으로 돌아가서 내가 보여 주려고 한 내용을 다시 읽어 보자.

성경적 경제 정의의 핵심은 하나님이 정하신 원칙과 규범에 따라 사람들을 적절하게 대하는 것이다. 여기에는 우리가 가난하고 소외된 사람들을 개인적 차원에서 보살피는 것도 포함되어 있다. 만약 우리가 진정한 그리스도인이라면 그의 가르침에 따라 우리의 생각과 행동에 변화가 일어나게 해야 한다.

예를 들면 제1장에서 언급한 바와 같이 욥은 "빈궁한 자의 아버지"였다(욥 29:16). 하나님 자신의 정의에는 도움이 필요한 사람들을 어떻게 대하시는지도 포함되어 있다(시 143:1; 145:17). 우리도 그렇게 해야 한다.

이 장의 목표는 교회가 가난한 사람들과 소외된 사람들, 특히 교회 내의 가난한 사람들을 어떻게 지원해야 하는지를 보여 주는 것이다. 이 장의 첫 부분에서 인용한 두 개의 성경 구절들을 살펴보자.

예수님은 제자들에게 서로 사랑할 것에 대해 가르치셨다. 이 사랑을 교회 밖의 사람들과 이 세상의 모든 사람에게 나타낼 수 있는 가장 강력한 방법은 바울이 말한 대로 가난하고 소외된 믿음의 가정들에 사랑을 베푸는 것이다.

우리는 기회 있는 대로 모든 이에게 착한 일을 하되 더욱 믿음의 가정들에게 할지니라(갈 6:10).

그러나 이것은 결코 '폐쇄적인 집단'에서의 사랑을 말하는 것이 아니기 때문에 우리는 더욱 모든 사람에게 선을 베풀어야 한다. 교회는 가난하고 소외된 사람들을 지원하기 위해 더욱더 밝게 빛나는 경제 정의의 등불이 돼야 한다.[2]

오늘날의 교회가 가난하고 소외된 사람들에게 선을 베풀고 사랑을 표현하는 것은 실제로 어떤 모습이겠는가?

여기서 적용해야 할 성경적 원칙과 모범은 무엇인가?

우리는 실제로 이 영역의 경제 정의를 더 잘 실천할 수 있겠는가?

교회는 정부의 사회복지 제도와 어떻게 상호보완적으로 협력할 수 있겠는가?

그리고 경제 정의와 교회의 본질적인 사명인 그리스도의 복음을 전파하는 것은 서로 어떤 연관성이 있는가?

이 두 가지의 사명이 교회를 통해 조화롭게 실현되고 있는가?

이 장에서는 이와 같은 질문들을 중점적으로 다룰 것이다.

2. 가난하고 소외된 사람들을 지원하는 방법에 대한 성경적 원칙

　구약성경에서 하나님은 이스라엘 백성들에게 가난하고 소외된 사람들을 어떻게 대해야 하는지에 대한 규정과 원칙을 제시하셨다.[3] 우리가 이 규정과 원칙들을 주의 깊게 살펴보면 가난하고 궁핍 한 사람들에 대한 하나님의 마음에 대해 더 많이 배울 수 있다. 하나님의 마음은 변하지 않았다. 이 규정과 원칙은 오늘날 우리에게도 매우 중요하다.

　나는 구약성경에 나타난 하나님 백성들의 상호 연관성에 대한 두 가지 원칙을 제시할 것이다. 또한, 이 원칙들이 신약성경의 가르침과 어떻게 연결되어 있는지를 보여 줄 것이다.[4]

　첫째, 지역 사회의 모든 사람의 기본적인 물질적 필요가 제공되어야 한다. 따라서 가난하고 소외된 자들을 위한 관대한 지원이 이루어져야 한다.[5]

　둘째, 가난하고 소외된 사람들이 가능한 한 스스로 노력하여 생계를 유지할 수 있게 해야 한다.

이 두 가지 원칙은 서로 관련이 있다.

　첫째 원칙은 공동체가 가난한 모든 사람에게 물질적 필요를 제공해야 한다는 것이다.

　이와 관련하여 빈곤층의 필요를 충족시키기 위한 광범위한 규정과 원칙들이 구약성경에 언급되어 있다. 예를 들어 제1장에서 논의한 바와 같이,

땅이 없는 사람들, 즉 레위인과 거주 외국인 및 과부에게 그들이 "와서 먹고 배부르게" 할 목적으로(신 14:29; 26:12) 3년마다 10분의 1의 농산물을 나누어 주어야 했다(신 14:22-29 참조).[6]

이 규정은 사람들이 상당한 기간 십일조를 저장하여 나누어 줄 식량을 준비할 수 있게 해 주었다. 또한, 이스라엘 사람들은 언제든지 도움이 필요한 사람에게 빌려줌으로써 열린 손을 강하게 권고받았다. 또한, 이스라엘 백성들은 언제나 그리고 어디에서나 가난한 사람들의 필요를 관대하게 채워 주는 책무를 갖고 있었다.

> 네 하나님 여호와께서 네게 주신 땅 어느 성읍에서든지 가난한 형제가 너와 함께 거주하거든 그 가난한 형제에게 네 마음을 완악하게 하지 말며 네 손을 움켜쥐지 말고 반드시 네 손을 그에게 펴서 그에게 필요한 대로 쓸 것을 넉넉히 꾸어주라 … 너는 반드시 그에게 줄 것이요, 줄 때는 아끼는 마음을 품지 말 것이니라 이로 말미암아 네 하나님 여호와께서 네가 하는 모든 일과 네 손이 닿는 모든 일에 네게 복을 주시리라(신 15:7-8, 10).

또한, 농산물을 수확할 때 가난한 사람들과 외국인 이주민들의 몫을 남겨 두는 규정이 있었다.

> 너희 땅의 곡물을 벨 때에 밭 모퉁이까지 다 베지 말며 떨어진 것을 줍지 말고 그것을 가난한 자와 거류민을 위하여 남겨 두라 나는 너희의 하나님 여호와이니라(레 23:22).[7]

둘째 원칙은 가난하고 소외된 사람들이 가능하면 스스로 생계를 유지할 수 있어야 한다는 것이다.

이 원칙은 레위기 25장에서 가장 분명하게 나타난다. 레위기 25장은 안식년이 일곱 번 지나 50년째가 되는 해에는 모든 이스라엘 백성들이 심지어 경제적으로 어려울 때도 그들이 소유한 땅을 팔고 가족의 땅으로 되돌아가는 희년에 대한 규정으로 잘 알려져 있다.[8]

그러나 이 장은 또한 가난한 사람들이 지속해서 "너와 함께 생활하게"(레 25:36) 하도록 지원하는 다양한 방법을 제시하고 있다. 다음의 사례를 살펴보자.

> 만일 네 형제가 가난하여 그의 기업 중에서 얼마를 팔았으면 그에게 가까운 기업 무를 자가 와서 그의 형제가 판 것을 무를 것이요 만일 그것을 무를 사람이 없고 자기가 부유하게 되어 무를 힘이 있으면 그 판 해를 계수하여 그 남은 값을 산 자에게 주고 자기의 소유지로 돌릴 것이니라 (레 25:25-27).

이 규정이 주어진 당시의 생활 환경은 대부분 사람이 땅에서 나는 소산물로 가족의 생계를 유지했던 농업 경제 구조였다(우리는 농업이 아닌 21세기의 경제 환경에 어떻게 이 원칙을 적용할 수 있는지에 대해 조금 후에 살펴볼 것이다). 따라서 그 당시에 자신의 재산을 사고파는 것은 오늘날의 상황에서 토지를 거래하는 것보다 훨씬 중요한 의미를 갖고 있었다.

구약 시대에 그들이 재산(토지)으로 돌아온다는 것은 곧 그곳에서 생계를 유지한다는 의미였다. 따라서 레위기 25:25-27은 가난했던 사람이 자신의 땅에서 생계를 유지하는 데 도움이 될 수 있는 방법을 제시하고 있다.

룻기의 보아스와 같이 "기업 무를 자"(개역개정) 혹은 "집안 간으로서의 책임을 가진 사람"(새번역)과 같은 가까운 친척이 자신을 대신하여 다시 살 수 있었다. 또는 그들 자신이 형편이 나아지면 팔았던 땅을 다시 사서 회복할 수 있었다.[9]

여기서 더 넓은 공동체의 역할이 중요하다는 사실에 주목해야 한다. 가난하고 소외된 사람에게 가까운 친척 혹은 더 넓은 공동체의 누군가가 도움을 주어야 한다는 것이다. 그리고 전체 공동체는 이 모든 규정을 준수해야 했다. 예를 들어 가난한 사람으로부터 처음으로 토지를 구입한 사람은 적절한 가격(레 25:27)으로 다시 그에게 팔아야 했다. 당시의 이 모든 규정이 오늘날의 교회와는 과연 어떤 관계가 있는지 궁금하다면, 그 대답은 '매우 밀접한 관계'가 있다는 것이다.

신약성경은 이제 하나님의 백성이 예수 그리스도를 따르는 사람들로 구성되어 있으며, 구약성경의 원리는 구약 시대에 이스라엘 사람들에게 한 것처럼 교회 공동체에도 적용된다고 가르치고 있다.

레위기 25:35-37에는 가난한 사람을 위한 또 다른 규정이 나와 있다.

> 네 형제가 가난하게 되어 빈손으로 네 곁에 있거든 너는 그를 도와 거류민이나 동거인처럼 너와 함께 생활하게 하되 너는 그에게 이자를 받지 말고

네 하나님을 경외하여 네 형제로 너와 함께 생활하게 할 것인즉 너는 그에게 이자를 위하여 돈을 꾸어 주지 말고 이익을 위하여 네 양식을 꾸어 주지 말라(레 25:35-37).

이 말씀에 의하면, 이자를 받지 않고 돈을 빌려줌으로 사람을 도울 수 있어야 한다는 것이다. 앞서 언급한 바와 같이, 우리는 신명기 15장에 규정된 이런 방식의 도움을 이미 살펴보았다. 가난한 사람들을 위한 이러한 대출 방식의 지원이 우리 귀에는 이상하게 들릴 수 있다.

그러나 최근 몇 년간 비서구권의 많은 사람이 '소액 대출'(microfinance)의 혜택을 누렸다. 소액 대출은 낮은 이자율로 누구나 도움을 받을 수 있는 제도이다.[10] 따라서 무이자 대출은 오늘날에는 통용될 수 없는 제도이다.

구약성경 시대의 무이자 대출의 운영 방식은 다음과 같다. 경제적으로 어려움을 겪고 있는 사람들이 대출을 받아서 씨앗이나 생필품을 구입하여 레위기 25:26에서 언급한 대로 생계를 유지할 수 있었다. 그 후에 그들이 충분한 여유를 갖게 되었을 때 그 대출을 상환하게 했다.[11] 우리는 21세기의 교회가 이 원리를 어떻게 적용할 수 있는지에 대해 창의적으로 생각해야 한다. 어떻게 지원해야 그들이 스스로 자신과 가족을 부양할 수 있겠는가?

이 장의 후반부에서는 오늘날 교회가 구약성경에서 가르치는 이 중요한 원리들을 어떻게 적용할 수 있는지에 대해 살펴볼 것이다.

레위기 25장으로 돌아가면, 가난한 사람들을 지원하는 또 다른 방식으로 다른 사람의 집에서 생활하고 일하는 것을 허용해야 한다는 규정을 볼 수 있다(레 25:39-43). 여기서 공식적인 경로는 빈곤한 사람들이 다른 사람에게 자신을 파는 것이었다(레 25:39).

그러나 레위기는 즉시 '노예'가 아니라 고용된 근로자나 임시 거주자가 대우하는 것과 같은 방식으로 잘 대해야 한다고 명시적으로 규정하고 있다(레 25:40).

따라서 그 주인에게는 이 사람과 가족을 존중하고 안전하게 보호해야 할 책임이 주어져 있었다. 하나님은 그 주인에게 이렇게 말씀하셨다.

> 너는 그를 엄하게 부리지 말고 네 하나님을 경외하라(레 25:43).

그러므로 이 모든 가르침에서 우리는 가난한 사람들이 자신의 일을 통해 자신과 가족을 위해 생계를 유지할 수 있는 위치로 돌아갈 수 있어야 한다는 원칙을 발견할 수 있다. 여기서 중요한 것은 그들이 지속적으로 '우리와 함께' 생활하게 하는 것이다(35-36, 40절).

1) 너희 중에 가난한 자가 없으리라 … 땅에는 언제든지 가난한 자가 그치지 아니하겠으므로(신 15:4, 11)

여기서 짧지만 중요한 사실에 대해 논의하고자 한다. 위의 소제목에서 신명기 15장의 두 부분이 서로 모순되는 것처럼 보일 수 있다. 그러나 이 둘의 차이는 구약 시대와 마찬가지로 오늘날에도 우리에게 간과할 수 없는 긴장감을 야기하고 있다. 한편으로는 이스라엘 백성을 위해 하나님이 정하신 분명한 목적은 "너희 중에 가난한 자가 없으리라"라는 것이다(신 15:4). 반면에 현실은 이 땅에 항상 가난한 사람들이 있을 것이다.

"너희 중에 가난한 자가 없으리라."

이 분명한 목적은 그의 백성들에게 복을 주시려는 하나님의 뜻이며, 그분에 대한 백성들의 순종과 관련이 있다. 그러므로 우리는 4-6절 전체 문장의 맥락을 주목해야 한다. 앞의 구절은 이스라엘 사람들이 이방인에게 대출해 준 돈을 상환하도록 요구할 수 있다고 명시하고 있다.

그러나 그들은 일곱째 해에 같은 민족인 이스라엘 사람의 어떤 부채도 면제해 주어야 했다. 누군가가 가난해질 수 있었기 때문에 레위기 25장에서 본 것처럼 부채를 탕감해 주는 것은 일곱째 해에 가장 먼저 해야 할 일이었다.

> 네가 만일 네 하나님 여호와의 말씀만 듣고 내가 오늘 네게 내리는 그 명령을 다 지켜 행하면 네 하나님 여호와께서 네게 기업으로 주신 땅에서 네가 반드시 복을 받으리니 너희 중에 가난한 자가 없으리라 네 하나님 여호와께서 네게 허락하신 대로 네게 복을 주시리니 네가 여러 나라에 꾸어 줄지라도 너는 꾸지 아니하겠고 네가 여러 나라를 통치할지라도 너는 통치를 당하지 아니하리라(신 15:4-6).

하나님의 분명한 의지는 그 땅에 가난한 사람들이 없어야 한다는 것이었지만, 이 목표를 달성하는 것은 이스라엘 공동체 전체의 완전한 순종과 밀접한 관련이 있었다.

다시 말해, 하나님의 백성 공동체의 신실성의 지표들 가운데 하나는 빈곤이 없어지는 것이다. 또한, 이 목적은 곧 물질적 빈곤이 인류에 대한 하나님의 원래 의도가 아니라는 사실을 일깨워 준다. 그러나 "너희 중에 가난한 자가 없으리라"(신 15:4)라는 말씀은 7절부터 11절까지의 현실과 조화를 이루어야 한다.

7절에서 "네 하나님 여호와께서 네게 주신 땅 어느 성읍에서든지 가난한 형제가 너와 함께 거주하거든 …"이라고 말하고 있다. 이에 대해 8절에서 "반드시 네 손을 그에게 펴서 그에게 필요한 대로 쓸 것을 넉넉히 꾸어주라"라고 명령한다. 그다음 11절에서 "땅에는 언제든지 가난한 자가 그치지 아니하겠으므로 내가 네게 명령하여 이르노니 너는 반드시 네 땅 안에 네 형제 중 곤란한 자와 궁핍한 자에게 네 손을 펼지니라"라고 결론을 맺고 있다.

그러므로 우리는 하나님의 분명한 의지("너희 중에 가난한 자가 없으리라")와 타락하고 죄 많은 세상의 현실("땅에는 언제든지 가난한 자가 그치지 아니하겠으므로") 사이의 이러한 긴장을 인식해야 한다. 따라서 이 시대의 현실 속에서 완전히 이루어지지는 않겠지만, 우리는 이 목적에 도달하기 위해 최선을 다해야 할 것이다.[13]

신약성경에 가난한 사람들에 관한 이 긴장이 명확하게 언급되어 있다. 따라서 누가는 예루살렘에 있는 초기 교회 공동체에 대해 "그 중에 가난한 사람이 없으니"(행 4:34)라고 증언했다. 반면에 예수님께서는 베다니에서 마리아로부터 값 비싼 향수로 기름 부음을 받으신 상황에서 이렇게 말씀하셨다.

> 가난한 자들은 항상 너희와 함께 있으니 아무 때라도 원하는 대로 도울 수 있거니와 나는 너희와 항상 함께 있지 아니하리라(막 14:7).[14]

성경 주석가들과 학자들은 이 두 본문이 신명기 15장을 의도적으로 언급하고 있다는 사실을 널리 인정하고 있다.[15]

우리는 신약의 교회 공동체가 가난하고 궁핍한 사람들을 돕기 위해 어떻게 노력했는지 곧 살펴볼 것이다. 그다음에는 이 장 전체를 요약할 것이다. 우리는 구약에서 입증된 두 가지 원칙을 살펴보았다.

첫째, 지역 사회의 모든 사람의 물질적 필요가 제공되어야 한다. 그러므로 가난한 자들을 위한 자비로운 나눔에 대한 명령이 주어졌다.

둘째, 가난해진 사람들은 가능한 한 자신의 노력을 통해 자신과 가족의 생계를 유지할 수 있는 위치로 돌아갈 수 있어야 했다.

그러나 우리는 이 두 가지 원칙이 서로 밀접하게 얽혀 있다는 사실을 이해해야 한다. 예를 들어 가난한 사람들을 돕는 방법에는 그들 자신과 가족의 생계를 스스로 책임지도록 돕는 것이 포함되어야 한다. 이삭을 줍는 예화는 이 사실을 잘 보여 주고 있다. 마찬가지로, 자비로운 무이자 대출도 사람들이 자신의 삶을 되찾게 하는 데 도움이 된다.

노약자나 병약한 사람은 스스로 노력하여 자립하기 어려운 것이 현실이다. 그들에게는 3년째 되는 해의 십일조와 같은 다른 조항들이 그들에게 도움을 제공하는 데 도움이 될 것이며, 어떤 경우에도 그들을 가족의 일원으로 돌봐야 한다. 이제 신약성경과 교회 공동체가 이 원칙을 적용하는 방식을 살펴보자.

2) 신약성경의 교회들과 가난한 사람들을 위한 돌봄

이 두 원칙 중 첫 번째인, 가난한 사람들의 필요를 제공해야 할 공동체의 의무는 여러 가지 방법으로 신약 교회에서 구현되었다. 예루살렘의 교회 공동체는 처음부터 "재산과 소유를 팔아 각 사람의 필요를 따라" 나눠 주었다(행 2:45).

사도행전 4:34에 나오는 "그들 중에 가난한 사람이 없으니"라는 말씀은 앞에서 언급했듯이 신명기 15장에서 하나님이 그의 백성을 위해 세우신 가난한 사람이 없는 하나님 백성 공동체의 목표에 대한 언급이다. 사도행전 4:34-35은 그 결과가 어떻게 성취되었는지를 보여 주고 있다.

> 그중에 가난한 사람이 없으니 이는 밭과 집 있는 자는 팔아 그 판 것의 값을 가져다가 사도들의 발 앞에 두매 그들이 각 사람의 필요를 따라 나누어 줌이라(행 4:34-35).

이 본문의 마지막 절은 어떤 마법적이거나 신비로운 과정에 의해 일어났던 일이 결코 일어나지 않았음을 보여 준다. 오히려 사람들이 '가끔' 땅이나 재산을 팔아서 조성한 기금에서 분배함으로써 물질적 필요가 충족되었다.[15] 이것은 구약의 가르침뿐만 아니라 제자들에게 "너희 소유를 팔아 구제하여"(눅 12:33)라는 예수 그리스도의 명령에 대한 제자들의 직접적인 실천으로 보인다.

수년이 지난 후에 바울은 가난한 사람들을 돕기 위해 일회성 모금 활동을 벌이기도 했다. 이것은 기근으로 큰 고통을 겪고 있던 예루살렘의 신자들에게 도움을 주려는 것이었다.[16]

빈곤 구호 활동의 또 다른 사례는 과부들을 위한 것이었다. 1세기 당시 중동의 사회·경제적 관습에 따르면, 남편이 사망한 여성들은 물질적인 면에서 특히 취약한 상황이었다.

이에 대한 초기의 사례는 사도행전 6:1-6에 있는데, 과부들은 매일의 구제 대상이었다.[17]

몇십 년 후, 교회 지도자인 디모데에게 보낸 바울의 첫 번째 서신에서 과부들을 위한 물질적 지원이 공식적인 목록이 포함되어 있음을 알 수 있다(딤전 5:3-10). 그러나 이 바울의 서신에서 교회 지도자들은 과부에 대한 교회 공동체의 책임과 가족의 책임이 어떻게 조화를 이룰 것인가의 문제를 의식하고 있음을 주목해야 한다. 바울은 다음과 같이 가르친다.

> 참 과부인 과부를 존대하라. 만일 어떤 과부에게 자녀나 손자들이 있거든 그들로 먼저 자기 집에서 효를 행하여 부모에게 보답하기를 배우게 하라 이것이 하나님 앞에 받으실 만한 것이니라(딤전 5:3-4).

이것은 교회 공동체의 빈곤 구호 활동이 어떻게 더 넓은 사회, 곧 국가와 세계에서 제공되는 것과 함께 일할 수 있는지를 보여 주는 매우 중요한 방법이다. 현대 사회에서도 동일한 원칙이 적용될 수 있다. 이 장의 뒷부분에서 이 문제를 다룰 것이다.

브루스 W. 윈터(Bruce W. Winter)는 그리스-로마 시대의 결혼 지참금의 관행을 다음과 같이 설명한다.

신부의 아버지가 제공하는 결혼 지참금은 모든 여성의 결혼에 필수 항목이었다.

> 지참금은 결혼의 중요한 법적 조건이었다. … 남편이 사망했을 때 지참금에 적용되는 법률이 명확하게 규정되어 있다. 그 지참금의 상속자가 그 여성을 돌보았다. 여성에게는 두 가지 선택 사항이 있었다. 먼저, 자녀가 있는 경우 사망한 남편의 집에 남아 있을 수 있었다. 그곳에서 그 여성은 그 가족의 새로운 가장인 아들의 돌봄을 받게 된다. 그녀는 또한 부모에게 돌아갈 수 있다. 이 때는 지참금을 돌려받을 수 있다. 선택권은 여성에게 주어져 있다.[18]

또한, 디모데전서 5장에서 교회 공동체의 구제에는 과부에 대한 기대도 포함되어 있다는 것이 주목할 만하다(9절 참조). 초기의 교회 공동체는 가난한 사람들을 지원해야 할 의무를 매우 진지하게 받아들인 것이다.

신약성경에서 우리는 구약의 두 번째 원칙이 적용되는 몇 가지 방법을 보게 된다. 다시 말해, 도움이 필요한 사람들은 자신과 가족을 위해 그리고 도움을 필요로 하는 또 다른 사람들을 부양하기 위해 다시 일할 수 있는 '도움'을 받았다. 사도 바울은 자신의 행동과 일을 통해 이러한 예를 보여 주었다. 그가 에베소교회의 장로들과 작별 인사를 할 때 다음과 같은 말을 남겼다.

여러분이 아는 바와 같이 이 손으로 나와 내 동행들이 쓰는 것을 충당하여 범사에 여러분에게 모본을 보여 준 바와 같이 수고하여 약한 사람들을 돕고 또 주 예수께서 친히 말씀하신 바 주는 것이 받는 것보다 복이 있다 하심을 기억하여야 할지니라(행 20:34-35).

바울은 에베소교회의 성도들에게 보낸 편지에서 같은 원칙을 다음과 같이 가르치고 있다.

도둑질하는 자는 다시 도둑질하지 말고 돌이켜 가난한 자에게 구제할 수 있도록 자기 손으로 수고하여 선한 일을 하라(엡 4:28).

다시 말해, 이전에는 일을 통해 자신과 가족을 부양했던 것과는 다른 생활 방식을 살아온 사람이 이제는 하나님의 표준으로 돌아갈 것을 강력히 권하고 있다.

로즈, 홀트 그리고 피커트는 바울이 같은 원칙을 데살로니가후서 3:6-13에서도 언급하고 있다고 주장한다.

우리가 데살로니가전서 3:10을 읽을 때 때때로 지나치기 쉬운 말씀인 누구든지 일하기 싫어하거든 먹지도 말게 하라에서 보는 바와 같이 바울은 일하기를 원하지 않는 사람들을 비판했다(헬라어의 '일하기 싫거든'에는 본인의 의지가 내포되어 있다). 이것은 일을 할 수 없는 사람들은 굶주려야한다는 것이 아니라 오히려 일을 원하지 않는 사람들은 공동체의 식사에 초대해서는 안 된다는 것이다.[19]

여기서 주목할 것은 교회 공동체가 정기적으로 식사하는 것을 알고 있다는 것이다. 이 식사에는 때때로 성만찬이 포함된다. 이 책에서 많이 강조한 바와 같이, 지역 사회의 모든 사람에게는 책임이 주어져 있으며, 그 책임은 종종 상호 관계적이다. 여기서 신약성경이 보여 주는 교훈은 식사에 참여한다는 것은 자신과 가족을 부양할 책임이 따른다는 것을 의미한다.

이 모든 관행에서 일어나는 일을 설명하는 또 다른 방법은 의존 문화 개념이다. 다시 말해서, 성경의 가르침은 바람직하지 않은 의존 문화를 극복하기 위해 만들어진 것으로 보인다. 가능하면 사람들은 자신과 가족을 부양하기 위해 노력해야 한다. 이것은 창세기 1-2장에 나오는 창조적 섭리의 일부이다. 인간은 누구나 힘든 경험을 할 수 있다.

그러나 만약 자신과 가족을 위해 그리고 사도 바울이 권고한 것처럼 실제로 도움이 필요한 사람들을 위해 남겨 둘 것이 있게 하려고 최선을 다해 노력하는 바람직한 방향으로 돌아가지 않는다면 어려움을 극복하지 못하는 불행한 결과를 초래할 수 있다.

우리가 추구해야 할 목표는 개인주의적 독립성이 아닌 상호 의존성이다. 우리는 인간으로서의 동질성을 갖고 있으며, 인생을 살아가면서 다른 사람들이 우리에게 그리고 우리가 다른 사람들에게 의존하기도 한다. 그리고 이 모든 것은 우리를 사랑하시고 전능하시며 언제나 신실하신 하나님 아버지께 의지하고 있음을 상기시켜 준다.

3. 오늘날의 교회 공동체에 대한 적용 방안

이러한 성경적 가르침을 어떻게 적용할 수 있을까?

가난하고 소외된 사람들을 지원할 때 우리 교회는 어떻게 경제적 정의의 밝은 빛이 될 수 있겠는가?

다음은 우리가 생각해야 할 부분과 탐구해야 할 행동에 대한 제안이다.[20]

1) 교회가 지역 사회의 가난한 사람들을 보살피라

여기 질문이 있다.

당신의 교회는 가난한 성도들을 어떻게 돌보고 있는가?

답을 모를 수도 있다. 이 경우 교회의 활동을 파악해 보라.

만약 당신의 교회 공동체가 어떤 돌봄도 제공하고 있지 않다면, 이 문제에 대해 생각하기 시작하는 것이 바로 성경의 원칙이다. 우리는 지금까지 구약과 신약 모두에서 하나님의 백성 공동체 안에 있는 가난한 사람들의 모든 물질적 필요를 충족할 수 있도록 돕기 위해 주어진 우선순위에 대해 살펴보았다.

우리는 지금 사람들의 절박한 필요를 충족시키는 것에 대해 이야기하고 있다는 것을 기억하라. 우리가 보았듯이 두 번째 성경적 원칙은 가능한 한 사람들이 스스로 자신과 가족을 부양하도록 돕는 것이다. 우리는 이 두 번째 원칙을 곧 적용할 것이다. 다음을 포함하여 교회 공동체가 염두에 두어야 할 실질적인 방법이 많이 있다.

(1) 가난하고 소외된 사람들에 대한 민감성을 가져라

누군가가 물질적 어려움을 겪고 있음을 인정하는 것은 쉬운 일이 아니다. 따라서 최소한 영국 상황에서는 기밀을 유지하는 것이 매우 중요하다.[21] 그러므로 교회 공동체가 가난하고 소외된 사람들을 위해 어떤 활동을 하는가는 쉽게 파악할 수 있어야 하고, 이 활동의 수혜자들에 대한 정보는 완전한 기밀로 다루어야 한다.

(2) 목회자에게 또 다른 부담이 되지 않게 하라

우리는 사도행전 6장에서 교훈을 얻어야 한다. 가난한 사람을 돌보는 활동은 가급적이면 경험이 풍부하고 영적으로 성숙한 사람들이 담당해야 한다. 목회자가 도움이 필요한 사람들과 먼저 소통하고 그다음에 담당자와 연결시켜 주는 것이 바람직하다.

(3) 두 번째 성경적 원칙을 인식하라

사람들이 자신과 가족을 부양할 수 있도록 돕는 것이 중요하다는 점에 유의하라. 이 목표에 도달하려면 물질적으로 어려움을 겪고 있는 사람과 대화를 해야 한다. 아마도 교회 공동체에는 다른 사람을 돕기 위해 헌신한 또 다른 모임이 있을 것이다. 만약 그렇다면 교회 지도자는 도움을 필요로 하는 사람과 도움을 줄 수 있는 사람이 앉아서 대화할 수 있도록 격려해야 한다. 이것은 분명히 민감한 문제이므로 관련된 사람들이 지혜롭게 행동해야 한다.

(4) 경제 정의 실천 모임을 구성하라

이 모임은 관리 조직과 지원 모임이 조직되어 있고, 도움을 필요로 하는 사람들이 많을 때 유익하다. 관리 조직은 모임과 활동을 조직하고 관리하고 특히 민감한 문제를 처리하는 데 많은 책임을 지게 된다. 지원 모임의 역할은 사람들이 유급 노동을 통해 자신과 가족을 다시 부양할 수 있도록 지원하는 것이다. 여기에는 구직 센터에서 면접을 주선하고, 경력을 개발하기 위해 사람들과 협력하고, 구직자를 찾는 사람들과 연결하거나 면접 기술을 익히도록 도와줄 수 있다.

어떤 사람들은 "우리 교회는 부유한 지역에 있어서 우리가 도와야 할 가난한 사람은 없다"라고 말할 수도 있을 것이다. 이에 대한 대답은 여러 가지가 있다.

첫째, 어느 지역에나 가난한 사람들이 있을 수 있다. 그들이 부끄러워하거나 그 필요를 숨기려고 할 수 있다. 부유한 지역이든 가난한 지역이든 누구나 직업을 잃을 수 있다. 빚, 신용, 주택 담보 대출 또는 도박으로 어려움을 겪을 수 있다. 그러므로 우리는 단순히 누구도 도움이 필요하지 않다고 단정하지 말아야 한다. 대신 교회 공동체는 누구나 어려움을 겪으면 교회가 지원할 수 있도록 민감하게 깨어 있어야 한다.

둘째, 특히 부유한 지역에 있는 큰 규모의 교회는 위에서 제안한 지원 모임을 설립하는 것이 바람직하다. 이 모임이 커질수록 어려움을 겪고 있는 사람이 그만큼 많다는 것을 의미한다.

셋째, 신약성경은 교회 협력의 훌륭한 사례들을 제시하고 있다. 여기에는 물질적 어려움에 부닥친 교회가 다른 교회로부터 도움을 받는 협력도 포함되어 있다. 이 장의 앞부분에서 언급한 사도 바울이 조직한 모금 활동은 분명한 사례가 될 수 있다. 그래서 더 부유한 지역에 있는 교회가 경제적 위기에 처한 교회와 지역 사회를 돕기로 했다고 상상해 보라.

실현 가능한 일인가?

어떻게 실현할 수 있는가?

이와 같은 협력 관계를 발전시키기 위해 해야 할 일이 있다. 부유한 지역의 교회에 속한 사람들이 교회로부터 위임을 받아 가난한 지역의 교회를 방문하여 그들과 교제하고 실제 상황을 파악한 다음 다양한 협력 방안을 논의해야 할 필요가 있다.

사실상, 영국이 부유한 지역과 가난한 지역이 뚜렷하게 구분되어 있을 뿐 아니라 교회들 사이에도 이와 같은 분리가 존재하는 것은 부정적인 측면이 아닐 수 없을 것이다.

교회들이 서로 협력하여 이러한 문제를 극복한다면 하나님이 기뻐하지 않으시겠는가?

신약성경의 비전은 사회적 지위나 경제적 형편과 관계없이 모든 그리스도인이 하나가 된 교회 공동체를 세우는 것이다. 이것은 에베소서 2:11-22과 갈라디아서 3:26-28에 명확하게 나타나 있다.

물론, 우리가 처한 현실 상황에서 시작해야 한다. 교회 공동체의 사회 경제적 특징이 다소 동질적이라면, 우리는 이 현실을 출발점으로 받아들여야 한다. 그러나 우리는 하나님의 은혜에 힘입어 더 발전하도록 노력해야 한다. 이 노력의 하나로 우리는 서로 다른 사회 경제적 상황에 처한 교회들 사이의 협력 가능성을 모색해야 한다.

2) 지역 사회의 가난한 사람들을 위해 헌신하라

이 장에서 우리는 교회 공동체 내의 가난한 사람을 지원하는 방안에 대해 논의했다. 그 이유는 신약성경이 이 문제에 대해 매우 중요하게 다루고 있기 때문이다. 그러나 아직도 많은 교회가 하나님 앞에서 이 문제에 대한 우리의 책무를 완전히 실천하지 못하는 것이 현실이다.

신약성경은 여기에서 더 나아가 그리스도인은 모든 사람에게 선을 행해야 한다고 가르치고 있다. 여기에는 지역 사회의 가난한 사람들에 대한 헌신도 포함된다. 이것이 경제 정의의 등불이 되라는 하나님의 부르심에 대한 하나의 실천이다.

우리는 어떻게 이 책임을 완수할 수 있는가?

이것은 보통 사람들이 이해하기 어려운 우주 과학이 아니다!

가난한 사람들을 긍휼히 여기는 마음을 가진 하나님의 백성들이라면, 우선 우리의 주변을 돌아보아야 한다. 특히 우리가 사는 마을과 도시에서 누가 경제적으로 어려움을 겪고 있는지를 파악해야 한다.

최근 수년간 영국의 교회들은 가난한 사람들을 위해 교회 기반 사역을 포함하여 두 가지의 주목할만한 활동을 펼쳐 왔다. 하나는 '푸드 뱅크'(Food Banks)이고, 다른 하나는 부채 문제를 함께 해결해 나가는 것이다.²² 그러나 여기에도 어려움이 없는 것은 아니다. 노숙자를 포함한 주택 문제와 전기와 수도 그리고 난방비를 포함한 각종 공과금 등의 문제가 남아 있다. 특히 이 가운데서 '에너지 빈곤'(fuel poverty)은 심각한 문제가 아닐 수 없다. 우리는 이 문제를 해결하기 위해 전문가들의 견해와 각종 연구 결과를 활용하는 가운데 하나님께 지혜를 구해야 한다.

우리가 교회와 사회의 가난한 사람들을 지원하기 위해 국가의 관련 정책과 실행 방안 그리고 기존의 자선 단체들의 활동도 참고할 필요가 있다.

앞서 우리는 디모데전서 5장에서 교회가 과부들을 돕기 위해 그 당시의 사회적, 문화적, 경제적, 관습과 제도들 속에서 어떻게 협력해 왔는지를 살펴보았다.

법으로 규정된 권한에 따라 금전적 지원을 받을 수 있는 현재의 영국에서 재정 지원을 추가 자금으로 강화하려는 것은 합리적이지 않을 수 있다. 왜냐하면, 다른 곳에서 받는 정기적인 금전적 선물에 대해 주 정부가 현금으로 보상할 때 또 다른 사람들이 불이익을 당할 수 있기 때문이다. 그러나 우리는 가난한 사람들을 돕는 또 다른 방법을 모색하기 위해 푸드 뱅크나 부채 문제를 함께 해결해 나가는 사례를 참고할 수 있을 것이다.

지역 사회에서 가난한 사람들에게 다가갈 때 우리가 성경에서 살펴본 상호 연관성의 원칙을 고려해야 한다.

첫째, 지역 사회의 모든 사람의 물질적 필요가 제공되어야 한다. 교회는 지역 사회의 가난한 사람들을 위한 자비롭고 실제적인 나눔의 사명을 가진 공동체이다.

둘째, 가난해진 사람들은 가능한 한 자신이 일해서 자신과 가족의 생계를 유지할 수 있는 상태로 돌아갈 수 있도록 지원받아야 한다.

지역 사회의 가난한 사람들을 지원하려고 할 때 이 두 가지 원칙을 모두 적용한다는 것은 무엇을 의미하는가?

미국 상황에서 로즈, 홀트 그리고 피커트가 제시한 사례를 참고할 필요가 있다. 캔자스시(Kansas City)에 있는 '성공회사회봉사단'(Episcopal Community Service, ECS)이 운영하는 무료 급식소의 사례를 살펴보자.

> 노숙자들은 매일 의사, 경찰관, 대학생 그리고 다른 여러 사람과 함께 식사한다. … 모두 무료이다. … 당신은 다른 일반적인 무료 급식소들과는 차원이 다른 레스토랑에 있는 것처럼 당신을 대접하는 자원봉사 식당 종업원으로부터 특별한 섬김을 받을 수 있다.[23]

> 이 봉사단의 활동은 이것이 전부가 아니다. 그들은 노숙자들을 단순히 받기만 하는 사람으로 인식하지 않는다. … 그들은 노숙자가 요식업계로 진출할 수 있도록 돕기 위해 6개월 과정의 요리 전문 강습 프로그램을 시행한다. 이 과정을 마친 사람들은 자신의 희망에 따라 요리사나 식당 종업원으로 취업할 수 있다.[24]

이 사례에서 어떤 교훈을 얻을 수 있는가?

가난한 사람의 즉각적인 필요에 부응할 뿐만 아니라, 도움이 필요한 사람의 존엄성을 존중하는 것이다. 이 사례는 무료급식소와 같은 사역이 이와 같은 목표를 향해 어떻게 발전할 수 있는지를 잘 보여 준다.

3) 정의를 실천하고 복음을 전파하라

이 장의 마지막 항목에서 다음과 같은 질문을 하고자 한다.

경제 정의를 실천하는 것과 교회의 궁극적 사명인 예수 그리스도의 복음을 선포하는 것은 서로 어떤 연관이 있는가?

이 둘을 함께 실천할 수 있는가?

실제로 정의를 실천하는 것과 복음을 전파하는 것은 무엇을 의미하는가?

우리가 이 관계를 명확하게 인식할 때 우리의 목표를 분명하게 규정할 수 있을 뿐 아니라 다양한 잠재적인 혼란을 사전에 방지할 수 있을 것이다.

최근 수십 년 동안 전 세계의 많은 그리스도인과 교회는 모든 믿는 자에게 복음을 전하고 선을 행하라는 예수 그리스도의 부르심을 더 강하게 인식하게 되었다. '말과 행동'의 중요성에 대한 성경의 가르침은 명확하다. 예를 들어 말의 중요성과 관련하여 예수 그리스도께서는 부활하신 후에 사도들과 제자들에게 분명하게 말씀하셨다.

> 또 이르시되 이같이 그리스도가 고난을 받고 제삼일에 죽은 자 가운데서 살아날 것과 또 그의 이름으로 죄 사함을 받게 하는 회개가 예루살렘에서 시작하여 모든 족속에게 전파될 것이 기록되었으니 너희는 이 모든 일의 증인이라(눅 24:46-48).

회개와 죄 용서의 복음을 전파하라는 이 부르심과 명령은 모든 하나님의 백성에게 주어진 본질적인 사명이다. 사도 바울은 요엘 2:32을 인용하여 로마의 신자들에게 다음과 같은 편지를 썼다.

> 누구든지 주의 이름을 부르는 자는 구원을 받으리라 그런즉 그들이 믿지 아니하는 이를 어찌 부르리요 듣지도 못한 이를 어찌 믿으리요 전파하는 자가 없이 어찌 들으리요(롬 10:13-14).

실천의 중요성과 관련하여 예수 그리스도께서는 자신이 가르친 모든 것에 순종해야 한다는 것을 분명하게 나타내셨다. 그는 "너희가 나를 사랑하면 나의 계명을 지키리라"(요 14:15)라고 말씀하셨다.

열한 제자에게 분부한 지상 명령(마 28:18-20)에서 그는 교회와 그리스도인에게 "제자를 삼으라"라고 말씀하셨다. 또한, 그를 따르는 사람들에게 "내가 너희에게 분부한 모든 것을 가르쳐 지키게 하라"라고 명령하셨다.

무슨 말이 더 필요하겠는가?

더 시급한 질문은 실제로 복음을 전하고 선(이 책에서는 정의의 실천)을 행하는 것이 무엇을 의미하는지에 대한 것이다.

우리가 이 두 가지의 사명을 동시에 실천하는가?

만약 그렇다면 어떻게 실천하는가?

이 둘 중 하나만 실천하고 있지는 않은가?

만약 그렇다면, 어떻게 이 둘을 모두 실천할 수 있겠는가?

말과 행동이 일치할 수 있는 데는 최소한 두 가지 방법이 있다.

첫째, 복음의 전파와 정의의 실천이 모두 교회와 그리스도인의 '관계'와 연관이 있음을 아는 것이다.

사람들과 복음을 가장 효과적으로 나누는 방법은 서로에 대해 아는 것이다. 사람들에게 선을 행하는 것, 특히 가난한 사람들을 도울 때 우리는 그 사람들과 '관계'를 맺게 된다.[25] 따라서 사람들과 이러한 관계를 구축할 때 우리는 물질적 필요를 채워주는 선을 행할 수 있을 뿐만 아니라 그들의 가장 궁극적인 필요인 그리스도와 그의 나라에 대한 복음을 전할 기회를 얻게 될 것이다.

둘째, 선교라는 용어에 영혼 구원과 사회적 책임을 모두 포함하는 것이다.

최근 수십 년간, 전 세계의 많은 그리스도인이 '전인적 선교'(integral mission) 혹은 '총체적 선교'(holistic mission) 등의 용어를 사용하여 선교를 통합적 관점에서 받아들이는 추세를 보이고 있다. 여기에는 선교에 참여하도록 신자들과 교회를 세상에 보내시는 그리스도의 선교와 궁극적으로는 하나님의 선교가 포함된다.[26] 이것은 요한복음 17장에 기록되어 있는 그리스도의 기도에서 잘 드러난다. 그분은 제자들을 위해 이렇게 기도하셨다.

> 그들을 진리로 거룩하게 하옵소서 아버지의 말씀은 진리니이다. 아버지께서 나를 세상에 보내신 것 같이 나도 그들을 세상에 보내었고(요 17:17-18).

아버지께서 보내신 세상에서 예수 그리스도는 하나님 나라의 복음을 전파하고 사람들의 물질적 필요도 채워주셨다. 그리고 그는 모든 그리스도인과 교회들에 이 사명을 위임하셨다. 이것이 바로 우리가 부르심을 받은 선교적 사명이다.

나는 어떤 그리스도인은 '선교'라는 용어에 복음의 전파와 정의의 실천을 모두 포함하는 것에 대해 동의하지 않는다는 것을 알고 있다. 그들은 '선교'를 오직 복음의 전파(전도)에 한정해야 한다고 주장한다.[27] 물론 이 관점에도 설득력이 있다. 그러나 나는 이 책에서 이 문제에 대해 논쟁하지 않을 것이다.

나는 '전인적 선교' 혹은 '통합적 선교'가 성경 전체가 추구하는 선교를 더욱더 설득력이 있게 설명하는 용어라고 믿고 있다. 그러나 만약 우리가 이와 같은 견해를 따른다면, 이 두 가지의 사명이 실제로 통합될 수 있도록 노력해야 한다.

가난한 사람들을 돕는 것과 관련하여 런던에 있는 두 교회가 복음의 전파와 정의의 실천에 관한 좋은 사례가 될 수 있을 것이다. 이 교회들은 가난한 사람들에게 정기적으로 먹을 것을 제공할 뿐만 아니라 담대하게 그리스도의 복음을 전파하고 있다.

우리가 만약 이 두 가지의 사명을 함께 실천하지 못한다면, 우리는 복음을 '우리가 아닌 다른 누군가'(그렇다면 누가?)가 '지금이 아닌 다른 때'(그렇다면 언제?)에 전해야 한다는 오류에 빠지게 된다. 그렇게 되면, 복음을 들어야 할 누구에게도 증거하지 못하는 결과를 초래할 수도 있다.[28]

가난한 사람들과의 관계 속에서 복음을 나누는 것이 언제나 가장 먼저 일어나는 일은 아니지만, 가장 중요한 일이다. 따라서 가난한 사람들을 돕기 위한 계획 단계에서부터 우리는 그리스도의 복음을 효과적으로 전하는 방법을 찾기 위해 노력해야 한다. 그렇게 할 때 비로소 우리는 진정으로 공의를 행하고 복음을 전파하게 될 것이다.

4. 결론

지역 교회는 하나님의 영광을 위한 경제 정의의 등불이 될 수 있다. 이것이 바로 우리가 추구해야 할 성경적 비전이다. 경제 정의의 실천은 가난한 사람들에 대한 특별한 관심을 두는 것을 포함한다.

이 장에서 우리는 교회 공동체와 지역 사회에서 가난한 사람들을 어떻게 도와야 하는지에 대한 몇 가지의 주요 성경적 원칙을 살펴보았다. 이 모든 것이 예수 그리스도와 하나님의 놀라운 은혜에 대한 좋은 소식인 복음에서 나온다. 이 복음을 전파하고 경제 정의를 실천하는 것은 불가분의 관계에 있다.

제1부에서는 그리스도인이 소비자, 직장 그리고 교회 공동체에서 어떻게 경제 정의를 실천해야 할지에 대해 살펴보았다.

제2부에서는 이보다 더 넓은 세계에서의 경제 정의의 실천에 대해 다룰 것이다. 더 나아가, 그리스도인이 그들의 직장과 조직을 통해 그리스도인으로서 어떻게 선한 영향을 끼칠 수 있는가에 대해서도 논의할 것이다.

제2부

세상에서의 경제 정의 실천

제5장 회사와 법인
제6장 은행과 금융 기관
제7장 더 넓은 사회: 국가와 세계

제5장

회사와 법인

미가 선지자는 다음과 같이 말했다.

사람아 주께서 선한 것이 무엇임을 네게 보이셨나니 여호와께서 네게 구하시는 것은 오직 정의를 행하며 인자를 사랑하며 겸손하게 네 하나님과 함께 행하는 것이 아니냐(미 6:8).

1. 서론

우리가 세상에서 어떻게 경제 정의를 실천할 수 있겠는가?
 이 장과 다음 두 장에서 그리스도인이 그들이 속한 조직 속에서 그리고 그 조직을 통해 실천할 수 있는 경제 정의에 대해 살펴볼 것이다. 우리에게는 이 사회에서 빛과 소금이 될 수 있는 큰 잠재력이 있다(마 5:12-16). 우리는 경제 정의를 실천할 많은 기회를 얻고 있으며, 정의로운 제도와 구조를 형성하는 데 더 많은 영향력을 발휘함으로써 세상은 더욱더 정의로운 사회가 될 수 있을 것이다.

하나님이 말씀과 성령으로 우리를 더욱더 그리스도를 닮아가게 하신 것처럼 우리가 그리스도를 위해 정의를 실천하고 세상에 빛을 발하는 사람이 되어 감에 따라 다른 사람들도 우리의 선한 동기와 열정에 대해 더 많이 배우고자 할 것이다. 우리가 그리스도를 빛나게 할수록 우리는 세상 사람들을 구원의 은혜를 베푸시는 그리스도에게로 이끌 수 있을 것이다.

이 장에서 우리는 회사, 기업 그리고 단체들 속에서 그리고 그들을 통해서 어떻게 경제 정의를 실천할 수 있는가를 살펴볼 것이다.

제3장에서 우리는 직장에서의 행동과 관계에 대해 다루었다. 그러나 이 장에서는 그리스도의 제자들이 회사에서 어떻게 영향을 미치고 경영과 관리 면에서 지도력을 발휘할 수 있는지에 대해 초점을 맞추고 있다.

이 시점에서 일부 독자들은 이런 이의를 제기할 수 있을 것이다.

"내가 일하는 회사가 더 정의를 실천하려면 어떻게 해야 하는가?"

"회사가 정의로울수록 회사의 이익이 줄어들 수 있지 않은가?"

좋은 질문들이다. 그러나 이 책의 첫 부분에서 다루었던 경제 정의에 대한 성경적 관점을 바탕으로 회사가 수익을 창출하면서도 동시에 정의를 실천할 수 있다는 확신을 가질 필요가 있다. 비즈니스의 세계에는 높은 도덕적 가치관을 유지하면서도 이윤을 창출하는 비기독교 기업들도 많이 있다.

하물며 우리가 공의를 사랑하시는 하나님과 그의 착한 경제를 믿는다면 우리는 더욱더 그렇게 해야 하지 않겠는가?

앞서 언급한 바와 같이 경제 정의에 대한 성경적 관점의 핵심은 하나님이 정하신 규범과 원칙에 따라 사람들을 정당하게 대우하는 것이다. 여기에는 항상 가난하고 소외된 사람들이 어떻게 대우받아야 하는지에 대한 관심도 포함된다. 경제 생활에서 정의는 관계적이다. 이런 관점에서 볼 때 정의는 인간과 인간이 만든 조직 혹은 제도와의 관계의 질에 관한 것이다. 그리고 경제 정의는 모든 사람이 물질적 축복을 포함한 하나님의 복에 참여하는 것을 의미한다.[1]

2. 비즈니스: 경제 정의의 실천을 위한 무대 혹은 그 반대

번영과 정의를 동시에 실현할 수 있는 경제를 구축할 수 있는가?

영국 공공정책연구소의 경제정의위원회(Commission on Economic Justice, CEJ)가 2018년도에 발표한 보고서에 따르면 그 대답은 "그렇다"이다.[2] 이 답변은 매우 고무적이다. 그러나 만약 이와 같은 경제 구조가 형성되려면 기업의 임금과 급여 산정 방식과 기업 운영 방식 등에도 변화가 일어나야 한다. 다시 말하면 비즈니스는 경제 정의 실천의 핵심적인 역할을 담당하고 있다. 경제정의위원회는 다음과 같이 보고했다.

> 세금과 수당 제도를 통한 재분배만으로는 불의와 불평등의 문제를 해결할 수 없다. 이 문제는 불의와 불평등이 발생하는 근본적인 경제 구조의 근원에서부터 다루어야 한다. 여기에는 노동 시장, 임금 협상, 자본과 부의 소

유권, 기업 지배 구조, 금융 시스템 운영 그리고 시장을 지배하는 규칙 등이 포함된다. 경제 정의 문제는 나중에 생각할 수 없다. 경제 속에 반드시 내포되어 있어야 한다.³

그러나 이런 일이 발생한다면 회사와 회사에서 일하는 사람들, 특히 이러한 조직을 관리하는 사람들에게 중요한 임무가 주어져 있다. 기업의 책임자는 분명히 노동 시장과 임금 협상, 기업의 의사 결정에 큰 영향을 미친다.

내가 경제 정의에 대한 문헌들을 읽을 때 저자들은 주로 경제 정의가 주로 정부와 공공 기관을 통해서 이루어질 수 있다고 생각하는 경향을 볼 수 있었다. 그들은 경제 정의가 정치적 그리고 법적 절차에 의해 수립되는 것으로 생각하고 있다. 그러나 이 접근법은 '관계'에 대한 성경적 관점을 무시하는 것이다. 경제 정의는 관계적이다.

또한, 사람과 사람이 만든 조직이나 기관들이 다른 사람들을 어떻게 대우하는지에 대한 것이다. 경제 정의는 단순히 어떤 상황이나 상태가 아니다. 경제 정의는 행동에 대한 것이며, 우리가 관계 속에서 서로를 대하는 방식에 대한 것이다.

반대로 경제적 불의에 대해서도 마찬가지이다. 사람들이 경제적 측면에서 잘못 대우받으면 이는 불의한 것이다. 그리고 비즈니스가 불의의 무대가 될 수도 있다. 여기서 '노예'가 가장 적합한 사례가 될 수 있다. 노예 문제는 노예 제도의 폐지 운동을 이끌었던 정치가인 윌버포스(Wilberforce, 1759-1833) 시대에 끝난 것이 아니라 오늘날에도 지속되고 있다. 경제적 약자에 대한 가혹한 근로 조건과 임금 미지급과 같은 방식으로 드러나는 현대판 노예 제도는 아직도 끝나지 않았다.

경제 활동에서는 결코 '도덕적 중립'의 입장을 취할 수 없다. 기업 활동에는 항상 인간 관계가 포함되어 있기 때문이다. 그리고 이 세상은 하나님이 직접 창조하시고 다스리시고 심판하시는 하나님의 피조물이기 때문에 이 세상의 모든 인간 관계는 그의 완전한 도덕성의 원칙에 따라 하나님 자신이 정하신 것이다. 사람들은 하나님의 도덕적 규범을 따르거나 반대로 거부한다. '중립적 입장'은 존재하지 않는다.

비즈니스는 그리스도인이 경제 정의의 실천에 참여하고, 기업과 금융회사들이 경제 정의를 실천하도록 돕는 무대이다. 우리는 그리스도의 몸의 일부로서 직접적으로 기업에서 일을 하던 하지 않던 상관없이 이 문제에 대해 사람들과 나누고 기도함으로써 이 일에 참여할 수 있다.

1) 먼저 당신이 처한 상황을 파악하라

이것이 실제로는 어떤 모습이겠는가?

물론 그것은 기업 내에서 어떤 역할을 하는지에 달려 있다. 만약 당신이 기업의 고위 경영진이나 책임자의 역할을 담당하고 있다고 가정해 보자. 가장 먼저 해야 할 일은 회사의 상황을 이해하는 것이다. 다양한 차원에서 회사의 제반 활동에 대한 정보를 수집해야 한다. 여기에는 주주, 직원, 고객, 납품 업체 그리고 지역 사회 등을 포함하는 물리적 환경과 다양한 이해 관계자에 대한 정보가 포함된다. 회사가 이들을 어떻게 대하는지에 대한 상황을 파악해야 한다.

그다음에는 이러한 관계에 대한 하나님이 주신 원칙과 규범을 살펴보아야 한다. 이 책의 전반부에 많은 성경적 자료를 언급한 바 있다. 만약 더 많은 자료가 필요하다면 더욱더 심층적으로 성경을 탐구해야 한다.

이와 같은 성경적 규범과 원칙에 비추어 볼 때 당신의 회사는 어떤 상황에 처해 있는가?

당신의 회사는 이해당사자들에 대한 도덕적 책임에 대해 얼마나 많이 인식하는가?

당신의 회사는 하나님의 규범이 어떻게 적용되고 있는가?

이 장의 뒷부분에서 우리는 경제 정의를 수행하는 데 도움이 되는 방법들에 대해 논의할 것이다. 그러나 그 이전에 비즈니스의 근본적인 차원에서의 법적이고 구조적 요소들과 같이 광범위한 맥락에서 다루어야 할 또 다른 주제가 있다.

2) 기업과 법인의 목표: 이윤, 가치 그리고 사회적 책임

'이윤'이라는 단어를 듣거나 읽을 때 어떤 생각이 떠오르는가?

어떤 사람들에게는 '이윤'이 부정적인 의미가 가득한 탐욕, 이기심, 무자비함과 같은 '더러운 말'일 수도 있을 것이다. 반대로, 다른 사람들에게는 이윤을 창출하거나 극대화하려는 것이 지극히 정상적인 것일 수도 있다. 노벨 경제학상을 수상한 바 있는 밀턴 프리드만(Milton Friedman) 교수는 이렇게 주장했다.

> 자유 경제 시장에서 기업의 유일한 사회적 책임은 게임의 규칙을 준수하면서 최대한의 이윤을 추구하는 것이다.[4]

또 다른 사람들은 이 두 가지 양극단 사이의 어느 지점에 '이윤'에 대한 자신의 견해를 두고 있을 것이다.

실제로 기업의 이윤, 가치 그리고 사회적 책임의 관계에 대한 많은 연구가 진행되어 왔다. 나는 이 모든 연구 결과들을 소개하거나 어떤 한 가지 입장을 지지하려고 하는 것이 아니다. 다만, 내가 보여 주고 싶은 것은 경제 정의를 실천하는 것과 이윤을 추구하는 것이 서로 조화를 이룰 수 있다는 것이다.

'이윤'의 본질은 매우 명확하다. 경제학자들에 의하면, 이윤은 비용을 초과하는 수입이다. 따라서 만약 어느 기업의 총수입이 1억 원인데 총비용이 8천만 원이면 해당 연도의 이윤은 2천만 원인 것이다.

만약 기업의 목표가 이윤을 극대화하는 것이라고 한다면, 프리드만이 말한 바와 같이 기업은 최대한의 이윤을 창출하기 위해 당연히 그들의 자원을 활용하고 사업 활동에 참여하게 된다. 이 목표를 달성하기 위해 사용되는 가장 일반적인 방법은 비용을 줄임으로 이윤을 늘리는 것이다. 실제로, 1년 혹은 2년 동안의 단기적 이윤을 극대화하기 위해서는 한 가지의 결정만으로도 가능하겠지만, 5년 혹은 10년 이상의 장기적 이윤을 염두에 둔다면 전혀 다른 전략이 필요할 것이다. 특히 장기 투자 전략은 주로 5년 혹은 10년 이후에 자금을 회수할 수 있기 때문에 단기적 이윤을 바란다면 이와 같은 투자를 하지 않는 것이 바람직하다.

이것이 경제 정의와 어떤 관련이 있는가?

만약 1년 이내에 최대의 이윤을 얻고자 한다면 직원들의 임금을 삭감해야 할 것이다. 만약 다른 모든 조건이 동일하다면, 비용이 낮을수록 이윤이 높아지기 때문이다. 그러나 이 방법이 기업에 대항할 가능성이 낮은 저임금 노동자들에게 해당될 경우에 매우 불의한 것으로 간주될 수 있다. 따라서 이윤의 극대화가 때로는 정의롭지 않은 행위가 될 수 있는 것이다.

기업이 최대한의 이윤을 창출하면서도 고용인들이나 누구에게도 부당하게 대하지 않는 전략들도 있다. 예를 들어 기업이 고용인 교육에 투자하여 업무의 기술과 효율성을 높여서 재화와 서비스의 질을 향상시킴으로써 판매량의 증가나 가격의 상승 혹은 둘 다 얻을 수 있다. 이 경우에는 이윤과 정의가 충돌하지 않을 뿐만 아니라 그 반대가 될 수도 있다.

지금까지의 논의는 이윤과 기업의 도덕성(혹은 부도덕성)이 반드시 자동으로 연결되는 것은 아니며, 긍정적으로 볼 때 기업이 이윤을 추구하는 것과 함께 정의를 실천하는 것이 어렵지 않음을 보여 주고 있다.

3) 주주들에 대한 기업 경영자의 법적 의무

이윤을 창출하는 것과 정의를 실천하는 것 사이의 관계를 살펴보기 위해 우리는 세상의 현실을 이해해야 한다. 따라서 우리는 기업과 법률의 관계와 기능을 살펴볼 필요가 있다. 최근 수십 년 동안 영국과 미국의 앵글로 색슨계 기업들은 주주들뿐만 아니라 모든 이해 관계자에 대한 기업의 책임을 강조하고 있다. 주주는 해당 기업의 재정 지분을 보유한 개인과 기관(예를 들어, 연금 기금 및 보험 회사)으로 구성되어 있다.

이해 관계자(stakeholder)에는 주주뿐만 아니라 직원, 고객, 공급업체, 지역 사회 및 환경도 포함된다.⁷

기업이 이렇게 다양한 이해 관계자에 대한 책임을 어떻게 감당할 수 있겠는가?

예를 들어 지역 사회와 그 지역의 근로자들에게 큰 영향을 미치는 공장이 손실을 보고 있다는 이유로 폐쇄를 결정한다고 할 때 만약 이해 당사자들 사이에 의견 충돌이 발생하면 어떻게 되겠는가?

영국을 비롯한 여러 국가에서 초기의 수십 년 동안 기업의 법률상의 의무는 주로 주주들을 중심으로 하는 소유주들에게 있었다(영국의 기업법은 오랫동안 기업을 독립적인 법적 실체로서의 개인을 기업으로 간주해 왔다. 이것은 그 기업에서 일하는 사람이나 관리자 혹은 주주들과는 다른 것이다). 경제 및 재무 분석에서 이 법적 상황은 기업의 목표가 주주들의 부를 극대화하는 것이 목표라는 것을 의미한다. 즉, 주식의 가격을 극대화하는 것을 목표로 기업을 운영하는 것이다. 이것을 '주주 가치 극대화'(Shareholder Value Maximization, SVM)라고 한다. 이윤의 극대화가 주주 가치 극대화를 보장하는 최상의 방법이라는 측면에서 볼 때 이 둘은 매우 유사한 개념이고 그들의 목표도 서로 연관되어 있다.⁹

그러나 최근 수십 년 동안 위에서 언급한 바와 같이 학계와 기업의 의사 결정에서 폭넓은 이해 관계자 집단에 대한 관심이 높아지고 있다. 그 사례 중의 하나가 바로 '기업의 사회적 책임'(Corporate Social Responsibility, CSR)에 대한 관심이 증가하고 있다는 것이다. 영국에서는 기업의 사회적 책임이 법률적 책임을 넘어서서 투명성과 윤리성을 바탕으로 사회와 환경에

미치는 영향을 포함하고 있다.[10]

실제로 FTSE 100 지수(Financial Times Stock Exchange index, 런던 증권거래소에 상장된 주식 중 시가총액 상위 100개 기업의 주가를 지수화한 종합 주가 지수-역자 주)에 속해 있는 대기업들은 연례 보고서에 기업의 사회적 책임 항목을 포함하고 있다.[11]

그러나 수익 실적이 저조한 기업들은 인수와 합병 혹은 폐쇄 등의 위기에 처하게 된다. 이러한 현상은 기업의 선행이나 사회적 책임과 상관없이 일어나고 있는 실정이다. 분명히 주주는 기업에 큰 영향을 미친다. 공식적인 법률적 상황과 관계없이 이것이 핵심이다. 이것이 경제 정의의 범위와 관련하여 결정적인 요소이기 때문에 이 장의 뒷부분에서 이와 관련된 실질적인 부분들을 다룰 것이다.

2006년에 회사법이 통과된 이후부터 영국에서의 법적 지위는 앞서 논의한 주주 가치 극대화(SVM)의 변형이라고 할 수 있는 이른바 '재조명된 주주 이익의 원칙'(Enlightened Shareholder Value, ESV: 주주의 이익을 우선해야 하지만 다른 이해 관계자들의 이익도 고려해야 한다는 취지의 법률 조항-역자 주)에 기반을 두고 있다. 존 데이비스(John Davies)는 다음과 같이 주장한 바 있다.

> 요약하면, 이 조항들은 경영자들이 궁극적으로는 외부의 이해 관계자들이 아닌 회원들의 이익을 위해 기업의 업무를 관리해야 하지만 '재조명된 주주 이익의 원칙'(ESV)의 '재조명된'에 해당되는 부분과 관련하여 법률은 이제 기업이 '환경적 요인들'을 반드시 고려해야 한다는 것을 명시적으로 요구하고 있다.[12]

적어도 이 글을 쓰는 시점에서, 영국의 공식적인 법적 입장은 '기업의 최선의 이익'이 그보다 더 폭넓은 요소들에 의해 영향을 받을 것으로 예상된다는 것이다. 이것은 매우 의미심장한 변화이다.

실제로, 여기서 말하는 폭넓은 '환경적 요소들'은 다음과 같다. 경영자는 회원 전체의 이익을 위해 기업의 성공을 촉진하는 최선의 방법에 대한 결정을 내리는 과정에서 다음의 여섯 가지 요소에 대한 '관심'을 가져야 한다.

첫째, 기업의 어떤 의사 결정이 장기적으로 초래할 수 있는 결과
둘째, 기업에 고용된 사람들의 관심
셋째, 기업 경영에서 공급 업체, 고객 그리고 다른 사람들과의 관계를 발전시켜야 할 필요성
넷째, 기업 경영이 지역 사회와 환경에 미치는 영향
다섯째, 높은 기대 수준에 부합하는 기업 경영 방식을 유지해야 할 사명
여섯째, 기업의 직원들을 공정하게 대해야 할 의무

이 개정된 기업법(ESV)은 기업 경영자들이 이러한 모든 요소에 대한 균형 잡힌 평가를 반영하여 경영하도록 촉구하는 것으로 보인다. 그러나 여전히 오직 주주들의 최대의 이익에만 관심이 집중된 것도 현실이다. 예를 들어 위에서 언급한 항목 중 하나인 높은 기대 수준에 부합하는 기업 경영 방식을 유지하지 못하여 이윤이 줄어든다면 그 경영자는 기업법을 위반하게 되는 것이다. 이것이 바로 기업법(ESV)이다.

이와 같이 복잡한 기업법을 준수하면서도 수익 창출과 경제 정의 실천을 병행할 수 있느냐는 핵심적인 질문을 다시 살펴보자.

적어도 원론적으로라도 이 둘을 동시에 성취할 수 있겠는가?

그 대답은 분명하다. 할 수 있다. 법률적 그리고 사회 경제적 상황이 그것을 분명히 하고 있다.[14] 기업은 이윤과 다른 목표들을 함께 추구할 수 있다. 앞서 언급한 바와 같이, 이윤과 경제 정의를 동시에 실천하고자 하는 기업들이 실제로 어려워하는 문제 중 하나는 정의를 실천하는 것이 이윤의 극대화에 부정적인 영향을 줄 수 있다고 우려하는 일부 주주가 영향력을 행사하여 기업이 사회 정의를 실천하지 못하게 할 수도 있다는 것이다. 우리는 이 중요한 문제로 다시 돌아올 것이다. 그러나 지금은 경제 정의를 실천하는 기업이 실제로 어떤 모습인지, 기업을 경영하는 그리스도인이 어떻게 영향력을 발휘해야 하는지에 대해 설명하고자 한다.

4) 기업의 경제 실천을 위한 주요 영역들

물론 더 많이 있지만, 여기서 최소한 세 개의 영역들을 언급하고자 한다. 나는 이 책의 목적과 범위 그리고 나의 역량을 벗어나는 세부 지침서를 제시하고자 하는 것이 아니라, 실천적인 차원에서 경제 정의를 생각하는 틀을 제공할 것이다.

(1) 고용인 그리고 노동자들과의 관계

기업 경영자에게는 반갑지 않은 일이겠지만, 기업이 고용인들에게 단순히 적정한 임금을 지불하는 것만으로도 경제 정의를 실천할 수 있다. 사람들이 일하여 받은 대가로 자신과 가족을 부양하는 것은 전적으로 성경적인 원칙이다. 이것은 하나님의 복, 특히 물질적 복을 누릴 수 있는 하나의 방법이고, 이 책의 제1장에서 언급한 경제 정의에 대한 성경적 관점의 네 번째 요소에 해당한다. 이 모든 것은 하나님이 창조하신 질서이고, 그의 선하고 정의로운 경제 원칙이다.

따라서 우리는 금융회사들과 기업들이 고용인들에게 일자리를 제공하는 놀라운 방법으로 경제 정의를 실천하는 것에 대해 감사해야 한다. 내가 여기서 '놀라운'이라는 표현을 사용한 이유는 기업 경영자가 언제나 경제 정의를 실천하고자 하는 의도를 갖고 고용하는 것은 아니기 때문이다.

18세기에 스코틀랜드의 철학자이자 정치·경제학자였던 애덤 스미스(Adam Smith)는 경제 활동에서 시장은 모든 사람의 이익을 위해 존재하지만, 시장의 상인들은 그들 자신의 이익을 위해 일한다고 주장한 바 있다. 우리는 이러한 통찰이 노동 '시장'에도 적용되는 것을 볼 수 있다.

다음은 시장의 특성과 관련된 스미스의 유명한 말이다.

> 우리의 저녁 식사는 정육점 주인이나 양조업자 혹은 빵집 주인의 자비가 아니라 그들의 입장에서 마련되는 것이다. 우리는 우리 자신에게 그들의 인간성이 아니라 그들의 이기심에 대해 말하고, 그들에게 우리의 필요에 대해 말하지 않고 그들의 이익에 대해서만 말한다.[15]

스미스의 이와 같은 주장들에 대해 많은 연구가 쏟아져 나왔다. 그러나 여기서 핵심 요점은 비즈니스에 종사하는 사람들이 서비스나 제품을 제공하는 것이 관대함과는 거리가 먼 것이라는 편견에 사로잡히지 않아야 한다는 것이다. 오히려 그 반대로, 원칙적으로 볼 때, 그들이 사업을 계속하는 것이 '이기심'과는 거리가 먼 것이다.

빵집 주인이 하루 일과가 끝난 후에 각종 비용을 제하고도 충분한 수익(예를 들면 생계를 꾸리고 사업에 재투자할 수 있는 수익)을 얻었는지 확인하는 것은 당연하다. 이것이 그들의 목표이다. 그런데도 그들이 당신과 내가 빵을 먹을 수 있게 해 주는 것이 바로 이 '이기심' 때문이다.[16]

우리는 여기서 말하는 '이기심'에 대해 거부감을 가질 필요가 없는 여러 가지 이유가 있다.

첫째, 하나님이 하나님과 이웃에 대한 사랑과 함께 자신에 대한 사랑에 대해서도 말씀하셨기 때문이다.

실제로 예수님이 십계명에 대해 말씀하실 때 "네 이웃을 네 자신 같이 사랑하라"라고 말씀하셨다(여기서 우리는 "너 대신 이웃을 사랑하라"라고 말씀하시지 않았다는 사실에 주의해야 한다).

둘째, 성경은 사람들과 그 가족들이 스스로 그들의 필요를 공급해야 할 책무에 대한 규범도 제시하고 있기 때문이다.

신약성경에서는 그리스도의 제자들이 다른 사람들에게 관대하게 베푸는 삶을 살 것에 대해서도 요구하지만, 또한 자신과 가족의 생계를 부양하기 위해 노력해야 할 것에 대해서도 가르치고 있다(예를 들어 엡 4:28과 딤전

5:8 참조). 이와 같은 맥락에서 볼 때, 스미스가 말한 제빵사와 정육점이 하는 일에 대해 우리는 충분히 이해할 수 있을 것이다.

셋째, 인간의 죄성을 염두에 두어야 하기 때문이다.

타락은 성경적 세계관에서 매우 중요한 의미가 있다. 그런 점에서 인간의 경제 활동과 관련하여 어떤 이기심도 용납될 수 없다는 것은 어리석은 생각에 불과하다. 보다 더 긍정적으로 보면, 타락한 세상에서 시장은 하나님의 지혜와 섭리의 일부라고 말하는 경우도 있다. 비록 타락 이후로 다른 사람들에 대한 관심보다는 이기심이 더 지배적이지만, 임금을 지불하고 대가를 주고받으며 사람을 고용하는 경제 활동이 일어나고 있는 것도 사실이다.

그러나 이 셋째 요소는 경제 활동의 당사자들이 서로 동등한 권한을 가지고 있거나 적어도 권력을 이용한 착취가 발생하지 않는다는 것을 전제로 하는 것이다. 고용의 관점에서 볼 때 고용인이나 노동자들이 한 사람의 고용주에게 종속되지 않고 자유롭게 직업을 선택할 수 있어야 한다는 것을 의미한다. 이것은 당신과 내가 어떤 빵을 어디에서 살 것인가를 선택하는 것이나 빵집 주인이 빵을 어디에서 팔 것인가를 선택하는 것에도 적용할 수 있다.

요약하면, 기업은 유급 노동의 기회를 제공하는 것으로 경제 정의에 참여할 수 있다. 유급 노동은 사람들에게 자신과 가족을 부양할 수 있게 함으로써 하나님의 복에 참여할 수 있게 하는 하나님이 주신 수단이기 때문에 성경적인 경제 정의에 부합하는 것이다. 이와 같은 성과는 경영자가 기업을 설립하고 경영하는 최우선의 목적은 아닐 수 있지만, 하나님의 섭리 관점에서 우리는 이와 같은 결과를 보면서 감사할 수 있다. 또한, 비록 정도의 차이는 있지만, 유급 노동의 기회를 제공하는 것이 국가와 사회에 기여하는 것이라는 사실을 대다수 기업이 잘 인식하고 있다.

그러나 기업들이 그들의 고용인들과 관련하여 정의를 실천하는 것에 대한 더 많은 논의가 필요하다. 내가 이 책 전체에서 보여 주었듯이 '-와 관련하여'라는 문구는 경제 정의에 대한 성경적 이해의 핵심이다. 따라서 기업과 고용인의 관계는 경제 정의의 핵심이다.

예수 그리스도를 따르는 모든 경영자는 자신의 기업이 이 관계적 차원을 매우 심각하게 다루도록 영향을 줄 기회와 의무를 갖고 있다.

제3장에서 우리는 고용주가 관계적 측면에서 고용인들에게 어떻게 정의를 실천해야 하는가에 대한 성경적 가르침을 살펴보았다. 고용주와 고용인의 관계는 경제 정의의 핵심이다. 성경은 이 관계의 질을 매우 중요하게 다루고 있다. 근로 조건, 임금 그리고 고용인의 발전을 위한 지원 등에 대한 세부적인 내용을 여기서 다시 언급할 필요는 없다. 만약 당신이 기업에서 영향력을 발휘할 수 있는 지위에 있는 사람이라면 경제 정의의 핵심이 되는 이 세 가지 요소에 대해 각별한 주의를 기울여야 한다.

제3장에서 근로 조건과 고용인의 발전을 위한 지원에 대해 이미 다루었기 때문에 여기서 다시 언급할 필요는 없지만, 임금과 급여와 관련하여 특히 기업에서 영향력을 발휘할 수 있는 경영자나 지도자들이 고려해야 할 사항들에 대해서는 조금 더 살펴볼 필요가 있다. 따라서 경제 정의를 실천하는 기업의 역할에 관한 두 번째 주요 주제로 가 보자.

(2) 임금과 급여

경제 정의 면에서 임금과 급여는 많은 논란의 여지가 있기 때문에 더 많은 시간을 할애해서 다룰 필요가 있다.

기업에게 임금과 급여와 관련된 '정의와 공정성'은 무엇을 의미하는가?

내가 각각의 직업마다 '정당한 임금이나 급여'가 정해져 있다고 말하는 것인가?

노동 시장에서의 '유연성' 문제는 경제 정의와 어떤 관련이 있는가?

예를 들면 '0시간 계약'(Zero-Hours Contracts, 근로 시간을 정하지 않고 고용주가 원하는 시간에만 일하는 비정규직 고용 계약 방식-역자 주)이나 이와 유사한 고용 방식 등과 같은 방식은 경제 정의에 부합하는가?

이 장의 시작 부분에서 언급한 CEJ 간행물에서 강조한 바와 같이 영국과 같은 국가들의 경제가 직면하는 더 깊고 구조적 문제들과 관련하여 성경적 원칙이 어떻게 적용될 수 있는가?

이 질문 중 처음 두 가지는 함께 다루어야 한다. 나는 직업마다 '정당한 임금과 급여'가 있다고 생각하지 않는다. 만약 우리가 경제 정의에 대한 성경적 관점을 진지하게 고려하고 싶다면 성경의 가르침을 원칙과 규범으로 받아들여야 한다. 그렇다면 그 원칙과 규범을 실제로 적용하는 방법은 우리에게 달려 있다(다른 모든 일도 마찬가지지만, "우리는 하나님이 무엇을 원하시는지 정확하게 알고 있다"라고 말할 수 없으며, 단지 하나님의 능력과 지혜를 구할 따름이다). 이 사실 하나만으로도 타락한 존재인 우리는 'X는 우리가 실천해야 할 절대적 정의이다'라고 규정할 수 있는 행위라고 단정할 수 없다.

이와 같은 주장은 우리의 지식의 한계를 훨씬 더 넘어서는 것이다. 따라서 단순히 '이 직업은 이 액수가 정당한 임금'이라고 주장하는 것은 현명하지 않다. 그러나 우리가 해야 할 일은 정의에 대한 성경의 원칙과 규범에 따를 수 있도록 최선을 다해 노력하는 것이다. 그렇게 한다면, 경제 정의에 대한 성경적 관점을 임금과 급여 문제에 적용할 수 있다. 하나는 가난하고 소외된 사람들에게 항상 특별한 관심을 가져야 한다는 것이고, 다른 하나는 경제 정의는 물질적 축복을 포함하여 모든 사람이 하나님의 복을 받을 수 있어야 한다는 것이다.

따라서 특히 강력한 권력을 가진 조직이나 경영자들은 고용인이나 노동자들을 포함한 경제적으로 약한 지위에 있는 사람들을 어떻게 대해야 하는가에 대해 매우 신중하게 주의를 기울여야 한다. 힘을 가진 자는 그 힘을 악용하고 약한 사람들을 착취하는 것이 타락한 인간의 본성이기 때문이다. 이 책의 앞부분에서 언급한 것처럼 성경은 이에 대한 많은 사례를 보여 준다.

영국과 같은 국가들에는 최저임금에 대한 법률(1998년 이후)이 제정되어 있다.

그러나 권력을 가진 사람들이 최저임금 이상을 지불하고자 하는 의지를 갖고 있는가?

제3장에서 살펴본 바와 같이, 고용인들을 단순히 '비용'으로만 보지 않고 '자산'으로 인식하다면 그들의 기술이나 전문성을 구축하는 일에 고용주가 투자하는 것은 합리적이다. 이는 더 큰 생산성으로 가져올 수 있게 한다. 그렇기 때문에 결과적으로 높은 임금이나 급여가 기업을 위해서도 더 적절한 투자인 것이다. 더 나아가 만약 기업이 이 원칙을 실행한다면

경제적 약자의 수입 증가에 기여함으로써 경제 정의를 더 적극적으로 실현하는 기업이 될 수 있을 것이다.

그러나 적어도 일부 독자에게는 이런 질문이 생길 것이다.

"만약 회사가 더 많은 돈을 지불할 여유가 없다면?"

이것은 매우 중요한 문제이다.

경쟁이 치열한 시장에서 기업이 생산하는 상품과 서비스에 대한 이윤이 매우 적은 경우가 많다(이윤은 기업의 총매출에서 임대, 지대, 이자 그리고 감가상각비 등의 비용을 초과한 순수익을 말한다). 모든 기업은 비용을 절감하기 위해 최선의 노력을 기울여야 한다. 여기에는 인건비가 포함된다. A라는 특정 기업이 지불한 비용이 경쟁사보다 상승하면 그 회사는 생존할 수 없다. 만약 이 기업이 제품의 가격을 올린다면 경쟁력을 상실하게 되고, 많은 소비자가 다른 기업의 제품으로 눈을 돌리는 결과에 직면할 수밖에 없을 것이다. 이 경우 기업 A는 매출과 수익이 감소한다. 그리고 결국 손실을 초래하여 지속가능한 기업이 될 수 없다.

이것은 매우 중요한 문제이다. 이와 같은 상황에서는 주로 '현행 임금'(the going wage) 혹은 '시장 임금'(market wage)이라고 하는 최소한의 임금에 만족해야 할 수도 있다.

경제적으로 취약한 노동자나 고용인에게 기업이 실천할 수 있는 의롭고 공평한 행위는(골 4:1) 현행 임금을 증액하거나 삭감하는 것이다. 그러나 기업은 또한 일반적인 근무 조건에서 고용인들을 자산으로 인식하고 잘 대우해야 한다.

그러나 상당수의 기업은 시장에서 치열한 경쟁에 직면하지 않고 있는 것도 사실이다.[18] 이러한 기업들은 경제적으로 취약한 노동자나 고용인들에게 상대적으로 높은 임금이나 급여를 지급할 여지가 있을 수 있다. 이러한 경우에 대한 성경적 근거는 가난한 사람들에게 관심을 갖는 것이다. 불행하게도 타락한 세상에서는 권력을 가진 사람들이 힘이 없는 사람들을 착취할 가능성이 항상 존재한다는 사실을 인식해야 한다. 따라서 기업은 경제적으로 가장 취약한 사람들에게 각별한 주의를 기울여야 한다.

다시 말하면 당신의 기업이 옳은 일을 하고 있다고 섣불리 단정하지 말라!

그리고 좀 더 긍정적으로는 당신의 기업이 경제적으로 취약한 노동자나 고용인들을 공평하고 정의롭게 대하는 것이 도덕적으로 얼마나 중요한 것인가를 인식하고 이것을 위해 자신의 영향력을 발휘해야 한다.

(3) 노동 시장의 유연성

임금과 급여의 또 다른 측면은 노동 시장에서의 '유연성'과 관련이 있다. '0시간 계약'이나 이와 유사한 노동 조건이 경제 정의에 부합하는가?

이것은 매우 민감한 문제이기 때문에 최근 몇 년 사이에 영국뿐만 아니라 여러 국가에서 이와 관련된 책이 많이 쏟아져 나왔다.[19] 여기에서 이 문제를 자세하게 다루기에는 공간이 부족하다.

첫째, 노동 시장의 유연성(기업과 고용인이 더 폭넓은 범위의 업무 역량을 갖출 수 있는 능력과 사람들이 더 빨리 직업 간의 이동을 할 수 있는 능력은 경제의 효율성과 생산성 향상에 많은 이점을 가져다줄 수 있다)이다.

하나의 사례를 살펴보자. 이벤트 회사의 어떤 업무는 특정한 시간에 이루어져야 한다. 예를 들면 야간 공연이 시작되기 전인 오후에 무대를 설치해야 한다. 그리고 공연이 끝난 늦은 시간에 무대를 해체하는 작업을 해야 한다. 이것은 오전 9시부터 오후 5시까지의 정규 업무 시간과는 거리가 먼 업무 여건이다.

따라서 만약에 실제로 일한 몇 시간에 대한 임금만 받을 의사가 있는 노동자들이 있다면, 이벤트 회사의 입장에서는 오전 9시부터 오후 5시까지 근무하는 정규직 직원을 고용하는 것보다는 비용 절감 효과가 있을 것이다. 그 결과로 정규직 고용의 경우보다 더 공연 비용 절감이 이루어져 공연 횟수와 관람객의 증가로 이어질 수 있다.

둘째, 성경적 경제 정의에 따르면, 관계의 질이 여전히 핵심이라는 것이다. '유연성'이 증가할 때의 위험은 강력한 권한을 가진 기업이 협상력이 약한 노동자들을 착취할 가능성이 높아진다는 것이다. 따라서 어떤 면에서는 서로 충돌할 수 있는 이 두 요소가 주어진 여건 속에서 어떻게 조화를 이룰 수 있는지를 평가하는 것이 중요하다.

내 생각에는 '0시간 계약'을 포함한 노동 시장의 유연성 문제에 대해 단순히 "예" 혹은 "아니오"나 "좋다" 혹은 "나쁘다"라는 단순한 결론을 내리는 것은 합리적이지 않다. 노동자나 근로자가 계약 조건에 동의할 수 있어야 한다. 만약 고용주가 억압적으로 그의 지위를 남용한다면 이는 명백하게 불의를 행하는 것이다. 노동 시장의 유연성과 관련하여 어떤 일이 일어나고 있는지 계속 검토할 필요가 있다.

(4) 주주의 권력이 정의와 충돌하는가?

이 시점에서 추가적인 실제적 우려가 있는데, 나는 이 장에서 이미 몇 번 암시한 바 있다.

기업이 경제적 약자인 노동자나 근로자에게 다소 높은 임금이나 급여를 지불할 수 있는 여력이 있을 수 있지만, 주주 혹은 잠재적 주주가 그러한 정책을 채택한 기업에 제재를 가하기 위해 그들의 경제 권력을 사용한다면 어떻게 하겠는가?

다시 말하면, 만약 기업이 개인 소유가 아닌 주식 시장에 상장된 기업이라면 주식을 대량으로 매도하면 주가가 크게 하락할 수 있는 취약성을 갖고 있다.[20] 이 경우에 기업은 결국 노동자나 고용인들에게 더 많은 이익이 돌아가는 것을 원하지 않는 다른 투자자나 기관에 넘어갈 수 있다.

이 '기업 지배권 시장'(market for corporate control)은 상당수의 기업이 주식 시장에서 주식을 거래하는 영국과 같은 경제의 핵심 요소에 해당한다. 그리고 기업이 실제 혹은 예상 이익이 감소한 경우에 상대적으로 높은 임금을 지불하거나 다른 이해 관계자들의 관심을 기울이거나 경영상의 미숙함과 실패 등을 포함하여 정확한 원인이 무엇인지에 상관없이 인수·합병의 동일한 취약성에 노출될 수 있다.

노동자나 고용인들을 더 많이 배려하는 것이 인수·합병 시장에서 약점이 될 수 있다면 어떻게 해야 하는가?

이것은 크게 우려할 부분이 아니다. 기업 지배권 시장은 기업의 경영자들이 항상 고려해야 하는 현실이다. 그리고 경제적으로 노동자나 고용인들에게 더 높은 임금을 지불할 것인가를 고려해 본 사례는 실제로 기업을 쉽게 취약한 상태에 놓이게 할 수 있다. 다시 말해 기업이 정의를 실천할 수 있는 하나의 중요한 방법을 그들이 감당할 수 없게 된다는 것이다.

이런 상황에서는 어떻게 해야 하는가?

나는 기업의 경영자나 책임자들에게 이 문제를 무시해도 좋다고 제안하지 않을 것이다. 기업은 정의와 윤리를 지속적으로 실천할 방안을 모색해야 한다. 따라서 실용성을 충분히 고려해야 한다. 다음은 기업 경영자들이 염두에 두어야 할 몇 가지 사항이다.

첫째, 기업 경영자들은 주요 주주들과 기업 경영의 철학과 운영 방침에 대해 대화를 나누어야 한다. 경영자는 주주들에게 기업의 사회적 책임에 대해 법률로 규정된 의무들을 상기시켜 주어야 한다.

둘째, 경영자들은 경제적으로 취약한 노동자나 고용인들에게 가능한 한 더 높은 임금을 지불하는 것이 적절한 때에 기업의 성과를 향상시키는 결과를 가져올 수 있다는 신념을 가져야 한다.

셋째, 경영자는 현재 그리고 잠재적인 소비자들을 포함하는 일반 대중에게 기업이 추구하는 비전과 가치 그리고 구체적인 실천에 대해 알려야 할 필요가 있다. 이로 인해 더 많은 소비자가 이 기업의 상품을 구매할 수 있다(이것은 '소비자 불매운동'과 정반대의 효과이다).

넷째, 기업이 고려할 수 있는 장기적인 구조적 선택 사항이 있다. 콜린 메이어(Colin Mayer) 교수는 그의 책 『기업의 사명』(*Firm Commitment*)에서 '신탁법인'(trust firm)이라고 이름을 붙인 선택 사항을 제안한 바 있다.

> 신탁법인은 명시된 기업의 경영 철학과 가치를 준수할 책무를 가진 이사회가 조직되어 있는 법인을 말한다. … 그들은 기업의 일상적인 운영에 관여하지는 않지만, 기업의 철학과 가치가 잘 반영될 수 있도록 감시하는 역할을 담당한다.[21]

메이어 교수는 영국의 존 루이스 파트너십(John Lewis Partnership)을 이와 같은 기업 구조의 사례로 소개한 바 있다. 이와 같은 구조는 하루아침에 만들어질 수 없다. 그리고 모든 시장이나 사업에 적용될 수 있는 것도 아니다. 그러나 이 사례는 이미 많은 기업이 채택하고 있을 정도로 매우 창의적이고 매력적이다.

경제 정의의 실천에서 기업의 역할에 대한 셋째와 마지막 주제는 최근 수년 동안 논쟁의 대상이 되어 왔다. 이것은 기업의 고위직 임원들에게 지불하는 급여에 대한 것이다.

(5) 고위직 임원 급여

가장 경제적으로 취약한 노동자나 고용인의 반대편에 고위직 임원들이 있다. 특히 2007년에 시작된 금융 및 경제 위기 이후 몇 년 동안 고위직 임원들에게 매우 수익성이 높은 급여와 보너스 제도가 실행되는 것에 대한 우려가 증가하고 있다. 성경적 경제 정의와 관련하여 이것이 중요한 관심사가 될 수 있는 이유는 물질적인 축복을 포함하여 하나님의 복에 참여하는 모든 사람에 대한 성경의 강조 때문이다. 따라서 이 관심이 단순한 '질투심' 때문이 아니다.

질투심(다른 사람들이 목표를 성취하여 얻게 된 보상에 대한 갈망)은 정의와는 전혀 다른 것이다. 그리고 질투심은 성경에서 금기시되어 있다(예를 들면 잠 14:30; 막 7:22; 롬 1:29).

정의를 염두에 둔 기업의 고위직 임원의 급여에 대한 질문은 그들에게 주어지는 임금이 하나님의 복에 참여하는 모든 사람과 어느 정도로 조화를 이룰 수 있는가에 대한 것이다. 이 질문에 대한 답을 찾기 위해서는 다음의 몇 가지 요소를 고려해야 한다.

첫째, 고위직 임원의 급여와 관련하여 무슨 일이 일어나고 있는지, 왜 그런지 이해하는 것이 무엇보다 중요하다. 특히 그들에게 주어지는 급여의 액수가 매우 클 때 섣불리 정죄하기 쉽다. 먼저 고위직 임원들의 급여와 관련하여 무슨 일이 일어나고 있는지 구체적으로 살펴보자.

2017년 영국 최고 경영자들의 평균 연봉은 450만 파운드(한화 약 67억 원 상당-역자 주)였다.[22] 2014년의 FTSE 100(런던증권거래소에서 거래되는 상위 100대 기업의 종합주가 지수-역자 주)에 의하면, 그들의 고용인들과의 급여 비율은 148:1이었다. 1998년도에는 이 비율이 47:1이었다.[23]

미국에서도 비슷한 추세를 보이고 있다. 이러한 추세는 1980년대에 시작된 이후 계속되고 있다. 미국은 1978년부터 2014년까지의 최고 경영자의 급여 변화를 비교해 보면 2014년도에는 1978년도에 비해 거의 1,000배 가까이 증가했다. 같은 기간에 일반 노동자의 급여는 단지 10.9퍼센트의 증가에 그쳤다.[24] 이것은 놀라운 차이가 아닐 수 없다.

그러나 왜 이런 일이 일어나고 있는가?

이것은 훨씬 더 예측하기 어렵다.[25] 이미 많은 설명을 했지만, 이 책은 이 모든 요소를 열거하는 것이 목표가 아니다. 1980년부터 2011년 사이에 미국 기업의 평균 가치는 425퍼센트 상승했다. 같은 기간에 미국 최대 기업들의 경영자 임금은 405퍼센트 증가했다. 이것은 기업 경영자의 급여가 어떤 형태로든 기업 가치의 증가와 깊은 연관이 있다는 것을 보여 준다.[26]

이 사실은 기업의 고위직 임원의 급여가 크게 증가한 것은 1970년대 이후로 전 세계적으로 급속하게 증가한 기업의 수익의 혜택이 공유되지 않고 오히려 극소수의 기업과 개인들이 이 혜택을 독차지하고 있다는 것을 뜻한다.

둘째, 일반적인 노동자나 고용인들보다 고위직 임원의 급여가 크게 증가한 것에 대해 기업과 재무 분야의 우려가 증가하고 있다. 이와 같은 우려의 목소리는 경제 정의에 대한 성경적 관점에서 바라본 하나님의 물질적 복에 참여하는 모든 사람에 대한 관심과 관련이 있다.

예를 들어 지난 25년 동안의 추세를 분석한 2017년 2월에 발행된 「파이낸셜타임즈」(*Financial Times*)의 기사에는 다음과 같은 솔직한 의견이 포함되어 있다.

> 최고의 재능을 잃어버린 경직된 이사회와 고위직을 위해 최고의 급여 패키지를 고안하기 위해 군비 경쟁을 벌이고 있는 보수적인 경영 자문 업계에 의해 최고 경영자들은 탐욕에 빠져 있다.[27]

파이낸셜타임즈의 칼럼이 보여 준 기업의 고위직 임원들의 '탐욕'에 대한 공개적이고 무자비한 평가는 매우 인상적이다.

제6장에서 나는 특히 은행과 각종 금융 기관의 탐욕 문제를 다룰 것이다. 그러나 현재 우리는 탐욕의 문제가 재정적 차원뿐만 아니라 기업의 전 영역에 걸쳐 관련되어 있다는 사실에 주목해야 한다.

일부 분석가들은 1990년대 초반 이후 개발된 일부 고액 급여 정책들(incentive packages)이 기업과 경영진의 단기적 수익을 목표를 바탕으로 개발되었기 때문에 기업의 장기적인 이익을 해치는 결과를 초래하고 있다고 평가하고 있다.[28]

이와 같은 우려는 모든 사람이 물질적 축복을 포함한 하나님의 복을 나누어야 하는 성경적 가르침을 떠올리게 한다. 이 우려에는 노동자들과 고용인들이 받는 임금과 급여에 비해 지나치게 과도한 보상을 받는 최고 경영자를 포함한 고위직 임원들에 대한 우려와 더 넓은 차원의 사회적 관계 속에서의 공공의 이익을 충분히 고려하지 않고 주주들의 최고 이익을 위해 기업의 자산을 확장하는 대기업들에 대한 우려가 모두 포함되어 있다. 후자는 분명히 이 장의 앞부분에서 다룬 기업의 목표와 주주와 다른 이해관계자들 사이의 균형에 대한 논의와 관련이 있다.

이 우려는 또한 고위직 임원들에게 지불하는 대가가 모든 사람이 하나님의 복에 참여해야 한다는 성경의 가르침과 어느 정도로 양립할 수 있는지에 대해 묻는 세 번째 요소로 이어진다. 이 요소를 질문 형태로 제시하면 다음과 같다.

어떻게 달라져야 하는가?

다시 말해 기업에서 최고 경영자와 고위직 임원들에 있는 사람들 특히 그리스도를 따르는 사람들에게 성경적 경제 정의에 대한 이해가 그들의 의사 결정에 어떻게 반영될 수 있는가?

몇 가지 실제적 방안을 살펴보자. 만약 누군가에게 엄청난 액수의 급여가 제공되고 있다면, 이 급여는 하나님의 물질적 축복에 참여하는 모든 사람에 대한 성경적 강조와 어떻게 조화를 이룰 수 있는가?

예를 들어 기업은 모든 노동자와 고용인들의 생계를 향상시키고 있는가?

그렇지 않은 경우, 그들의 고액 급여 정책이 어느 정도로 정당화될 수 있는가?

다른 고려 사항은 다음과 같다.

고액 급여 정책이 축소되는 방향으로 재협상할 수 있는 여지가 있는가?

만약 고액 급여를 받는 경영자나 임원진들에 이와 같은 요구를 한다면 그들로부터 어떤 반응이 예상되는가?

이와 같은 재협상이 때로는 주주들의 불만을 초래할 수 있다는 것도 고려해야 한다.

또 다른 고려 사항은 기업이 그들의 목표와 관행에 대해 보다 더 철저하고 전략적인 검증을 수행할 수 있다는 가능성이다. 고액 급여 관행을 중단하는 것이 모든 노동자와 고용인들에 대한 기업의 헌신을 재평가하는 촉진제가 될 수 있다. 또한, 이것은 하나님의 물질적 축복에 참여하는 방식으로 기업을 운영할 수 있는 보다 더 긍정적인 방법이 될 수도 있다.

3. 결론

갑부 기독교 신자이며 사업가인 데이비드 그린(David Green)은 한 인터뷰에서 기독교인으로서 사업을 하는 것과 이익을 창출하는 것 그리고 기부하는 것에 대한 자신의 관점을 묻는 말을 받았다.

제레미 보이어(Jeremy Bowyer)가 이 인터뷰 내용을 "기독교인이 부자가 될 수 있는가? 갑부 기독교인이 사업과 이윤에 대한 그의 입장을 말하다"라는 제목으로 2017년 4월 27일에 「크리스천 투데이」(Christian Today)의 웹사이트에 발표한 바 있다.

> 지난 수년 동안 내가 만나 본 수많은 기독교인 사업가와 마찬가지로, 데이비드도 자선 사업에 대한 부분적인 정당성을 주장했다. 그렇다. 기업가들보다 선교사가 더 잘할 수 있지만, 적어도 기업가는 선교사들에게 고액을 기부할 수 있다. 사업은 헌금을 통해 영적인 목적을 위해 사용될 수 있다.
> 나는 신성한 사명을 실천하기 위해 기업이 사용한 이윤의 일부가 비록 완전히 거룩하지는 않지만 적어도 받아들여질 수 있는 '세속적' 기업이 되도록 만들었다고 믿는 많은 경영자를 보고 들었다. 그러나 나는 그린이 우리는 심지어 수익의 일부를 나누기 전부터도 이미 내 아버지의 사업에 참여하고 있다는 것을 본 후에야 비로소 깨달았다. 그가 고용인들을 잘 대하고 그 고용인들이 고객들을 잘 대하도록 가르침으로써 그는 이미 (모든 민족을 제자로 삼으라는) 지상 명령에 참여하고 있었다.[29]

제6장

은행과 금융 기관

예수 그리스도께서는 말씀하셨다.

> 너희가 하나님과 재물을 겸하여 섬기지 못하느니라.[1]

사도 바울은 이렇게 말했다.

> 부하려 하는 자들은 시험과 올무와 여러 가지 어리석고 해로운 욕심에 떨어지나니 곧 사람으로 파멸과 멸망에 빠지게 하는 것이라 돈을 사랑함이 일만 악의 뿌리가 되나니(딤전 6:9-10a).

이사야 선지자는 다음과 같이 말했다.

> 그 때에 네가 보고 기쁜 빛을 내며 네 마음이 놀라고 또 화창하리니 이는 바다의 부가 네게로 돌아오며 이방 나라들의 재물이 네게로 옴이라(사 60:5).

1. 서론

"부유한 은행들이 경제 정의를 실천할 수 있는가?"
"이 질문에 대해 당신은 혹시 비웃고 있지는 않은가?"
"그건 은행이 할 일이 아니다!"
아마도 많은 사람이 이렇게 말할 것이다.

상품과 서비스를 제공하는 기업들이 어느 정도의 정의를 실천하는 것은 가능할 수도 있겠지만, 과연 은행과 금융 기관들이 경제 정의를 위한 수단이 될 수 있겠는가?

이 거대한 금융 조직들은 오직 돈을 벌기 위해서 존재하고 있지 않은가?

은행과 금융 기관들이 어떻게 경제 정의에 참여할 수 있겠는가를 생각하는 사람이라면 누구에게나 이 문제는 큰 도전이 아닐 수 없고 우리는 이 문제를 과소평가하지 말아야 한다.

우선 금융계에서 일하는 대다수 사람은 부자가 되고자 하는 욕구가 있다는 데 대해서는 의문의 여지가 없을 것이다. 금융계에서 쏟아져 나오는 책들과 신문 기사들을 대충 살펴봐도 이 사실은 분명하게 드러난다. 특히 금융계에 종사하는 사람들 가운데 일부가 벌어들이는 막대한 돈은 부자가 되고자 하는 열망을 가진 사람에게 매력적인 세계로 보일 수 있다. 그리고 이것이 누군가의 주된 목표라면, 정의를 실천하는 것이 어떻게 우선순위의 목록에서 배제될 수 있는지는 어렵지 않게 짐작할 수 있다.

그러나 특히 예수 그리스도를 따르는 사람들에게는 이런 도전이 더 클 수밖에 없다.

너희가 하나님과 재물을 겸하여 섬기지 못하느니라(마 6:24; 눅 16:13-역자 주).

이는 신약성경의 말씀이 확실한 선택을 촉구하고 있다. 그리고 "부하려 하는 자들은 시험과 올무와 여러 가지 어리석고 해로운 욕심에 떨어지나니 곧 사람으로 파멸과 멸망에 빠지게 하는 것이라"(딤전 6:9)라는 말씀에서 보는 바와 같이 재물에 대한 욕심을 가진 자들에게 강력한 경고를 보내고 있다. 부자가 되고자 하는 목표를 가진 금융업계에 종사하는 많은 사람에게 돈을 사랑하는 것은 당연할 수도 있지만, 그리스도를 따르는 사람들이 이것을 삶의 목표로 정하는 것은 매우 신중해야 한다.

물론 나는 이 목표를 그리스도인의 '접근 금지 구역'이라고 말하고자 하는 것이 아니다. 그리스도께서 그를 따르는 사람들을 '세상에' 보내셨다(요 17:16-18). 따라서 우리는 그리스도인 가운데 일부가 금융업계에 종사하도록 부르심을 받은 것을 당연히 예상할 수 있다. 그러나 여기에서 요점은 우리가 이 분야에서 정의를 추구하는 것은 결코 쉬운 일이 아니라는 사실이다. 우리는 단순히 하나님에 대한 사랑에서 돈에 대한 사랑으로 끌려가지 않기 위해서 뿐만 아니라 경제 정의가 주요 관심사가 아닌 우리 주변의 많은 사람을 위해 하나님의 은혜와 지혜가 필요하다.

이 장에서 우리는 은행 및 금융 기관 분야의 세 가지 다른 주제를 살펴볼 것이다. 이 주제들은 경제 정의와 관련하여 매우 중요한 주제들이다. 우리는 과도한 대출, 차입과 부채에 대해 다룰 것이다. 2007-8년부터 시작된 금융 및 경제 위기 당시에 이 문제가 대두되었지만 10년이 지난 후에는 엄청난 영향을 미치고 있다.

이 문제가 경제 정의와 어떤 관련이 있는가?

첫째, 은행과 금융 기관들이 지나치게 대출을 한다면 차용인에 대한 관계의 책임에 실패할 수 있기 때문이다. 제1장에 언급한 바와 같이 인간 관계에서 사람들이 다른 사람들로부터 어떤 대우를 받는지는 경제 정의의 핵심 사항이다.

둘째, 은행과 금융 기관들이 경제적 약자인 궁핍한 사람들(성경적 언어로는 '가난하고 소외된 사람들')을 대하는 방식과 '소액 단기 대출'과 같은 고금리 대출에 대해 세부적으로 살펴볼 것이다.

셋째, 우리는 근본적인 태도와 가치 등과 같은 더 본질적인 문제를 살펴볼 것이다. 우리는 특히 은행과 금융 기관의 탐욕에 대해서도 다룰 것이다. 성경은 탐욕이 악의 한 형태이며, 탐욕은 거의 언제나 불의를 행하는 것과 동일시되고 있기 때문에 하나님이 그의 백성들에게 요구하시는 의로움과 정의에 역행하는 것이다. 그리고 이와 관련하여 우리는 어리석음과 오만함이 은행과 금융 기관 특히 거대한 기관에서 어떻게 그리고 왜 만연해 있는지에 대해 생각해야 한다.

다시 말하지만 이것들은 하나님이 우리에게 요구하시는 의로움과 정의를 역행하는 것이다. 그러므로 어리석음과 오만이 어떻게 정의의 실천을 가로막고 있는지 그리고 이 모든 것을 어떻게 복음의 능력으로 극복할 수 있는지에 대해 살펴볼 것이다.

이 장의 목표는 그리스도인으로 하여금 은행과 금융 기관들이 경제 정의를 실천하는 데 선한 영향을 미치도록 돕는 것이다. 이전 장에서 살펴본 것처럼 기업에 대해서와 마찬가지로 은행과 금융 기관에도 그리스도인이 선한 영향을 직접 미칠 수 있다. 일부 그리스도인은 은행과 금융 기관에서 종사하고, 그 가운데 일부는 고위 책임자의 지위를 갖고 있을 것이다. 다른 그리스도인은 기도와 조언 그리고 격려를 통해 이 사람들을 지원할 수 있다.

또한, 주주와 다양한 캠페인을 통해 그들에게 영향을 줄 수 있다. 우리는 장차 다가올 새 하늘과 새 땅을 바라보며 지금 정당한 일을 위해 노력한다. 놀랍게도 위에서 언급한 바와 같이 이사야는 그 새 하늘과 새 땅에는 '나라들의 재물'이 네게로 올 것이라고 예언했다(계 21:24도 보라).

2. 과도한 대출, 차용 그리고 부채: 관계적 정의의 실패

제1장에서 우리는 차용인과 대출자의 상호 책임에 대해 살펴보았다. 차용인과 대출자 사이의 경제 정의에 대한 성경적 교훈은 오늘날 우리가 적용해야 할 규범과 원칙이 매우 중요하다는 것을 보여 준다. 차용인은 대출금을 상환해야 할 책임이 있다. 대출자는 차용인을 자비와 존엄으로 대해야 할 책임이 있다. 부채로 인해 평생 노예 상태로 살지 않고 부담스러운 부채로부터 해방되어야 하는 근본 원칙이 있다. 이것이 희망의 원칙이다.

21세기 세계 특히 서구 세계는 사회·경제적 상황이 구약성경의 시대와 매우 다르다. 그런데도 앞 장에서 논한 바와 같이, 하나님이 주신 기본 규범과 원칙은 여전히 우리의 상황에 적용할 수 있다.

현대 상황을 고려할 때 대출과 차용의 관계적 차원을 이해하는 것이 매우 중요하다. 현대의 일부 은행들은 개인이나 가정과 비교하면 그 규모가 거대하지만, 여전히 성경의 원칙이 적용될 수 있어야 한다. 우리는 하나님이 만드신 도덕적 우주에 살고 있다. 또한, 이 핵심 사항을 이해함으로써 우리는 은행과 금융 기관이 단순히 돈을 벌기 위해서 존재한다는 생각을 비판할 수 있다.

은행을 포함한 모든 기업은 그들이 인정하든 안 하든 상관없이 하나님 앞에서 도덕적인 책임이 있다. 비록 일부 금융 기관의 경영자들이 이익을 극대화하는 데만 관심이 있다고 하더라도 그들에게는 여전히 도덕적 책임이 있다. 그리고 하나님은 언젠가 우리가 어떻게 그 책임을 수행했는가에 대해 평가하실 것이다.

'과도한' 대출과 차용이 있을 때 어떤 일이 발생하는가?

누구에게 도덕적 책임이 있는가?

'과도한' 대출과 차용이란 무엇인가?

누가 과도하다고 말할 수 있는가?

어느 정도가 과도한지에 대해 어떻게 미리 알 수 있는가?

마지막으로, 부채에 대한 부담이 너무 커져 사람들이 상환할 수 없게 되면 어떻게 해야 하는가?

이것들은 우리가 반드시 고려해야 할 매우 중요한 질문들이다. 저명한 경제학자 존 메이너드 케인즈(John Maynard Keynes)는 이렇게 말한 바 있다.

> 당신이 은행에 100파운드를 빚진다면 문제가 생길 것이다. 만약 당신이 은행에 백만 파운드의 부채가 있다면 심각한 문제가 발생할 것이다.

「이코노미스트」(The Economist)라는 신문은 여기에 다음과 같은 문장을 추가했다.

> 당신이 은행에 10억 파운드의 빚이 있다면 모든 사람에게서 문제가 발생할 것이다.[2]

물론 이러한 문제는 누군가가 빚이 얼마이든지 그 빚을 상환하기 위해 고군분투할 때만 발생한다. 이 문제는 사전에 예측될 수도 있지만 그렇지 않을 수도 있다. 2007-8년에 시작된 금융 위기의 경우, 위기가 발생하기 몇 년 전에 소위 '비우량 주택 담보 대출'(sub-prime lending)에 금융 기관들이 대규모로 참여했다.[3]

은행은 잠재적인 차용인이 대출금을 상환할 능력이 있는가를 확인해야 할 책임이 있다(앞서 언급한 것과 마찬가지로 차용인도 여기에 책임이 있다). 적어도 원칙적으로는 은행이 지나치게 빌려주지 않아야 한다. 그러나 많은 경우에 이 원칙이 지켜지지 않고 있다. 따라서 '원칙'은 추가적인 검토가 필요하다. 우리가 과도한 대출, 차입 및 부채에 대해 우리가 고려해야 할 많은 문제가 남아 있다.

1) 대출 기관이 위험을 평가하는 방법: 이 정보를 어떻게 사용하는가?

먼저, 모든 대출에는 위험이 따른다. 만약 B가 상환을 약속하면서 A로부터 차용을 시도한다면 자동으로 이 관계에는 필연적으로 미래의 관계가 형성된다. 그러나 필멸의 존재인 인간은 누구도 미래를 알지 못한다. 만약 A가 은행이면 평가해 봐야 할 대출이 많이 있을 것이다. 그 가운데 일부는 미래의 위험도가 매우 높을 수도 있고, 다른 사람들은 낮을 수도 있다.[4] 종종 특정 차용인에게 부과되는 이자율에는 어느 정도의 위험(리스크 프리미엄: 위험에 대한 최소한의 수용 의지-역자 주)이 반영되어 있다.

따라서 이들에게는 다른 차용인보다 더 높은 이자를 부과한다. 그리고 주택 담보 대출과 같은 일부 대출의 경우 대출 기관은 '담보'를 갖고 있다. 차용인이 상환하지 않으면 대출 기관은 '보안 자산'(예를 들어, 주택 자체)을 취할 권한이 있다. 이러한 '담보 대출'은 대출 기관의 전반적인 위험을 줄이는 데 도움이 된다.

은행 A는 일반적으로 전체적인 최대 위험도의 수준에 따라 운영된다. 잠재적 차용인 C가 최대 위험도보다 높은 위험이 존재하는 경우 A는 C에게 대출을 제공하지 않는 것이다(이 위험에는 잠재적 차용인의 수입, 지위, 연령 등 다양한 변수들이 포함된다).

위의 모든 사항을 염두에 두고 본다면, 어떤 위험도('0' 이상)가 '과도한 것'이라고 말하는 것은 어리석은 일이다.

그렇다면 '과도한' 위험은 무엇인가?

2) '과도한' 위험

은행 A와 같은 대출 기관이 진행하는 합리적인 방법은 위험도를 평가한 결과가 최대 임계치(maximum threshold) 미만인 경우에만 대출하는 것이다(리스크 프리미엄에 따라 더 높은 이율이 부과되더라도 여전히 대출 기관이 허용할 수 있는 위험도의 임계 값이 있다). 이것은 대출 기관과 잠재적 차용인 모두에게 합리적이다. 그러나 이미 언급했듯이 대출 기관은 매우 위험한 것으로 보이는 대출을 제공하기도 한다. 2007년 이전의 '서브 프라임' 대출이 그 대표적이지만, 그 밖에도 많은 사례가 있다.

따라서 '과도한' 위험은 상당수의 차용인이 상환할 수 없을 가능성이 매우 큰 위험을 말한다. 대출 기관은 '실제적'이고 '중요한' 항목들을 수치적(통계적)으로 측정 가능한 방식으로 운영해야 한다. 금융 기관을 감시하는 정부의 규제 당국도 금융 기관들이 이와 같은 규정을 실행하고 있을 것으로 가정하고 감시하고 있다. 그러나 규제 기관의 역할과 관계없이 대출 기관은 여전히 도덕적 책임이 있다. 실제로 대출 기관들이 최대 위험 임계치(the threshold maximum level of risk)를 완화(즉 증가)시키는 경우가 있다. 이것은 일부 대출 기관들이 위험도를 증가시킨다는 것을 의미한다.

예를 들어 은행 'D'는 더 높은 위험을 감수할 수 있다고 생각할 수 있다. 다시 말하면 연체나 '악성 부채'를 다루기 위한 전략과 재정적 여유가 있다고 판단할 수 있다. 그런 의미에서 은행 'D'는 적절한 결정을 했다고 간주할 수 있다.

그러나 차용인은 어떤가?

이것은 매우 중대한 질문이다. 은행 'D'가 차용인이 매우 큰 위험에 처할 수 있다는 것을 알면서도 그에게 대출해 주면 이 은행은 관계적 책임을 다하지 못한 결과를 초래할 수 있다. 이것은 다음의 주제와 관련이 있다.

3) 강력한 대출 기관과 약한 차용인: 중대한 책임

앞서 보았듯이, 차용인은 부채를 상환해야 할 책임이 있다. 이것은 성경적으로도 확고한 근거가 있다. 차용인은 자신의 경제적 상황을 매우 신중하게 고려하여 대출을 받아야 하는 책임이 있다.[5] '긴급 대출'(emergency loans)의 경우는 다른 범주에 속하며, 이 문제는 다음의 주요 항목에서 다룰 것이다.

따라서 내가 대출 기관에 책임이 있다고 말하는 것은 차용인의 책임을 간과하는 것이 아니라 둘 다 책임이 있다는 것이다.

왜 그런가?

도덕적 관점에서 볼 때 더 큰 권력에는 더 큰 책임이 따른다. 대출 기관이 차용인보다 더 큰 권력을 갖고 있다면 대출자-차용인 관계에도 이 도덕성의 원리가 적용될 수 있다.

대형 대출 기관들이 '대출 특가 상품'이나 '당신의 모든 필요를 채워주는 대출' 등의 상품 홍보 행사를 벌일 때 그들은 이것이 무엇을 뜻하는지를 잘 알고 있다. 그리고 만약 그들이 위험 임계치에 근접하거나 넘어서는 대출을 남발하고 있다면 결코 이것이 어떤 결과를 초래할 수 있는지에 대해 몰랐다고 말할 수 없을 것이다. 대다수의 대출 기관은 일정 부분의 '악성 대출'을 감당할 수 있다.

그러나 차용인에게 '악성 부채'는 단순한 통계나 수치가 아니라 인생 전체가 달린 문제이다. 부채 문제는 개인과 가족을 심각한 위기에 처하게 한다. 이 문제는 가족 관계, 고용, 스트레스 그리고 건강에 심각한 영향을 미친다. 대출 기관은 차용인과 계약 관계를 맺고 있고, 대출 기관이 그 관계에서 권력의 우위를 차지하고 있으므로 회피할 수 없는 책임을 갖고 있다.

만약 내가 다른 사람과 관련하여 권력의 위치에 있다면 그 권력을 행사하는 방법에 주의를 기울여야 한다. 이것이 권력을 가진 자의 도덕적 책임이다. 따라서 강력한 권력을 가진 대출 기관이 과도한 위험이 있는 대출을 하는 경우에 잠재적인 차용인을 적절하게 대하지 않고 자신의 권한을 잘못 사용하는 것이다. 이런 식으로 누군가를 잘못 다루는 것은 경제 정의에 부합하지 않다. 다시 말해, 그 대출 기관은 불의한 행동을 하는 것이다. 이러한 대출 기관이 광고를 활용하여 사람들이 대출을 받도록 설득하고 있다면 광고도 문제가 될 수 있다.

우리는 상품과 서비스에 대한 광고에 익숙해 있다. 어떤 의미에서 우리는 소비자로서 광고를 보는 것으로 생산자에 우리에게 영향을 미치도록 암묵적으로 동조하고 있다. 그러나 대출과 관련하여 광고의 위험은 훨씬 더 크다. 만약 대출이 과도한 위험과 관련이 있다면, 대출을 받는 사람은 자신과 자신의 인생 전체를 잠재적으로 위험에 빠뜨리고 있다.

따라서 고의로 사람들이 그러한 위험을 감수하도록 유혹하는 것은 매우 무책임한 일이다. 대출 기관은 변명의 여지가 없다. 과도한 위험이 있는 대출 광고는 대출 기관의 불공정 행위가 추가될 뿐이다.

4) 대출 확대: 더 넓은 거시 경제적 맥락

과도한 대출은 개인과 가족 차원에서뿐만 아니라 더 넓은 거시 경제적 맥락과도 관련이 있다. 따라서 간단한 경제 분석이 필요하다. 우리가 대출자와 차용인을 시장으로 생각한다면 수요와 공급의 측면을 이해하는 것이 중요하다. 대출업자와 차용인의 경우 수요와 공급은 곧 돈이다. 정확하게 말하면, 이 돈은 '대출 자금'(loanable funds)이라고 할 수 있다. 즉, 이 돈은 대출 기관이 빌려줄 수 있는 대출 자금이다. 그리고 대출 자금은 차용인이 얻고자 하는 것이다. 따라서 우리는 어떤 요인이 대출의 수요와 공급에 영향을 미치는지 알아야 한다.

만약 합리적으로 작동되는 시장이라면, 어떤 시장이라도 수요와 공급은 모든 참여자에게 어느 정도 동등한 혜택이 주어진다. 결국, 차용인은 은행으로부터 "죄송합니다. 주택 담보 대출 자금이 부족합니다"라는 말을 듣고 싶어 하지는 않는다. 그리고 대출 기관은 많은 수익을 기대할 수 없는 여분의 현금을 보유하고 싶어 하지 않는다. 그들은 이자 수익을 극대화하기 위해 최대한 많은 자금을 빌려주는 것을 선호한다.

실제로 대출 기관들은 예금자에게 이자를 지급해야 하므로 이 자금 중에 대출해 주지 않았거나 적정한 미래 수익을 위해 투자하지 않았다면, 대출 기관들은 이 자금으로 손실을 보게 된다.

모든 시장에서 수요와 공급이 일치하도록 돕는 장치가 바로 가격의 상승과 하락을 조정하는 능력이다. 예를 들어 사과 시장의 경우 풍작으로 인해 공급 과잉이 발생하면 사과의 가격이 하락하고 소비자는 저렴해진 사과를 예전보다 더 많이 구매할 가능성이 커진다.

그렇다면 대출 자금에서의 '가격'은 무엇인가?

해당 자금에 대한 '이자율'이다. 사실상 이자율은 누군가가 대출을 받는 대가로 지불하는 가격 또는 가격의 일부이다. 또한, 대출의 대가로 대출 기관이 받는 가격이기도 하다. 따라서 대출 시장에서 핵심 요소는 바로 이자율이다. 만약 대출 시장에 자금의 과잉 공급이 발생한다면 대출 기관은 수요자를 확보하기 위해 상대적으로 낮은 이자율을 제시할 것이다.

이것이 '과도한' 위험의 가능성과 어떤 관련이 있는가?

적어도 때에 따라 매우 큰 관련이 있다. 거시경제 차원에서 대출 자금이 많이 증가했다고 가정해 보자. 다시 말해 수입이 증가하고 지출이 감소하여 저축이 많이 증가한 것이다. 이러한 상황에서 저축(대출 가능한 자금)의 일부가 은행에 예치된다.

이 경우 은행은 이러한 추가 자금을 빌려주고자 한다.

그러나 그들이 누구에게 빌려주겠는가?

저축이 많아지기 전에는 수요와 공급이 균형을 이루었던 상황에서 추가 공급이 발생하면 어디에서 추가 수요를 찾겠는가?

개인이나 기업이 돈을 더 많이 빌리도록 어떻게 유도하겠는가?

이와 같은 상황에서는 평균 이자율이 낮아질 수밖에 없다. 수요의 증가에 도움이 되기 때문이다. 그러나 이러한 현상에 대해 좀 더 살펴볼 필요가 있다. 특히 누가 대출 시장의 과잉 자본을 빌리는 사람들인지를 파악해야 한다. 그리고 특히 대출 자금의 규모가 크게 증가했을 때는 대출 기관이 매우 낮은 단기 금리로 고위험 차용인들에게 대출할 가능성이 크다는 것이다. 이자율(가격)이 인하되지 않으면 이 범주의 사람들은 추가 대출이 불가능하기 때문이다. 다시 말해 금융 기관은 저신용자를 선택하여 돈을 빌려주는 것이다. 이것이 바로 2007-8년에 시작된 금융 위기로 이어졌다. 다음은 내가 2010년에 쓴 글이다.

> 근본적으로, 21세기가 시작되면서 미국을 비롯한 서구 세계의 경제는 벌어들인 것보다 훨씬 더 많은 지출을 해 왔다. 정부뿐만 아니라 개인과 기업도 돈을 빌리고 있다. 따라서 미국은 특히 대외 무역에서 막대한 적자를 면하지 못하고 있다.
>
> 어디서 이 자금을 조달해 왔는가?
>
> 그 답은 중국과 이른바 '경제 신흥국'들이다. 중국과 경제 신흥국들은 외환 보유금 특히 미국 달러 형태의 준비금을 매우 큰 규모로 축적해 왔다. 다시 말해, 그들은 엄청난 규모의 외환을 저축해 온 것이다. 이와 같은 '과잉' 저축이 서구에서 비우량 주택 담보 대출과 금융 거품(financial bubbles)이라는 두 가지의 결과를 초래한 것이다. 이들은 서로 밀접한 관계가 있다. 비우량 주택 담보 대출의 매력 중 하나는 주택 가격이 상승할 때는 대출(융자)의 위

험도가 낮다는 것이다. 주택은 항상 가격이 상승해 왔기 때문에 주택 담보 대출금의 상환은 큰 문제가 되지 않았다. 그러므로 서구 국가들의 비우량 주택 담보 대출과 금융 거품은 세계 경제의 불균형에서 비롯된 것으로 이해할 수 있다. 이 설명이 이제 널리 받아들여지고 있다.[6]

세계 경제의 일반적 특성에 대한 이 모든 분석의 핵심은 무엇인가?

그것은 바로 개별적인 대출 기관이 거시 경제적 상황에 크게 영향을 받을 수 있다는 것이다. 그들의 결정은 진공 상태에서 이루어지는 것이 아니다. 그들은 더 넓은 시장 경제의 영향을 받고 있다. 예를 들어 은행에 잉여 자금이 있을 때 빌려주지 않으면 해당 자금으로 손실을 볼 수 있다. 은행으로서는 분명히 분명히 심각한 문제가 아닐 수 없다. 따라서 우리는 과도한 위험이 따르는 대출과 관련하여 어떤 일이 발생하는지를 생각할 때 더 넓은 상황을 이해해야 한다.

그런데도 상황을 이해하는 것이 무모한 행동을 용납하는 것은 아니다. 오히려 그것과는 거리가 멀다. 앞서 언급한 대출 기관과 차용인의 도덕적 책임은 여전히 적용되어야 한다. 그리고 권력을 가진 대규모의 금융 기관일수록 더 큰 책임을 져야 한다. 따라서 21세기 초반에 특히 미국의 비우량 주택 담보 대출과 관련하여 이 상품을 홍보하고 제공한 사람들에는 더 큰 도덕적 책임이 따른다. 가계를 심각한 부채 문제로 몰아넣는 과도하게 위험한 대출은 근본적으로 대출 기관의 도덕적 해이에 기인한 것이다.

앞서 말했듯이, 차용인에게도 책임이 있다. 그러나 더 큰 책임은 대출을 권장하고 제공하는 사람들에게 있다. 대출 기관과 차용인의 관계를 경제 정의의 관점에서 볼 때 이러한 방식으로 과도한 위험을 빌려주는 것은 불의한 것이다.

5) 부담스러운 부채: 해방과 희망의 원리

마지막으로, 우리는 누군가의 빚이 부담될 때 어떻게 해야 하는지에 대한 중요한 질문에 도달했다. 우리는 지금까지 과도한 대출과 차용, 거시 경제적 배경, 대출 기관과 차용인의 책임 그리고 거대한 대출 기관의 과도한 대출의 불공정 문제와 그 이유 등에 대해 살펴보았다. 그러나 이 모든 것을 고려한 결과, 부채가 부담될 때 해야 할 일에 대한 문제에 직면해야 한다. 이 문제와 관련하여 성경은 우리에게 해방과 희망의 강력한 메시지를 들려주고 있다.

채무를 면제해 주는 것은 대출 기관에 매우 큰 부담을 주는 것이다. 내가 당신에게 50파운드를 빌려주었는데 당신이 이 돈을 갚지 못하여 내가 면제해 주면 나는 50파운드의 손실을 보게 된다. 돈을 빌려준 사람이 손실이 발생한 전액을 흡수해야 한다(이것은 예를 들어 마태복음 6:11에 기록된 주님의 기도와 같이 부채의 면제가 죄의 용서에 대한 강력한 비유가 될 수 있다).

성경은 우리에게 빚의 탕감에 대한 분명한 원칙을 알려 주고 있다. 제1장에서 언급한 바와 같이, 신명기 15:1-11을 참조하라. 구약의 이스라엘 사람들에게는 7년마다 부채로부터 해방시켜 주었다.

대출해 준 사람은 그 탕감해 준 비용에 해당하는 손실을 보았지만, 차용인에게는 얼마나 큰 해방의 기쁨이겠는가!

우리는 강력한 해방과 희망의 원칙을 갖고 있다. 차용인은 평생 부채 상환의 문제에 직면할 필요가 없다. 대신 그들은 7년 이내에 다가올 확실하게 보장된 해방을 누릴 희망을 품고 있었다. 이 면제는 무조건적이었다. 특정한 유형의 차용인이나 대출 상환을 위한 어떤 '특별한 노력'에 국한되지 않았다. 모든 채무는 7년째 되는 해에 무조건 탕감해 주었다.

21세기의 상황에 이 구약의 법을 문자적으로 적용할 수는 없을 것이다. 그러나 우리는 여기서 사회적 그리고 경제적 원칙을 도출할 수 있다. 그 결과로 우리는 부채로부터의 해방과 삶의 희망을 되찾을 수 있다. 이것은 또한 성경적 정의와 자비의 원칙에도 부합한다.

오늘날의 세계에서 모든 대출이 최대 7년 동안만 이루어져야 한다는 것이 아니다.

이렇게 하면 부동산 담보 대출 시장을 위험에 빠뜨릴 수 있다!

또한, 부동산 담보 대출을 포함한 모든 종류의 부채를 7년마다 면제해 주어야 한다는 것도 아니다. 이러한 정책도 부동산 담보 대출 시장을 파괴할 수 있다. 21세기의 현대 사회는 구약의 법에 구속받지 않는다. 그것은 우리에게 적용되는 원칙이다(It is the principles that apply to us).

그리고 신명기 15장에서 7년마다 부채를 면제해 주었던 것은 상업적인 대출이 아니라 자비로운 대출의 맥락에서 나온 것이었다. 따라서 15년 또는 25년 상환 계약의 주택 담보 대출을 받고 7년 후에 면제받는 것이 경제 정의라고 생각하지 않아야 한다.

성경은 우리에게 정의, 자비, 해방 그리고 희망의 원칙을 보여 주고 있다.

이 원칙을 우리 시대에 어떻게 적용할 수 있는가?

이 원칙이 대출 기관과 차용인에게 어떤 영향을 미칠 수 있는가?

우리는 금융 기관과 관련된 가장 심각한 문제들 가운데 하나인 과도한 대출과 차용의 문제를 살펴보았다. 대출 면제의 원리는 과도한 대출과 차용 혹은 다른 원인의 결과로 발생했는지와 관계없이 대출 기관이 차용인이 부채에 대한 부담으로부터 해방되어야 한다는 것을 인정하는 것을 의미한다.

실제로 이것은 대출 기관과 차용인이 이상적으로 함께 나아가기 위해 한자리에 앉아서 서로 긴밀하게 소통하는 것을 의미한다. 긴밀하게 소통한다는 것은 대출 기관과 차용인 사이의 관계를 말한다. 일부 독자들은 '막강한 권력을 가진 거대한 은행들에서는 결코 일어날 수 없는 일'이라고 대답할 수도 있을 것이다. 그러나 큰 대출 기관도 여전히 내부와 외부 관계를 갖고 있다. 사람이 가장 중요한 요소이기 때문이다. 따라서 차용인이 거대 은행에 대한 부채로 어려움을 겪고 있다면 은행이 이 차용인과 대화할 수 있는 직급에 직원을 배정하는 것은 충분히 가능한 일이다.

어려움에 부닥친 차용인이 앞으로 나아가는 방법에는 최소한 부채의 일부를 면제해 줄 가능성도 포함되어 있어야 한다. 여기에서의 원칙은 해방과 희망이다. 관리와 통제가 불가능한 영구적인 부채 부담은 이 원칙에 어긋나는 것이다.

과도한 대출과 차용 그리고 부채는 경제 정의에 대한 성경적 관점과 뚜렷한 차이가 있다. 그러나 도전은 또한 기회를 가져올 수 있다. 따라서 그리스도인에게는 은행과 금융 기관이 이러한 문제를 처리하는 방식에 변화를 가져오게 할 수 있는 중요한 기회가 있다.

우리는 이제 이 금융 분야에서 두 번째 중요한 과제로 넘어갈 것이다.

3. 경제적 약자에 대한 대우: 고리대금(신용)

이것은 서부 미들랜드 출신의 한 남성이 단기 고리대금과 관련된 자신의 경험을 말한 것이다.

> 다른 대출 기관들이 모두 거절할 때 나에게 대출해 주겠다고 말한 것에 대해 놀랐다. 더 놀란 것은 내가 갚아야 할 돈이 250파운드에서 순식간에 499파운드로 올라갔다는 것이다. 물론 갑자기 더 많은 빚을 지게 되자 문제가 더 악화되었다. 그들은 나 자신을 위해 나를 거절해야 했었다.

이것은 영국 왕립공중보건학회(Royal Society of Public Health)가 2018년도에 발간한 「빚에 허덕이는 삶」(*Life on Debt Row*) 보고서에서 발췌한 하나의 사례이다.[8] 이런 경험에 관한 사례가 매우 많다. 고금리 대출을 받을 수밖에 없는 경제적 약자들은 그들의 결정과 그 결과에 대해 크게 후회한다. '고금기 소액 단기 대출'은 일반적으로 기간이 1개월 미만이기 때문에 '단기'라는 용어가 붙는다.

다음 급여일이 대출을 상환해야 하는 날짜인 것이다. 위에 인용된 사람에게 대출해 준 이 고리대금 업체는 여전히 영업 중이다. 영국에서 악명 높은 고금리 단기 소액 대출 업체인 '웡가'(Wonga)는 2018년 8월에 영업을 중단했다. 그러나 전체적으로 볼 때, 고금리 단기 대출 업체들은 강한 생존력을 갖고 있다.

우리가 이자율이 높은 대출에 대해 살펴볼 때 한 가지 분명한 의문이 제기된다.

만약 비우량 주택 담보 대출이 낮은 이자율로 이루어질 수 있다면 왜 소액 단기 대출과 같은 높은 금리 상품을 선택하는가?

이 질문을 먼저 다룰 필요가 있다. 대답은 본질적으로 대출이 보장되는지 여부와 관련이 있다. 비우량 주택 담보 대출의 경우 부동산(예를 들어, 주택)이라는 담보가 확보되어 있다. 따라서 대출을 상환하지 않는 경우 대출 기관은 그 재산을 통제할 법적 권리를 갖고 있으며 차용인은 그 재산을 잃게 된다. 그러나 고금리 소액 단기 대출의 경우에 대출이 안전하지 않기 때문에 대출 기관은 위험을 감수할 수밖에 없다. 여기서 이 위험을 고금리와 기타 수수료로 충당하는 것이다.

이 고리대금은 깜짝 놀랄 정도로 이자율과 수수료가 높다. 웡가가 거래를 중단하기 3년 전인 2014년 12월 말에 연이율(annual percentage rate, APR)이 1,509퍼센트에 달했다. 공식 규제 기관인 영국 금융감독원(Financial Conduct Authority, FCA)이 고금리 업체의 금리와 수수료 그리고 요금에 대한 상한선을 두기 시작했다. 금융감독원이 개입하기 직전에 웡가의 연이율은 이보다 거의 4배나 높은 5,852퍼센트였다.[9] 금융감독원의 조치 전후에 이 비율은 무서울 정도로 높았다.

금융감독원은 이전에 이자의 한도가 30일 동안 100파운드를 빌려 제시간에 상환하면 24파운드를 초과하지 않을 것이라고 말했다.[10] 이것이 처음에는 별문제가 없는 것처럼 들릴 수 있다. 그러나 여전히 연이율 1,500퍼센트에 해당한다. 그리고 실제로 100파운드를 빌려 30일 이내에 100파운드와 또 다른 24파운드를 갚아야 한다는 것은 매우 비싼 대출이 아닐 수 없다. 그러나 영국의 많은 개인과 가정이 이와 같은 고금리 대출을 이용하고 있다. 그들 가운데 대다수는 저소득층의 경제적 약자다.[11]

이스라엘에 주어진 구약성경의 하나님 법과 오늘날의 관습은 매우 큰 차이가 있다. 구약성경에서 가난한 사람들을 위한 대출에는 이자가 없었다. 오늘날 서구의 가난한 사람들은 다른 사람들보다 훨씬 더 높은 금리를 지불해야 한다. 성경적 경제 정의는 우리가 하나님이 주신 규범과 원칙에 따라 사람들을 적절하게 대우하는 것이다. 여기에는 경제적 약자에 대한 배려가 포함되어야 한다.

21세기의 서구 세계는 이 비전으로부터 너무 멀리 떨어져 있다. 여기에는 두 가지 중요한 사항들이 있다.

첫째, 고금리 대출은 그 심각한 문제에도 불구하고 21세기의 사람들에게 좋든 나쁘든 중요한 자리를 차지하고 있다. 현실이 극도로 만족스럽지 않더라도 우리는 이 현실을 인정해야 한다. 2018년 5월에 영국 금융감독원의 최고 경영자였던 앤드루 베일리(Andrew Bailey)는 다음과 같은 연설을 했다.

> 고금리 대출이 모든 소비자에게 올바른 선택이 될 수는 없다. 소득이 낮거나 불확실하기 때문에 그리고 개인의 상황에 따라 대출이 부적절하거나 감당할 수 없는 경제적 약자 계층이 존재하고 있다. 사회 복지 체계의 일부가 이런 사람들에게 도움을 제공하도록 설계되어 있다.[12]

그러나 그는 또한 다른 소비자 계층에 대해 다음과 같이 언급했다.

> 비록 저소득층이고 재정적으로 취약하지만, 그들은 소액의 대출 상환을 유지할 수 있는 사람이다. 그러나 이런 소비자들은 예상치 못한 수입 또는 지출의 변화에 대한 요구에 매우 민감할 수밖에 없다. 예를 들어 갑작스러운 통지로 생활 방식에 큰 변화를 가져올 수밖에 없을 정도로 취약하다는 것이다.[13]

베일리는 이러한 소비자에 대한 대출은 채무불이행의 위험 때문에 특히 비용이 많이 든다고 언급했다. 그는 다음과 같이 말했다.

> 금융감독원의 관점은 대출 제공이 사회적으로 가치 있는 기능을 수행할 수 있다는 것이다. 고금리 대출 사용자는 일반적으로 신용 점수가 낮고 저축한 돈도 거의 없지만 생계를 유지하거나 채무불이행과 같은 재정적 어려움을 피하고자 고금리 대출을 받을 수밖에 없다. 그들은 또한 생활필수품을 구매하거나 각종 공과금을 내는 것조차도 어려움을 겪고 있다. 소비자에게 일시적인 상환 문제가 있는 경우 적절한 관용의 혜택을 누릴 수 있어야 한다.[14]

이 주장의 논리를 반박하기는 어렵다. 위험과 비용의 부담에도 불구하고 고금리 대출은 사람들의 삶의 일부가 되어 있다. 그리고 이러한 고금리 대출에 접근할 수 없다면 어떤 사람들은 일정 기간 기본적인 가전제품도 없이 살아야 할 정도로 더 심각한 위기에 처하기도 한다.

그러나 우리는 이 두 가지의 핵심 사항에 대해 균형 잡힌 관점을 가져야 한다. '시장 원리'(market force)는 결코 정의롭고 자비로운 결과를 제공하지 않는다는 것이다. 여기서 주목해야 할 것은 구약성경의 무이자 대출은 상업적 목적이 아니라 자비에 근거를 두고 있다는 사실이다. 신명기 15:7-8은 다음과 같이 기록하고 있다.

> 네 하나님 여호와께서 네게 주신 땅 어느 성읍에서든지 가난한 형제가 너와 함께 거주하거든 그 가난한 형제에게 네 마음을 완악하게 하지 말며 네 손을 움켜쥐지 말고 반드시 네 손을 그에게 펴서 그에게 필요한 대로 쓸 것을 넉넉히 꾸어주라(신 15:7-8).

가난한 사람들에 대한 무이자 대출은 구약성경에 세 번 언급되어 있다(출 22:25; 레 25:35-38; 신 23:19-20). 레위기의 무이자 대출 명령은 이스라엘 백성들이 하나님으로부터 구출되기 전에 이집트의 노예로서 겪었던 곤경을 상기시켜 주었다.

> 네 형제가 가난하게 되어 빈손으로 네 곁에 있거든 너는 그를 도와 거류민이나 동거인처럼 너와 함께 생활하게 하되 너는 그에게 이자를 받지 말고 네 하나님을 경외하여 네 형제로 너와 함께 생활하게 할 것인즉 너는 그에게 이자를 위하여 돈을 꾸어주지 말고 이익을 위하여 네 양식을 꾸어주지 말라 나는 너희의 하나님이 되며 또 가나안 땅을 너희에게 주려고 애굽 땅에서 너희를 인도하여 낸 너희의 하나님 여호와이니라(레 25:35-38).

무이자 대출의 목적이 가난한 사람을 돕는 것이었다. 여기에는 주님의 자비로우심으로 애굽에서 구출되기 전에 자신들이 처했던 곤경에 대한 회상이 그 동기에 포함되어 있다. 제4장에서 우리는 오늘날의 우리 교회 공동체가 가난하고 소외된 사람들에게 손을 내밀어주는 원칙을 실천해야 한다는 것을 알게 되었다. 그 장에서 우리는 교회 공동체의 구성원들과 지역 사회의 주민들을 도와야 한다는 것에 대해서도 다루었다.

그러나 이 자비와 긍휼의 원칙이 어떻게 '시장'의 저소득층의 사람들에게 전체적으로 적용될 수 있겠는가?

내가 지금 이윤을 추구하는 금융 기관이 경제적 약자들에게 자비로운 대출을 해야 한다고 주장하고 있는가?

누군가는 해야 한다. 이것이 핵심이다. 하나님의 규범과 원칙은 변하지 않는다. 모든 지역 사회의 경제 정의에는 가난한 사람들에 대한 특별한 관심이 포함되어야 한다. 자비로운 대출이 이 특별한 관심의 일부이다. 반드시 무이자일 필요는 없지만, 긍휼과 자비를 근거로 주어져야 한다. 낮은 이자나 무이자 대출이 여기에 해당할 수 있다.

따라서 시장의 역량만으로는 경제적 약자들에게 저금리 또는 무이자 대출을 제공할 수는 없을 것이다. 따라서 다른 방법이 필요하다. 사회적으로 주도적인 기업들은 매우 큰 잠재력이 있고, 의미 있는 사례들도 많이 있다. 영국과 아일랜드에서는 신용조합이 좋은 모델을 제시하고 있다. 이들은 본질적으로 저축과 대출을 위한 공동체이다. 이 조합의 회원들은 시장보다 상대적으로 낮은 이자 수익을 보장받지만, 저금리의 대출을 받을 수 있는 장점이 있다.

둘째, 주로 비서구 세계에서 실행되는 '소액 대출'(microfinance) 제도에서 찾아볼 수 있다. 투자자는 소액 금융 기관(또는 은행)에 낮은 이자율로 예금하여 시중 은행이나 금융 기관에 접근할 수 없는 경제적 약자들의 공동체를 지원하는 차원에서 이 자금을 사용한다. 제4장에서 언급한 바와 같이, 가난한 자영업 종사자들을 위한 소액의 장기 저금리 신용 대출 은행인 방글라데시의 그라민은행이 하나의 사례가 될 수 있다.[15]

그러나 영국에서는 신용조합의 규모가 저소득층의 대출 수요보다 훨씬 작다. 이것은 현실 사회에서 고금리 대출이 얼마나 보편화되어 있는지를 잘 보여 준다. 따라서 사회가 주도하는 저소득층의 경제적 약자를 위한 대안적 신용 제도들이 더 활성화되어야 할 필요가 있다. 영국 금융감독원도 이것을 적극적으로 권장하고 있다.

그렇다면 주류 사회의 은행과 금융 기관에서 영향력을 발휘할 수 있는 지위에 있는 그리스도인이 대안적 은행의 설립과 저금리 대출 제도의 활성화에 어떻게 기여할 수 있겠는가?

상업적 목적이 아닌 자비와 긍휼의 정신에 입각한 제도이기 때문에 이윤이 충분하지 않을 것이다. 그러나 경제적 약자를 위한 저금리 대출 시장은 주택 담보 대출 시장이나 기업 대출 혹은 다른 여러 상업적 대출 시장과 비교하면 그 규모가 크지 않다.

따라서 이 분야가 은행이나 금융 기관에 심각한 손해를 끼치는 것은 아니다. 그렇지만 현실적인 상황은 다르다. 그러나 더 넓은 차원의 이해 관계자들과 사회에 대한 대기업의 책임에 대한 인식이 높아지고 있다. 그러므로 그리스도인이나 누구든지 이 사안에 대해 적극적으로 검토해 볼 필요가 있다.

이와 같은 시도는 결코 손실이 아니라는 사실을 기억해야 한다. 저금리 신용 대출로 인해 발생하는 손실을 다른 대출 상품의 수익으로 보전하는 것이 아니다. 그 대신 일반 금융 시장의 예금 이자보다 낮은 이자율을 적용하는 것이 이 사업의 특징이다. 다시 말해, 사회의 재정적 필요를 충족하기 위해 투자하는 것은 투자자의 의지에 달린 것이다.

1) 저비용 신용과 '소비자'

나는 중요한 주의 사항을 언급하는 것으로 이 항목을 마무리하고자 한다. 앞서 영국 금융감독원의 최고 경영자가 여러 번 '소비자'라는 용어를 언급했다. 예를 들어 그는 소비자에게 일시적인 상환 문제가 있는 경우 적절한 관용의 혜택을 누릴 수 있어야 한다고 말했다.

그의 취지를 고려할 때 그가 이 용어를 사용한 것은 매우 적절한 선택이었다. 그러나 여기서 그가 언급한 소비자에게 '관용의 혜택'을 베푸는 것은 저비용 신용의 목표가 아니다. 대신 경제적 약자들이 더 강한 지위에 도달하도록 돕는 것이다. 이 목표는 사람들이 단순히 과거에는 구매할 수 없었던 생활필수품을 확보할 수 있도록 돕는 것이 아니다. 사람들이 빈곤에서 벗어날 수 있도록 돕는 것이 목표이다.

따라서 자비로운 저비용 대출은 오직 경제적 약자를 소득이 더 높아지고 신용도가 높은 사람이 되도록 돕는 광범위한 차원의 지원이 이루어질 때만 의미가 있다. 광범위한 차원의 지원에는 기술 개발, 구직 및 면접 기술과 같은 취업 지원 등이 포함될 수 있다. 이와 같은 맥락에서 심각한 재정적 압박을 받을 때 저비용 대출은 매우 유익한 지원이 될 수 있다. 그러나 미래의 경제적 위기에 대처할 수 있는 구체적인 계획이 없는 가운데 경제적 약자를 돕는 것은 장기적인 차원에서의 근본적인 도움이 되지 않을 수 있다.

저비용의 자비로운 대출은 '개인적'이고 '관계적' 차원을 고려해야 한다. 개인적인 차원에서의 자문과 지원이 없이 단순히 자동화된 대출 절차를 구축하는 것만으로는 충분하지 않다.

가장 절박한 사람들에 대한 고금리 대출의 심각한 사회 문제를 고려할 때, 이 항목은 자비로운 대출과 성경적 교훈의 긴밀한 연관성을 보여 준다. 이러한 대출은 도움이 필요한 사람에게 온정의 손길을 내미는 것이다. 그리스도인은 금융 분야에서 영향력을 발휘하여 이 방법으로 정의를 실천하고 자비를 베풀 수 있는 매우 큰 잠재력이 있다.

4. 거대 금융의 탐욕, 자만 그리고 어리석음

2012년 4월 당시 미국 재무부 장관이었던 티모시 가이스너(Timothy Geithner)는 이렇게 말했다.

> 대부분의 금융 위기는 어리석음, 탐욕, 무모함, 위험 행동 그리고 희망으로 인해 발생한다.[17]

대규모 금융 위기를 촉발한 리먼 브라더스(Lehman Brothers)가 파산한 지 10년이 지난 2018년에 영국 최대 금융 기관의 경제학자였던 루시 오캐롤(Lucy O'Carroll)은 다음과 같이 기록했다.

> 창업가들의 낙관주의적 편견이 때로는 긍정적인 결과를 가져오기도 했다. 그들은 위험에 대한 상당한 담력을 가질 필요가 있었다. 그 가운데 많은 사업이 성공적으로 재화나 서비스를 제공했고 과도한 부채 문제를 겪지 않았기 때문에 살아남을 수 있었다. 그러나 그중 일부는 몰락했고, 그들의 낙관주의는 그리스 신화에 나오는 비극에서 신들의 분노를 유발하는 지나친 자신감 즉 자만심일 수도 있었다. 하지만 거대 금융 기관들의 자만심은 모든 고객의 상상을 초월한다.[18]

많은 세속적 저술가가 탐욕, 자만, 교만 그리고 어리석음이 금융 위기를 초래하는 원인이었다고 논평했다. 그래서 이것은 그리스도인만의 분석 결과는 아니다.

그런데 왜 이런 식의 사고방식이 기업 경영의 세계 특히 금융 분야에서 만연할 수 있는가?

제5장에서 나는 금융 분야뿐만 아니라 기업 임원들의 탐욕에 대해 간략하게 언급했다. 이제 이 장의 마지막 부분에서 나는 이 문제에 대해 조금 더 주의를 기울여 살펴볼 것이다.

나의 목표는 이러한 태도에 대해 설교하는 것이 아니다. 먼저 성경의 관점에서 탐욕과 교만이 어떻게 정의의 실천을 가로막을 수 있는지를 살펴보고, 그 후에 은행과 금융 기관들에서 일하는 그리스도인이 정의를 실천하고자 할 때 탐욕과 자만 그리고 어리석음에 대한 성찰이 일어나도록 돕고자 하는 것이 내 목표이다.

1) 용어 정의

먼저 우리가 사용하는 용어들의 분명한 뜻을 이해해야 한다. 돈과 부에 대한 '탐욕'은 더 많은 것에 대한 과도하거나 통제되지 않은 욕망을 의미한다.[19] 그러므로 탐욕은 항상 더 많은 것을 갖고 싶어 하는 내적인 태도와 사고방식을 포함한다. 돈과 부의 맥락에서 경제적 탐욕은 더 많은 돈과 부를 향한 억제되지 않은 욕망을 의미한다. 이 정의는 탐욕에 대한 성경의 가르침과도 일치한다.[20]

'자만'은 교만과 허영심을 뜻한다. 그리고 자만심은 훨씬 더 강한 형태의 자존심인 일종의 오만한 자존심을 말한다(앞서 언급한 오캐롤의 인용문에서 그리스 비극에서 신들의 자만심을 언급한 바 있다). C. S. 루이스(C. S. Lewis)는 다음과 같이 표현했다.

> 세상에는 어떤 사람도 자유롭지 못한 악덕이 하나 있다. 세상 모든 사람이 다른 사람에게서 그것을 볼 때 혐오한다. 그리고 그리스도인을 제외하고는 그 악덕을 행하는 중에 자신이 죄를 짓고 있다고 생각하는 사람은 거의 없다. … 내가 말하는 악덕은 자만심 혹은 교만이다.[21]

'어리석음'의 의미에 대해 나는 그 성경적 의미, 특히 잠언의 가르침을 따른다. 그러므로 어리석음은 지능이 낮은 것과는 다르다. 데릭 키드너(Derek Kidner)는 잠언에 대한 그의 주석에서 어리석음에 대해 다음과 같이 설명한 바 있다.

> 어리석은 자는 끈질긴 인내로 지혜를 얻어야 할 필요를 전혀 느끼지 못한다. 그는 지혜를 추구하지 않는다. 그의 문제는 정신적인 것이 아니라 영적이다. 그는 자신의 어리석음을 좋아한다. 그가 거부하는 것은 주님에 대한 두려움(신성한 경외심)이다. 사회에서 어리석음은 한마디로 위협이다 ···.[22]

2) 탐욕, 자만 그리고 어리석음에 대한 이해

내가 보기에 세속적인 저술가들은 적어도 어떤 합리적인 깊이까지 이런 행동을 이해하려고 노력하는 것 같다. 사람들은 이렇게 말하곤 한다.
"탐욕은 너무 비이성적이야!"
"그렇게 잘난 척하는 건 바보 같은 짓이야!"
"어리석음은 ··· 글쎄 ··· 바보스러움의 극치이지."
그런데 왜 사람들은 이런 식으로 '비이성적'이고 '어리석은' 행동을 하는가? 이런 행동을 어떻게 설명할 수 있는가?
결국, 거대 금융 기관의 정상에 오르는 사람들은 이와 같은 비이성적인 행동을 함으로써 진정한 의미의 정상에 도달하지 못한다. 런던경제대학(London School of Economics)의 대표적 경제학자인 리처드 레이어드(Richard Layard) 교수는 이렇게 주장했다.

> 탐욕은 끝없는 욕망이며, 비합리적이고 자기 비하적인 것이다.[23]

> 우리는 물론 사람들을 질투와 탐욕으로부터 멀어지도록 교육해야 한다. 둘 다 행복에 도움이 되지 않기 때문이다.[24]

그러나 이 접근법은 문제의 핵심을 간과할 수 있는 위험이 있다. 레이어드는 수천 년 동안 계속된 경제적 탐욕의 문제를 해결하는 데 교육의 힘을 과신하는 것으로 보인다. 사람들은 탐욕을 좋아한다. 사람들은 더 많은 것을 갖고 싶어 한다. 이것이 현실이다. 탐욕을 버릴 것에 대해 교육한다면 사람들이 호의적으로 받아들일 가능성은 그리 크지 않다.

교만, 자만 그리고 어리석음도 거의 같은 맥락에서 이해할 수 있다. 실제로, 경제학자인 오캐롤은 낙관론에 찬성하는 어떤 '편견'은 사업을 성공적으로 이끌어가는 데 필수적이라고 주장한다.

그러나 낙관적 편견이 지나친 낙관주의로 빠졌다고 누가 말할 수 있는가? 뒤늦게라도 깨닫는 것은 훌륭한 일이다. 그러나 사람들은 사태가 참담해진 후에야 비로소 "내가 교만한 행동을 했다"라고 고백하기도 한다.

탐욕, 자만 그리고 어리석음에 대한 성경의 가르침은 이보다 훨씬 더 깊다. 우선 "모든 탐심을 물리치라"(눅 12:15)라는 말씀에서 예수님이 탐욕을 경계하는 방법에 주목해 보라. 모든 종류의 방법으로 나타날 수 있는 탐욕은 위험하며 우리는 이것을 경계해야 한다. 이것은 단지 비이성적인 것보다 훨씬 더 심각한 것이다. 예수님은 계속해서 이렇게 말씀하셨다.

사람의 생명이 그 소유의 넉넉한 데 있지 아니하니라(눅 12:15).

이 말씀은 우리에게 엄중한 경고가 아닐 수 없다.

성경은 또한 탐욕의 본질을 명백하게 보여 주고 있다. 골로새서 3:5에서 사도 바울은 독자들에게 "땅에 있는 지체를 죽이라"라고 요청했다. 여기에는 우상숭배에 속하는 탐심이 포함되어 있다. 탐심이 우상숭배의 한 형태라는 사실에 놀라지 않을 수 없다. 탐욕스럽다는 것은 곧 우상을 숭배하는 것과 같다. 이는 마태복음 6:24에서 돈을 사랑하는 것에 대한 예수님의 가르침과 매우 밀접하게 연결되어 있다(앞서 언급한 바와 같이, 돈[Money]의 'M'이 대문자로 표기되어 있는데 이는 원문의 '맘몬'[Mammon]에서 유래한 것이다. 돈은 진정한 하나님의 대적이 될 수 있다).

그렇다면 탐욕과 자만 그리고 어리석음에 대해 성경은 어떻게 설명하는가?

이들은 어디에서 온 것인가?

이 같은 행동에 대한 예수님의 가르침은 명확하다. 예를 들어 마가복음 7장에서 예수님은 제자들에게 무엇이 인간을 더럽히는지 혹은 부정하게 만드는지에 대해 가르치셨다. 즉 도덕적 불결함에 대한 것이었다. 그는 인간의 죄악이 단지 외부적인 것 즉 외부에서 들어오는 것 혹은 물리적인 물로 씻거나 제거할 수 있는 것이라는 생각에 반박하고 있다. 예수님은 이렇게 말씀하셨다.

또 이르시되 사람에게서 나오는 그것이 사람을 더럽게 하느니라 속에서 곧 사람의 마음에서 나오는 것은 악한 생각 곧 음란과 도둑질과 살인과 간음과 탐욕과 악독과 속임과 음탕과 질투와 비방과 교만과 우매함이니 이 모든 악한 것이 다 속에서 나와서 사람을 더럽게 하느니라(막 7:20-23).

탐욕과 자만 그리고 어리석음이 이 목록에 올라 있는 것을 확인해 보라. 탐욕과 다른 모든 악폐가 내면으로부터 나오는 것이다. 그러므로 탐욕, 자만 그리고 어리석음은 인간의 내면의 문제이고 죄악이다(마 23:25; 눅 11:39을 보라).

사도 바울은 탐욕을 비롯한 모든 종류의 사악함이 인류가 신을 반란한 결과로 생겨났다고 덧붙인다(롬 1:28-29 참조). 이 모든 것은 타락하고 죄 많은 인간의 불의에서 비롯된 것이다.[25]

성경의 설명은 탐욕과 자만 그리고 어리석음이 타락하고 죄 많은 인간의 마음 깊은 곳에 자리 잡고 있다는 것이다.

이 모든 것이 경제 정의와 무슨 관계가 있는가?

매우 밀접한 관계가 있다. 우리는 이미 성경에 탐욕, 자만 그리고 어리석음이 다른 형태의 사악함과 불의와 관련이 있다는 것을 살펴보았다. 그러나 탐욕과 자만 그리고 어리석음과 불의의 관계는 구약성경의 선지자들에게서 더욱더 명확하게 드러난다. 예를 들어 미가 선지자의 말을 생각해 보자.

그들이 침상에서 죄를 꾀하며 악을 꾸미고 날이 밝으면 그 손에 힘이 있으므로 그것을 행하는 자는 화 있을진저 밭들을 탐하여 빼앗고 집들을 탐하여 차지하니 그들이 남자와 그의 집과 사람과 그의 산업을 강탈하도다 (미 2:1-2).

여기서 미가 선지자가 책망하는 행동에는 음모를 꾸미고, 남의 밭과 집을 빼앗고, 재산을 약탈하고, 사람들을 괴롭히는 것이 포함되어 있다. 이 모든 행위가 불의한 것이다. 그러나 그 동기는 더 많은 것을 원하고 남의 것을 탐내는 탐심에 있다. 이것이 탐욕이다.

예레미야 선지자도 이와 비슷한 예언을 한 바 있다. 예레미야 22:13-19[26]에서 유다 왕 여호야김에게 다음과 같이 말한다.

불의로 그 집을 세우며 부정하게 그 다락방을 지으며 자기의 이웃을 고용하고 그의 품삯을 주지 아니하는 자에게 화 있을진저(렘 22:13).

따라서 이 왕이 행한 경제적 불의는 처음부터 명확했다. 여호야김이 보여 준 동기는 탐욕 즉 더 많은 것을 갖고자 하는 욕망이었다. 이것은 다음과 같은 구절에서 분명하게 설명하고 있다. 15절의 첫 부분을 보라.

네가 남보다 백향목을 더 많이 써서, 집짓기를 경쟁한다고 해서, 네가 더 좋은 왕이 될 수 있겠느냐?(렘 22:15, 새번역).

여기서 "남보다 … 더 많이"에 주목해 보라. 탐욕은 '남들을 능가한다' 혹은 '남들보다 더 잘한다' 등의 경쟁적 특성을 갖고 있다. 따라서 우리는 여기서 자만의 요소도 볼 수 있다. 그리고 여호야김을 끝없는 탐욕의 길로 몰아간 것은 그가 왕으로서의 자만심에 사로잡혀 있었기 때문이었다.

이 부분은 15-16절에서 여호야김과 그의 아버지 요시야 왕과 대조되는 17절에서 끝을 맺는다.

> 그러나 네 두 눈과 마음은 탐욕과 무죄한 피를 흘림과 압박과 포악을 행하려 할 뿐이니라(렘 22:17).

따라서 '이웃을 고용하고 그의 품삯을 주지 않는' 강한 의미의 '탐욕'은 불의와 밀접한 연관성을 갖고 있다(13절). 성경은 탐욕, 교만 그리고 어리석음의 내면적 태도(사고방식)와 경제적 불의의 외형적 행동과의 연관성을 잘 보여 주고 있다.

이 모든 것을 오늘날 세계의 대기업과 다시 연결하기 전에, 위의 모든 문제에 대한 하나님의 궁극적인 해결책이 무엇인지에 대해 우리가 분명히 알아야 할 필요가 있다. 예수 그리스도께서 의와 평강과 희락의 나라인 하나님 나라의 원칙을 갖고 오셨다는 것은 놀라운 소식이 아닐 수 없다(롬 14:17을 보라).

인류의 모든 불의에도 불구하고 하나님이 이 땅에 오셔서 우리에게 다가오셨다. 그리스도께서 십자가에서 우리가 받아야 할 모든 심판과 처벌을 받으신 것은 우리가 감당할 수 없는 놀라운 은혜가 아닐 수 없다. 그의 죽음과 부활로 인해 누구든지 새로운 생명을 얻을 수 있게 된 것이다.

하나님은 우리의 죄를 용서하심으로써 의롭게 여겨주셨고, 의와 평강과 희락 가운데 살아갈 수 있도록 새로운 능력을 주심으로서 삶의 모든 영역에서 우리를 변화시켜 주셨다. 이 모든 것을 오직 예수 그리스도의 죽음이 용서와 의로움 그리고 구원의 유일한 근거가 되었다는 사실을 단순히 믿는 것만으로 얻을 수 있게 된 것이다.

이것이 하나님의 해결책이다. 그가 우리를 그의 세계 어디에 두시든지 우리는 이 영광스러운 좋은 소식을 전할 준비가 되어 있어야 한다. 우리가 은행에서 일하든 슈퍼마켓에서 일하든, 낮은 지위에 있든 높은 지위에 있든, 궁극적으로 믿는 모든 사람의 구원과 변화의 능력은 오직 복음에 있다(롬 1:16).

3) 거대 금융 기관: 탐욕과 교만을 넘어 정의를 실천할 수 있는 잠재력

성경 시대 이후로 인간의 본성은 변하지 않았다. 21세기에도 탐욕, 교만 그리고 어리석음의 내적 태도는 거대 금융 기업에서도 어렵지 않게 찾아볼 수 있다. 우리는 이 항목의 시작 부분에서 이 문제에 대해 다루었다. 따라서 이와 같은 거대 금융 기관에서 일하는 그리스도인은 탐욕과 교만 그리고 어리석음의 징후를 찾는 데 현실을 직시해야 한다. 거대 금융 기업 속에서 그리고 이 조직을 통해서 경제 정의를 실천할 수 있지만, 이러한 타락한 내면의 태도를 간과할 수 없는 것이다.

이 장의 앞부분에서 살펴본 과도한 대출, 차용 그리고 부채와 관련된 문제 그리고 경제적 약자들에 대한 대우에 대해서도 마찬가지이다. 거대한 금융 기관에 종사하는 그리스도인은 이 거대한 문제들에 대해서도 현실적이어야 한다. 그런데도 거대 금융 기관들이 현실적인 문제를 받아들이는 가운데 경제 정의를 실천할 가능성은 여전히 남아 있다. 경제 정의에 대한 성경적 가르침은 모든 조직에서 그리고 모든 단계에서 적용될 수 있다.

예를 들어 이들 조직의 고위직에 있는 그리스도인은 자신의 영향력을 경제 정의에 어떻게 적용할 것인지에 대해 진지하게 생각하고 기도해야 한다. 경제 정의가 반영된 기업 문화를 어떻게 창출할 것인가를 신중히 고려하는 것도 하나의 방법이 될 수 있다. 당신이 이 방법을 채택할 수 있는 지위에 있거나, 적어도 누가 적임자인지 알고 있을 것이다. 기업의 문화는 위로부터 나온다. 경제 정의를 실현할 수 있는 기업 문화를 조성할 기회가 있다.

우리는 그 기회를 잡을 것인가 아니면 내버려 둘 것인가?

우리가 탐욕, 교만 그리고 어리석음의 문제를 방치할 때 기업의 문화는 그 영향을 받을 수밖에 없다. 모든 조직에서 이러한 사고방식은 쉽게 뿌리내릴 수 있다. 고위직에 있는 사람들은 자신의 조직을 신중하게 살펴본 다음 그 영향력을 사용하여 성경적 경제 정의가 반영된 문화를 되찾아야 한다.

예를 들어 기업이 경제적 약자를 대하는 방식을 신중하게 평가할 수 있다. 은행과 금융 기관들이 규모가 커질수록 직접적이든 간접적이든 상관없이 빈곤층을 상대할 가능성이 높아진다. 이 장의 앞부분에서 다룬 웡가(Wonga)의 충격적인 특징 중 하나는 그 기업이 유명한 투자자의 지원을 받

고 있다는 것이다.[27]

　각종 기업과 금융 분야의 세계는 서로 긴밀하게 영향을 주고받고 있다. 그러나 성경적 경제 정의는 항상 경제적 약자를 배려할 것을 요청하고 있다. 그리고 거대 은행과 기업들은 직접적이든 간접적이든 여러 가지 방식으로 그들에게 영향을 미칠 수 있다.

　나는 기업 외부의 대규모 투자자들이 불의하게 행동하거나 그들의 이익만을 추구한다고 말하는 것이 아니다. 기업 내부의 고위 경연진이 경제 정의의 원칙과 규범을 더 중요하게 인식하고 실천하는 문화를 형성하는 것이 훨씬 더 중요한 문제이다.

5. 결론

　이 장의 목표는 사람들이 금융 분야의 몇 가지 주요 과제, 특히 경제 정의와 관련하여 생각할 수 있는 역량을 갖추도록 돕는 것이었다. 나는 이 목표를 성취하기 위한 실제적인 방법들도 제안했다. 그러나 이 책은 결코 설명서나 세부 지침서가 아니다. 성경은 우리에게 경제 정의에 대해 많은 규범과 원칙을 제시하고 있다. 금융 분야에서 연구하고 실천해야 할 과제는 궁극적으로 해당 분야에서 영향을 미치고 있는 사람들에게 주어져 있다.

제7장

더 넓은 사회: 국가와 세계

아모스 선지자는 이렇게 말했다.

네 노랫소리를 내 앞에서 그칠지어다 네 비파 소리도 내가 듣지 아니하리라 오직 정의를 물 같이 공의를 마르지 않는 강 같이 흐르게 할지어다 (암 5:23-24).

1. 서론

사회에서 경제 정의를 실천하는 것은 무엇을 의미하는 것인가?
이 책에서 우리는 소비자로서, 직장에서, 교회 공동체에서 그리고 기업과 금융 기관에서의 관계 속에서 경제 정의를 어떻게 실천할 것인가에 대해 살펴보았다. 이 장에서 우리는 더 나아가 국가적으로나 세계적으로 경제 정의를 어떻게 실천할 것인가에 대해 다룰 것이다. 이 모든 영역에서 나는 경제 생활에서 공의를 행하는 것에 대해 성경이 어떻게 말하는가를 보여 주고자 한다.

여기서 다루어야 할 결정적이고 논란이 되는 몇 가지 문제가 있다.

예를 들어 국가와 세계 경제에 소득과 부의 불평등이 만연해 있지는 않은가?

우리는 절대적 빈곤 혹은 상대적 빈곤에 대해서만 걱정해야 하는가?

더 큰 경제 정의를 실천하기 정부(국가)의 역할은 무엇인가?

자선 단체, 지역 사회 단체, 학교, 사회적 기업 그리고 노동조합 등과 같은 비정부 사회 단체들의 역할은 무엇인가?

세계 전체를 살펴보면, 세계화는 어떤 추세를 보이는가?

세계화가 정의의 실현에 도움이 되는가 아니면 더 많은 불의를 초래하지는 않는가?

이 모든 차원과 제도에서 그리스도인은 어떤 방법으로 경제 정의를 위해 일할 수 있는가?

2. 몇 가지 질문에는 논란의 여지가 있다는 것을 인정하라

무엇보다 이러한 문제 중 일부 논란의 본질에 대해 정직해야 한다. 만약 당신이 온라인 토론방을 운영하고 있다면, '소득과 부의 불평등'과 같은 질문을 주제로 토론해 보라. 아마도 매우 활발한 토론이 일어날 것이다.

이런 주제는 그리스도인과 세상 사람 사이에 논쟁의 여지가 있다. 진보와 보수의 정치적 관점에 따라 전혀 다른 관점을 갖고 있을 수 있고, 매우 심각하면서도 열정적인 토론이 일어날 수 있다. 진보와 보수 진영의 의견이 첨예하게 대립할 수 있다.

일부 그리스도인은 자신이 정치적으로 진보적인 관점을 갖고 있다고 확신하기도 한다. 그들은 이렇게 주장한다.

"하나님은 모든 인간을 동등하게 만드셨다. 오늘날의 소득과 부의 불평등은 끔찍한 잘못이다."

반면에 다른 그리스도인들은 "평등의 본질은 자기 삶의 상황을 개선하려고 시도하는 기회의 평등에 있다"고 확신한다.[1] 이런 확신을 가진 사람들은 일반적으로 어느 정도의 경제적 불평등은 피할 수 없으며, 평등을 강제하는 것 또는 평등을 강요하는 것은 실제로 효과적이지 않으며, 평등을 강요하는 것은 성경보다는 칼 막스(Karl Marx)의 이론에 가깝다고 주장한다.

따라서 반대 견해가 존재할 뿐만 아니라 각각의 관점에 대해 강한 확신에 사로잡혀 있다. 논란의 여지가 많다는 것이다.

정부나 국가가 경제 및 사회 생활에서 얼마나 많은 임무를 수행해야 하는지, 특히 경제 정의에 대해서도 국가의 역할이 얼마나 커야 하는지도 마찬가지이다.

보수와 진보 진영의 사람들이 '경제 정의'가 무엇인지에 대해 동의할 수 있는지는 잠깐 미루어 두자. 진보 진영의 사람들은 일반적으로 정부의 개입을 높여야 한다고 주장하고, 자유 시장 체제가 가장 바람직하다는 견해를 반대한다. 보수 진영에서는 국가 주도의 행동을 불신한다. 이들은 국가 주도의 경제 정책은 개인의 자유를 침해하거나 낭비적이고 비효율적일 수 있다고 주장한다.

빈곤 문제에 대해서도 서로 전혀 다른 견해를 갖고 있다. 보수와 진보 진영 모두 절대적 빈곤은 받아들여질 수 없으며 어떤 식으로든 맞서 싸워야 한다는 데 동의한다. 그러나 한 사회에서 다른 사람들의 소득과 비교했을 때 자신이 부족함을 느끼는 상태인 상대적 빈곤에 대해서는 서로가 동의하지 않는다. 평등과 상대적 빈곤은 서로 밀접한 관련이 있는데 그 이유는 일반적으로 상대적 빈곤이 적을수록 평등이 더 커지기 때문이다.

따라서 이러한 문제는 논란의 여지가 있음을 인정해야 한다. 이것을 무시하는 것은 어리석은 일이다. 그러므로 나는 어느 정도의 긴장을 가지고 이 분야를 다룰 것이다.

3. 추세와 관련된 논쟁

빈곤, 불평등 그리고 평등에 대한 논쟁은 영국과 같은 국가에서 그리고 실제로 전 세계에서 일어나고 있는 실제적인 문제이다. 이 논쟁은 추상적인 관념이나 단순한 개념 문제가 아니다.

2018년 9월에 세계은행(World Bank)은 극심한 빈곤에 처한 전 세계의 인구가 7억3천6백만 명에 달하며, 이들은 하루에 1.9달러 미만으로 살고 있다고 발표한 바 있다.[2] 세계 인구의 10퍼센트 이상을 차지하는 엄청난 수의 사람들이다.[3]

지난 몇 년 동안 이 문제가 개선되어 온 것은 고무적인 일이다. 같은 보도 자료에서, 세계은행의 김용(Yong Kim) 총재는 이렇게 말했다.

지난 25년 동안 10억 명이 넘는 사람이 극심한 빈곤에서 벗어나게 되었습니다. 이 수치는 기록된 역사상 가장 낮은 것입니다.

그러나 7억 3천 9백만 명은 여전히 엄청난 숫자이며, 우리는 여기서 노력을 포기하지 않아야 한다. 성경적 경제 정의는 가난하고 소외된 사람들에 대한 특별한 관심을 요청하고 있다.

평등과 불평등에 대한 추세는 최근 몇 년 동안 점점 더 많은 관심을 불러일으켰다. 프랑스 경제학자 토마스 피케티(Thomas Pketty)가 출판한 책, 『21세기 자본』(Capital in the Twenty-First Century)은 매우 영향력이 있다. 이 책의 영문판은 2014년에 출판되었다.[4]

이 책은 2012년까지의 100년이 넘는 기간 동안의 풍부한 경제 자료를 바탕으로 소득, 부 그리고 자본에 대해 연구한 것이다. 피케티는 1980년 이후부터 특정 국가들에서 소득과 부의 불평등이 크게 증가했다고 주장한다.

피케티에 의하면, 미국에서는 최근 상위 1퍼센트의 소득이 두 배로 급증했다(여기서 '상위' 1퍼센트는 소득이 가장 높은 사람들을 뜻한다). 미국 인구 전체의 소득에서 1980년에 약 8퍼센트를 차지하던 상위 1퍼센트의 소득 비율이 2012년에는 17퍼센트로 증가했다. 즉, 30년에 걸쳐 가장 부유한 사람들이 더 부유해졌을 뿐 아니라 소득에서 차지하는 비율이 두 배 이상 증가한 것이다.[5]

영국의 경우, 2018년도에 발표된 최종 보고서에서 경제정의위원회가 소득과 부의 불평등에 대해 심각한 우려를 표명했다. 그들은 다음을 포함한 몇 가지 주요 사실을 지적했다.

임금과 급여에 해당하는 국민 소득의 장기적인 감소. 1970년대 중반의 영국 은행은 국민 소득에서 '노동 점유율'이 약 70퍼센트를 차지한다고 발표한 바 있다. 현재는 약 55퍼센트이다. … 반면에 금융과 부동산에 대한 수익률은 지속적으로 경제 성장률을 능가함에 따라 이와 같은 자본 소유자에 돌아가는 소득은 증가하고 있다.[6]

영국의 경제정의위원회가 이러한 우려는 영국의 불평등 심화 추세와 무관하지 않다고 주장했다.

최근 몇 년 동안 우리 경제는 성장하고 있지만, 절대다수의 경제적 상황은 10년 전보다 나아지지 않고 있다. … 지난 40여 년 동안 국가 소득 증가의 오직 10퍼센트만이 소득 하위 절반에 해당하는 국민에게 돌아갔을 뿐이다. 반면에 상위 10퍼센트의 부유한 사람들이 국민 소득의 5분의 2에 해당하는 소득을 차지했다. 영국은 소득 면에서 유럽에서 다섯 번째로 불평등한 국가이며 부의 불평등 문제는 훨씬 더 심각하다. 10퍼센트의 인구가 국가 전체의 44퍼센트의 부를 소유하고 있다. 부동산의 가치가 급격히 증가한다는 것은 오늘날의 젊은이들이 감당할 수 없는 주택 시장의 현실이며 그들의 부모보다 더 가난하게 살아갈 수밖에 없다는 것을 의미한다. 영국은 유럽에서 지리적으로 국가와 지역 간의 격차가 큰 가장 불균형한 경제 상태에 처해 있고, 한때 번성했던 많은 지역에서 경제적 쇠퇴를 겪고 있다.[7]

경제정의위원회가 발표한 이 내용을 주의 깊게 살펴보면, 다음 두 가지의 뚜렷한 경향이 나타난다.

첫째, 일부 사람들과 지역의 경제 상황은 수십 년 전과 비교하여 더 나아지지 않았을 뿐만 아니라 더 나빠졌다는 것이다. 이것은 과거와 현재의 소득 수준의 격차를 비교한 것이다.

둘째, 부의 불평등이 증가하고 있다는 것이다. 이는 사람 또는 인구 집단 간의 비교를 통해 나타난 것이다. 여기서 주목해야 할 사실은 이 두 가지 경향이 서로 다르다는 것이다.

경제정의위원회가 그린 그림에 우리는 '빈곤의 악순환'(cycles of deprivation)을 추가할 수 있다. 이 악순환은 개인, 가정, 지역 사회 혹은 특정 지역이 어떤 이유로든 빈곤의 악순환 혹은 매우 낮은 소득의 악순환에 빠지고 있음을 말한다. 다른 사람들이나 지역에서는 소득이 증가하는 반면 이 사람들은 이 빈곤의 악순환에서 벗어날 수 없는 것이다. 예를 들어 과거에 철강 산업으로 번성했으나 몇 년 전에 붕괴된 영국 북동부의 도시를 생각해 보자.

그 후로 지역 주민들의 수입이 줄어들어 그 지역의 다른 산업들도 쇠퇴하기 시작했다. 그 결과로 일부 학교의 교사들이 다른 도시로 떠났다. 아마도 배우자가 실직 상태에 빠지자 이제는 그 지역에서 살아가기 힘들었기 때문일 것이다. 교사들이 떠남으로써 교육의 질이 현저하게 떨어졌다. 따라서 차세대도 영향을 받는 것이다.

이 끔찍한 상황에서 지방 정부는 각종 사업이 중단되고 지역 주민이 떠남에 따라 각종 세금 수입이 감소할 수밖에 없었다. 따라서 지역 사회에 제공하는 공공 서비스의 질이 저하되었다. 이 현상이 지역 전체의 문제를 악화시키는 결과를 가져왔다. 이것이 바로 '빈곤의 악순환'이다. 나는 곧 경제정의위원회가 강조한 소득과 불평등의 최근 추세에 대한 논의로 돌아갈 것이다. 그러나 지금은 무슨 일이 일어나고 있는지에 대해 인정하고 불평등, 빈곤 그리고 경제 정의에서의 국가의 역할과 관련된 심각한 문제를 정직하게 직면해야 할 필요가 있다.

4. 경제 정의에 대한 성경적 해답은 무엇인가?

나는 경제 정의에 대한 성경적 관점이 불평등과 빈곤에 대한 논란의 여지가 있는 문제들과 관련이 있다고 확신한다. 그러나 성경이 우리의 모든 문제에 대한 정확한 해답을 보여 주지는 않는다. 성경은 우리에게 몇 가지의 중요한 원칙을 제시하고 있고, 이 원칙은 21세기의 상황에도 적용되어야 한다. 그러나 성경이 정부의 역할이나 극심한 불평등의 문제 등에 대한 자세한 해답을 제공해 주는 것은 아니다.

내가 이 문제에 대한 언급을 회피하는 것인가?

그렇지 않다. 그 이유는 다음과 같다.

앞서 언급한 바와 같이, 성경적 경제 정의의 핵심은 하나님이 정하신 규범과 원칙에 따라 사람들을 적절하게 대우하는 것이다. 여기에는 경제적 약자에 대한 특별한 배려가 요구된다. 또한, 관계의 질 특히 일대일 관계의 질을 강조한다. 이것은 모든 사람이 물질적 축복을 포함한 하나님의 복에 참여해야 한다는 것을 뜻한다. 이 네 가지 요소는 오늘날의 상황에서 적용할 수 있는 강력하고 타당성 있는 원칙들이다. 그러나 당신도 알다시피 이 네 가지 요소는 국가 혹은 정부의 역할에 대해 아무것도 언급하지 않고 있다.

나는 이것이 우연이 아니라고 확신한다. 우리에게 경제 정의를 요청하시는 하나님의 부르심은 그분 자신의 성품에 근거를 두고 있다. 그분은 정의를 사랑하시는 하나님이시다. 그리고 이 부르심은 모든 사람에게 해당한다. 그러므로 국가가 해야 할 역할을 하는 것은 경제 정의의 본질은 아니다.

이 부분에서 나의 의도를 오해하지 않기를 바란다. 나는 정부가 가능한 한 작은 역할을 담당하는 '자유주의자'의 입장을 옹호하지 않는다. 나는 단순히 성경이 국가가 경제 정의를 수행하는 데 반드시 핵심적인 역할을 담당해야 한다는 근거를 제공하지는 않는다는 것을 말하고자 하는 것이다. 서구에서는 국민의 경제 생활에서 정의를 보장하는 것이 궁극적으로는 국가의 일이라고 믿는 경향이 있으므로 이것은 중요한 부분이다. 성경에 따르면, 경제 정의를 실천해야 하는 책무는 사회의 모든 사람에게 주어져 있다.

아브라함의 사례를 살펴보자. 성경에서 "의와 공도"(justice and righteousness)라는 단어가 함께 나오는 첫 번째 사례가 하나님이 아브라함에게 하신 말씀이다.

> 내가 그로 그 자식과 권속에게 명하여 여호와의 도를 지켜 의와 공도를 행하게 하려고 그를 택하였나니 이는 나 여호와가 아브라함에게 대하여 말한 일을 이루려 함이니라(창 18:19).

아브라함은 의와 공의를 행해야 할 책임이 있으며, 여기에는 경제 정의도 포함되어 있다. 그가 부여받은 경제 정의에 대한 책임을 정부나 왕에게 위임할 수는 없었다.

이와 마찬가지로, 하나님이 모세를 통해 가나안 땅으로 가려고 했던 이스라엘 백성들에게 하신 말씀을 살펴보자. 신명기 4장에서 모세는 사람들이 "이제 내가 너희에게 가르치는 규례와 법도를 듣고 준행하라"(1절)라고 말했다. 그는 이스라엘 백성들이 이 모든 법을 준행할 때 다른 나라 사람들이 어떻게 반응할 것인지에 대해 예측하고 있다(6-8절). 이스라엘 백성들이 확고하게 주장할 수 있는 것 중의 하나는 그들에게 주어진 규례와 법도가 의롭다는 것이다. 그리고 이 책의 여러 곳에서 보았듯이 구약에서 의와 정의는 서로 밀접한 관련이 있다. 6절부터 8절까지의 말씀을 읽어 보자.

> 너희는 지켜 행하라 이것이 여러 민족 앞에서 너희의 지혜요 너희의 지식이라 그들이 이 모든 규례를 듣고 이르기를 이 큰 나라 사람은 과연 지혜와 지식이 있는 백성이로다 하리라 우리 하나님 여호와께서 우리가 그에게 기도할 때마다 우리에게 가까이하심과 같이 그 신이 가까이함을 얻은 큰 나라가 어디 있느냐(신 4:6-8).

그러므로 이스라엘 백성들은 하나님이 주신 지혜롭고 의로운 법에 순종해야 했다. 정의와 의를 통치자들에게 맡겨버릴 수 없었다.

이 모든 것이 21세기에 어떻게 적용될 수 있는가?

일부 국가는 경제 활동을 포함하여 정부가 상대적으로 큰 역할을 담당하고 있다. 이를 위한 한 가지 간단한 척도는 국내총생산의 비율인 재화와 용역에 정부가 지출하는 금액이다. 또 다른 일부 국가들은 경제에서 국가의 역할이 상대적으로 작다. 여기서 나의 주장은 두 부분으로 나뉜다.

첫째, 경제 정의의 원칙은 이 두 가지 종류의 국가들 모두에 적용된다.

둘째, 국가가 수행하는 역할이 크든 작든 경제 정의에 대한 책임은 각 국가의 모든 국민의 어깨에 달려 있다. 단순히 국가에 그 책임을 전가할 수는 없다.

경제 정의에서 국가 지도자들의 책임에 대해서는 다음에 좀 더 자세하게 다룰 것이다. 그러나 여기서는 논의의 핵심을 다음과 같이 요약할 수 있다. 성경은 경제 정의를 수행하는 데 모든 시대의 모든 국가에 동시에 적용할 수 있는 국가의 사회적, 경제적 책무나 방향을 제시하지는 않고 있다. 그리고 성경은 경제 정의의 책임을 정부에 전가하지 않고 있다. 그 대신 성경은 모든 사람에게 경제 정의를 수행해야 할 책임이 있음을 제시한다.

다시 말하면, 성경적 경제 정의의 원칙은 정치적으로 보수파와 진보파 모두에 적용할 수 있다. 즉, 경제 생활에서 정부가 더 큰 역할을 하는 국가와 그 역할이 상대적으로 더 적은 역할을 하는 국가 모두에서 경제 정의를 수행하는 모든 책임을 정부에 전가할 수 없다는 것이다.

평등, 불평등 그리고 빈곤에 대한 논란의 여지는 무엇인가?

위와 같은 내용의 기본적인 대답이 주어져야 한다. 성경은 단순히 모든 국가에 적용할 수 있는 사회적, 경제적 원칙을 정확하게 제공하지는 않는다.

예를 들어 구체적인 세율이나 사람들에게 직장에서 필요한 기술을 갖추는 방법 혹은 사람들이 활용할 수 있는 사회 보장 방안 등에 대해서는 성경에 명시되어 있지 않다. 성경의 가르침은 불평등에 대한 허용 가능한 수치나 통계를 요구하는 것이 아니다. 또한, 각 국가의 개인이나 가정이 정확하게 동일한 소득 혹은 부를 창출해야 한다고 요구하는 것도 아니다.

대신에 성경의 가르침은 경제 정의가 무엇을 의미하는지에 대한 핵심적 요소들을 제시하고 있다.

성경은 경제 관계에서 사람들이 서로 어떻게 대해야 하는지에 대한 원칙을 보여 준다. 그리고 물질적 축복을 포함하여 모든 사람이 하나님의 복에 참여해야 한다는 것을 알려 주고 있다. 그러나 누군가가 이 원칙들보다 더 구체적인 것을 원한다면 성경 이외의 다른 곳을 살펴봐야 할 것이다.

5. 모든 사람이 하나님의 복에 참여해야 한다. 그러나 이것이 평등은 아니다

여기서 일부 독자들은 다음과 같은 질문을 할 수 있다.

> 당신은 성경이 불평등과 빈곤에 대한 논쟁의 여지가 있는 질문과 관련이 있다고 주장했다. 그러나 이제는 성경이 정확한 지침을 제시하지 않고 일반적

인 수준의 원칙만을 보여 주고 있다고 말하고 있다. 당신의 입장을 분명하게 밝히라.

성경은 어떤 관점을 취하는가?

이것은 정당한 질문이다. 따라서 이제 불평등과 빈곤의 문제와 관련하여 성경의 경제 정의에 대해 더 살펴볼 필요가 있다. 모든 사람이 하나님의 복에 참여해야 한다는 것이 불평등과 평등의 문제와는 다른 것이다.

제1장에서 나는 구약성경에서 물질적 축복을 포함하여 모든 사람이 하나님의 복에 참여해야 한다고 강조한 바 있다. 여기서 나는 땅이 없는 사람들도 먹고살 수 있게 하는 셋째 해에 드리는 십일조의 중요성에 대해 언급했다. 이 밖에도 구약성경에서는 가난한 사람들을 위한 자비로운 대출, 어려움에 부딪힌 사람들을 위한 주택과 일자리 제공(예를 들어, 레 25:39-43), 이삭 줍기 원리(예를 들어, 레 19:9-10) 그리고 토지를 다시 원래의 주인에게 돌려주는 희년 제도(예를 들어, 레 25) 등을 비롯한 다양한 목표가 이스라엘 백성들 안에서 실현되도록 다양한 방법을 제시해 주고 있다.

이 모든 방법은 하나님의 복에 모든 사람이 참여해야 한다는 원칙에 부합하는 구체적인 실천 방안들이었다.

그러나 이 방법들이 조금은 추상적이지 않은가?

실제로는 어떤 일이 일어났는가?

희년에 무슨 일이 있었는지 자세히 살펴봐야 한다. 다음은 모세를 통해 하나님이 주신 지침이다.

너는 일곱 안식년을 계수할지니 이는 칠 년이 일곱 번인즉 안식년 일곱 번 동안 곧 사십구 년이라. 일곱째 달 열흘날은 속죄일이니 너는 뿔나팔 소리를 내되 전국에서 뿔나팔을 크게 불지며 너희는 오십 년째 해를 거룩하게 하여 그 땅에 있는 모든 주민을 위하여 자유를 공포하라 이 해는 너희에게 희년이니 너희는 각각 자기의 소유지로 돌아가며 각각 자기의 가족에게로 돌아갈 지며 그 오십 년째 해는 너희의 희년이니 너희는 파종하지 말며 스스로 난 것을 거두지 말며 가꾸지 아니한 포도를 거두지 말라. 이는 희년이니 너희에게 거룩함이니라 너희는 밭의 소출을 먹으리라. 이 희년에는 너희가 각기 자기의 소유지로 돌아갈지라(레 25:8-13).

이것은 매우 급진적인 요구 사항이다. 모든 사람이 같은 조건에서 시작하는 '모노폴리'(Monopoly)라는 보드게임을 하고 있다고 상상해 보라. 경제 생활의 '게임'과는 달리 모노폴리에서 일부 참가자는 더 많은 재산을 얻지만 다른 참가자는 재산을 잃게 된다. 아마도 한 시간 동안 게임을 하면 확실한 승자가 결정될 것이다. 그런데 갑자기 "모든 참가자는 처음에 소유한 재산으로 돌아가야 한다"라고 선언한다면 이 소식은 승자에게 나쁜 소식이 아닐 수 없다. 그런데 재산을 잃어버렸을 경우에는 분명히 좋은 소식이 된다.

구약성경의 가르침을 이해하려면 다음의 몇 가지 사항을 알고 있어야 한다.

첫째, 이스라엘 사람들은 가족(family)과 지파(clan)로 구성되어 있다. 가족은 일반적으로 서구 국가에서 흔히 볼 수 있는 '핵가족'보다 더 많은 사람으로 구성되어 있다. 지파는 더 넓은 '친족' 집단이었다. 지파의 구성원들도 혈연 관계를 유지했고, 공통 조상을 공유하고 있었다. 이스라엘의 열두지파처럼 가족과 지파도 부족 사회의 구성원들이었다.

둘째, 이스라엘 백성이 하나님이 약속하신 가나안 땅에 들어갔을 때 그 땅은 어느 정도 동일한 기준으로 분배되었다(민 33:54). 그리고 세부적으로는 지파 단위로 분배되었다(여호수아에서 자세한 내용을 읽을 수 있다[예를 들어, 13-19장]).

셋째, 구약성경의 농업 환경에서 토지는 주요 경제 자원이었다. 토지는 일자리, 소득, 식량 그리고 안정성을 제공해 주었다. 구약성경의 토지 역할에 상응하는 서구의 21세기 경제 상황에서의 토지 개념은 교육과 기술을 포함하는 '인적 자본'(human capital)과 개인과 기업의 소유권 지분을 포함하는 '금융 자본'(financial capital)의 조합이 될 것이다. 우리의 상황에서 토지는 일, 소득, 식량 그리고 경제적 안정성을 제공하는 이와 같은 자본일 수 있다. 이 '자본' 개념에 대해서는 차후에 좀 더 자세하게 다룰 것이다.

앞서 언급한 '모노폴리'라는 보드게임의 규칙과는 달리 희년에 일어날 일은 여호수아 시대에 각 가족과 지파에 배정된 토지로 돌아오는 것이다. 다시 말해서, 50년째 해마다 모든 가족과 지파가 다시 한번 경제 생활에서 자기 지분을 되찾을 수 있도록 '재설정'(reset)할 수 있었다.

구약성경에 근거한 경제 생활의 자기 지분의 개념을 2018년에 마이클 로즈(Michael Rhodes)와 공동 저자들이 펴낸 책에서 '자기 자본'(equity)이라고 정의한 바 있다.[9] 그리고 이 장의 첫 부분에 언급한 바와 같이 그들은 이 자기 자본의 원칙을 다른 구약성경의 가르침들과 적절하게 연결했다.

> 이스라엘의 법률에 명시된 모든 자선과 지원은 희년 제도의 정신에 입각한 것이다. 이스라엘 백성들은 그들의 조상의 땅으로 되돌아갈 희망을 품고 다른 사람의 밭에서 이삭을 주었다. 모든 이스라엘 백성들이 일할 수 있는 것만으로는 충분하지 않았다. 야웨 하나님이 보좌에 앉았을 때 이스라엘 백성들은 경제 생활 면에서 자기 자본을 가질 수 있었다.[10]

자기 자본은 평등과는 다른 것이다. 이러한 맥락에서 자기 자본은 소유권 지분을 의미한다. 또는 구약성경에서 하나님은 주인이며 인간은 관리자나 청지기일 뿐이라고 인식했기 때문에 '수탁지분'(trusteeship stake)이라고 하기도 한다.

이 자기 지분은 사람들이 생계를 유지하고 번성할 수 있는 탄탄한 경제적 기반을 제공한다. 이것이 자기 자본의 목적이다. 따라서 기본 원칙은 모든 사람이 동등하다는 의미의 평등이 아니라 모든 사람이 경제 생활과 번영의 안정적인 기반을 갖도록 하는 것이다.

이 자기 자본의 개념에는 분명히 평등의 요소가 포함되어 있다. 우리가 살펴보았듯이 토지는 초기에 모든 지파가 거의 같은 비율의 양을 배정받았다(민 33:54 참조). 그러나 '평등'이 이러한 토지 분배의 핵심 원칙이 되지는 않는다. 또한, '자기 자본'이라는 단순한 제목으로 이러한 모든 하나님의 공급의 뜻을 다 설명할 수 있는 것도 아니다.

이 모든 것을 불평등에 대한 오늘날의 논쟁과 연결하기 전에 구약성경의 법들이 궁극적으로 예수 그리스도 안에서 성취되었다는 것을 인식하는 것이 중요하다. 예수님은 율법이나 선지자를 폐하러 온 것이 아니라 완전하게 하려고 온 것이라고 가르치셨다(마 5:17). 로즈와 그의 동료 저자들은 '자기 자본' 개념으로 그리스도가 어떻게 희년의 취지와 제도를 성취했는가를 설명하였다.

> 성경이 말하는 하나님의 경제 원칙은 모든 사람이 지역 사회에서 자기 자본을 갖고 있다는 것이다. 이스라엘 백성들은 광야에서 이 경제 원칙에 대해 가르침을 받았고, 하나님은 약속의 땅에 들어갈 때 이 경제 원칙을 유지하고 보호하기 위해 희년과 같은 법을 제정해 주셨다. 예수님은 갈릴리에서 가르치실 때, 자신의 삶과 죽음 그리고 부활을 통해 누리게 될 육체적, 사회적, 영적, 경제적 해방에 대한 비유로 희년을 사용하셨다(눅 4:14-21을 보라).[11]

이와 같은 성경의 교훈들이 오늘날의 불평등과 빈곤 문제와 어떤 관련이 있는가?

모두가 하나님의 복에 참여해야 한다는 원칙에는 공동체의 경제 생활에서 이해 관계를 가진 모든 사람이 의미 있는 자기 자본을 갖도록 하기 위한 강한 헌신이 포함되어 있다. 이 원칙이 일정 수준의 평등을 유지하거나 불평등의 문제를 해결해 보자고 주장하는 것처럼 들릴 수도 있을 것이다. 그러나 평등과 불평등은 단지 하나의 척도에 불과하다. 평등과 불평등 개념은 단순

히 어떤 상태만을 설명할 뿐 여기에는 어떤 비전도 포함되어 있지 않다.[12]

성경이 말하는 경제 정의의 비전은 이보다 훨씬 더 광범위하다. 모든 사람이 하나님의 선한 손길 아래서 일하고 번영할 수 있고, 물질적 축복을 포함한 하나님의 복을 안정적으로 누릴 수 있어야 한다. 그리고 이 모든 것을 통해 하나님을 찬양하고 영광을 올려드려야 한다. 그리고 이 비전에서 중요한 것은 평등을 수치로 측정하는 것이 아니라 각 개인과 가정이 의미 있는 자기 자본을 가지고 풍성한 삶을 사는 것이다.

상대적 빈곤의 문제를 살펴보자. 21세기의 경제 상황을 고려해 볼 때 상대적 빈곤에 대한 통계를 도출하는 것이 더 현명할 수 있다. 왜냐하면, 어떤 집단이나 지역이 번성하지 못하는가를 밝혀주기 때문이다. 그리고 이들이 경제 생활에 활발하게 참여하게 하도록 자기 자본을 가질 수 있게 하는 방법을 모색해야 한다. 그러나 상대적 빈곤의 정도 자체가 주요 관심사는 아니다. 이 문제에 대한 성경적 경제 정의의 핵심은 사람들이 기술과 지식을 익히고 일을 할 수 있게 하여 그들이 하나님의 복에 참여하고 번성할 수 있게 해 주는 자기 자본을 가질 수 있게 하는 것이다.

우리는 경제 정의에 대한 성경적 관점이 오늘날의 주요 쟁점들과 직접 연관되어 있다는 것을 살펴보았다. 이제 우리는 오늘날 사회와 경제에서 경제 정의에 대한 성경적 가르침을 어떻게 실제로 적용할 수 있는지에 대해 검토할 것이다. 그리고 앞서 약속한 바와 같이, 여기서 첫 번째 과제는 정의를 수행하는 데 국가 지도자가 지닌 책임에 대해 더 많이 다룰 것이다.

6. 경제 정의를 실천하는 일에서 정부의 역할

이 장의 앞부분에서 나는 사회의 모든 사람이 경제 정의를 실천해야 할 책임이 있다고 주장했다. 정부에 이 책임을 전가할 수는 없는 것이다. 경제 정의는 하나님이 주신 규범과 원칙에 따라 사람들이 서로를 적절하게 대우하는 것을 포함한다. 이것은 국가나 정부의 역할과 관계없이 우리 각자가 이에 대한 책임이 있다는 것이다. 그런데도 실제로는 국가 지도자와 정부가 적극적인 역할을 담당해야 한다. 이 항목에서는 먼저 경제 정의를 수행하는 데 국가의 역할에 관한 성경적 가르침을 살펴본 다음 오늘 우리의 환경에 어떻게 적용할 수 있는지를 언급할 것이다.

구약성경에서 하나님의 자기 계시와 이스라엘 백성의 역사는 매우 밀접하게 얽혀 있다. 이것은 경제 정의와 관련하여 국가 및 지역 사회 지도자의 역할에 대해서 특히 두드러지게 나타난다. 하나님이 모세를 통해 이스라엘 백성에게 율법을 주셨을 때, 그 백성들에게는 왕이 없었다. 이처럼 그들은 많은 주변 국가와는 달랐다. 그러나 그들에게는 모세와 같은 탁월한 국가 지도자들이 있었다.

경제 정의에 대한 구약성경의 법은 지도자의 역할을 규정하고 있다. 이는 필요에 따라 법률을 제정하고 실행하기 위함이며, 출애굽기 18장에서 그 초기 사례를 볼 수가 있다. 하나님이 시내산에서 모세에게 율법을 주었을 때 모세는 공동체의 다양한 문제에 대해 재판을 해야 했고, 올바른 의사 결정을 내려야 했다. 그러나 이러한 일은 혼자서 감당하기가 어려웠으므로 무리 중에서 능력이 있는 사람들을 선택하여 자신을 돕게 했다(24-26절).

여기에는 누가 어느 땅을 경작하고, 소의 주인이 누구인지를 판단하는 것을 포함한 다양한 경제 생활과 관련된 법률도 포함되어 있었다.

그 후에 하나님이 모세에게 주신 법의 일부로서 지도자를 선정하고 재판장을 임명하는 동일한 책임을 하나님으로부터 명령받았다. 신명기 16:18-20에 다음과 같은 기록이 있다.

> 네 하나님 여호와께서 네게 주시는 각 성에서 네 지파를 따라 재판장들과 지도자들을 둘 것이요 그들은 공의로 백성을 재판할 것이니라 너는 재판을 굽게 하지 말며 사람을 외모로 보지 말며 또 뇌물을 받지 말라 뇌물은 지혜자의 눈을 어둡게 하고 의인의 말을 굽게 하느니라 너는 마땅히 공의만을 따르라 그리하면 네가 살겠고 네 하나님 여호와께서 네게 주시는 땅을 차지하리라(신 16:18-20).

이 말씀이 '정의'를 강조하고 있다는 사실에 주목할 필요가 있다. 구약성경에서 '정의'의 히브리어 단어인 '미쉬파트'(*mišpāt*)는 경제 생활과 많은 관련이 있다. 그러므로 구약성경에서 지도자들과 관료들에게 주어진 가장 중요한 역할은 하나님이 주신 법을 공정하게 실행하는 것이었다. 여기서 우리는 모든 사람에게 경제 정의의 실천에 대한 책임이 있다는 것을 다시 한번 확인할 수 있다. 경제 생활과 관련하여 지역 사회와 국가 지도자의 주요 역할은 분쟁이나 법률 위반 혹은 모호한 경우에 올바른 판단을 하는 것이다.

룻기에는 지역 사회 지도자들의 역할에 대한 좋은 사례가 언급되어 있다. 이 시기에 이스라엘 백성은 약속의 땅에 살고 있었고, 국가 전체의 지도력은 재판장을 포함한 일련의 개인들에 의해 유지되었다(룻 1:1 참조). 룻은 이웃 나라인 모압 출신의 여성이었다. 그녀와 또 다른 모압 여성인 오르바는 형제였던 이스라엘 남자들과 결혼했다. 이 두 형제의 어머니가 이스라엘 사람인 나오미였다.

나오미는 엘리멜렉과 결혼했었다. 안타깝게도 세 남편이 모두 죽었다. 룻은 모국으로 돌아가지 않고 시어머니인 나오미와 함께 이스라엘 땅에 머무르겠다고 결심했다. 그러나 나오미와 룻은 과부로서 경제적으로 매우 열악한 상황에 처해 있었다. 그 당시의 사회문화적 환경에서 토지의 소유권은 남성 상속인이 갖고 있었다. 남성이 사망하면 상속 재산은 더 넓은 가족이나 일족의 다른 남자가 차지했다. 아래의 글을 참조하라.

룻기 2:1-3에서 우리는 율법에 따라 룻이 어떻게 이삭을 줍기 위해 밭으로 갔는지에 대해 읽을 수 있다. 제1장에서 우리는 구약성경의 이삭 줍기 원리에 대해 살펴보았다. 룻은 나오미와 같은 친족인 보아스라는 사람의 밭에서 일하고 있었다. 보아스와 룻 사이의 아름다운 사랑 이야기를 포함한 긴 이야기를 짧게 줄이면 보아스는 고인이 된 나오미의 남편에게 속한 땅을 구입하기로 결정했다. 여기서 그가 룻을 얼마나 사랑했는가를 짐작할 수 있다. 그러나 상속권이 보아스보다 나오미에 더 가까운 사람이 있었다.

이 사람에게 상속에 대한 우선권이 있었다.

어떻게 해야 했을까?

이 본문은 경제 정의의 측면에서 지역 사회 지도자의 역할이 무엇이었는가를 잘 보여 주고 있다. 룻기 4장에서 우리는 보아스가 성문으로 올라가서 성읍의 원로 열 사람과 함께 상속의 우선권을 갖고 있었던 사람을 만났다. 보아스는 원로들과 마을 어른들 앞에서 그 상속권자('기업무를 자'. 개역개정)와 대화를 나누었다. 다음은 그 대화의 내용이다. 이 대화의 전문은 언급할만한 가치가 있다.

> 보아스가 그 기업 무를 자에게 이르되 모압 지방에서 돌아온 나오미가 우리 형제 엘리멜렉의 소유지를 팔려 하므로 내가 여기 앉은 이들과 내 백성의 장로들 앞에서 그것을 사라고 네게 말하여 알게 하려 하였노라 만일 네가 무르려면 무르려니와 만일 네가 무르지 아니하려거든 내게 고하여 알게 하라 네 다음은 나요 그 외에는 무를 자가 없느니라 하니 그가 이르되 내가 무르리라 하는지라 보아스가 이르되 네가 나오미의 손에서 그 밭을 사는 날에 곧 죽은 자의 아내 모압 여인 룻에게서 사서 그 죽은 자의 기업을 그의 이름으로 세워야 할지니라 하니 그 기업 무를 자가 이르되 나는 내 기업에 손해가 있을까 하여 나를 위하여 무르지 못하노니 내가 무를 것을 네가 무르라 나는 무르지 못하겠노라 하는지라(룻 4:3-6).

그런 다음에 보아스는 땅을 사겠다고 동의했으며, 열 명의 원로가 이 모든 결정의 증인이 되었다(그리고 보아스는 룻과 결혼했다).

경제 정의를 실천한 지역 사회 지도자의 또 다른 사례가 욥기에 언급되어 있다. 욥기 29장에서 그는 주로 '성문'에서 했던 일에 대해 강력하게 외쳤다.

이는 부르짖는 빈민과 도와 줄 자 없는 고아를 내가 건졌음이라(욥 29:12).

빈궁한 자의 아버지도 되며 내가 모르는 사람의 송사를 돌보아 주었으며 (욥 29:16)

룻과 보아스 시대가 지난 몇 년 후에 이스라엘 백성들은 왕을 세우기로 했다. 이 결정은 사무엘상 8장에 언급되어 있다. 그들은 하나님이 선택한 지도자(재판관)뿐만 아니라 궁극적으로는 하나님 자신도 거부했기 때문에 하나님은 기뻐하실 수 없었다. 그런데도 하나님은 자신의 주권적 목적에 따라 이스라엘 백성들의 요구를 수용하기로 하셨다. 여기서 경제 정의의 실천에 대한 중요한 책무가 왕에게 주어졌다.

신명기에서 하나님은 후대에 이스라엘 백성들이 다른 주변국들처럼 왕을 세우고자 할 것이라고 예고하셨다(신 17:14). 이 요청에 따라 하나님은 이스라엘의 모든 왕이 하나님의 율법을 읽고 준수해야 한다고 매우 분명하게 말씀하셨다(신 17:18-20). 물론 이 율법에는 경제 정의와 관련된 법이 포함되어 있다. 하나님과 그 백성들의 언약에서 하나님의 율법을 지키는 것이 이스라엘 왕들에게 주어진 가장 중요한 책무였다는 것을 거의 모든 구약성경의 책들이 증명하고 있다.

이스라엘의 첫 번째 왕은 사울이었다. 그가 죽고 나서 다윗이 왕이 되었다(다윗의 자손으로 베들레헴에서 태어난 분이 지극히 높으신 이의 아들 예수 그리스도이시다!). 다윗이 죽은 후 그의 아들 중 하나인 솔로몬이 왕이 되었다. 이스라엘 역사의 이 단계에서 우리는 하나님의 통치하에 왕이 경제 정의의 중요한 책임을 져야 한다는 것을 알 수 있다. "솔로몬의 시"라는 제목을 가진 시편 72편은 이것에 대해 분명하게 진술하고 있다.

> 하나님이시여, 왕에게 주의 판단력을 주시고 왕의 아들이 주의 의로운 길을 걷게 하소서. 그러면 그가 주의 백성을 바르게 판단하며 가난하고 고통당하는 주의 백성을 공정하게 다스릴 것입니다. 의로운 통치를 하게 될 때 산과 들도 백성들에게 번영을 주리라. 그가 백성들 가운데 고통당하는 자들을 옹호하고 가난한 자들의 자녀들을 구하며 학대하는 자들을 꺾을 것이다(시 72:1-4, 현대인의 성경).

이 말씀에는 경제적 측면이 언급되어 있다. 특히 '산과 들' 그리고 '번영'은 물질적 그리고 경제적 측면을 명확하게 내포하고 있다. 그리고 타락하고 죄가 많은 이 세상에서의 경제 거래에는 언제나 부당하게 대우받고 고통당하고 압제당하는 사람들이 있다. 그러므로 이 시편은 여호와께 왕이 정의와 의로움을 실천하여 그 결과로 백성들이 경제적 번영의 축복을 누리고, 고통받는 자들이 보호받고, 학대하는 자들이 꺾이게 되기를 간구하는 기도이다.

솔로몬으로부터 여러 세대 후에 살았던 선지자 예레미야서에서도 비슷한 내용을 볼 수 있다. 하나님이 그에게 하신 말씀을 살펴보자.

> 여호와께서 이와 같이 말씀하시되 너는 유다 왕의 집에 내려가서 거기에서 이 말을 선언하여 이르기를 다윗의 왕위에 앉은 유다 왕이여 너와 네 신하와 이 문들로 들어오는 네 백성은 여호와의 말씀을 들을지니라 여호와께

서 이와 같이 말씀하시되 너희가 정의와 공의를 행하여 탈취 당한 자를 압박하는 자의 손에서 건지고 이방인과 고아와 과부를 압제하거나 학대하지 말며 이 곳에서 무죄한 피를 흘리지 말라 너희가 참으로 이 말을 준행하면 다윗의 왕위에 앉을 왕들과 신하들과 백성이 병거와 말을 타고 이 집 문으로 들어오게 되리라 그러나 너희가 이 말을 듣지 아니하면 내가 나를 두고 맹세하노니 이 집이 황폐하리라 여호와의 말씀이니라(렘 22:1-5).

이 말씀은 다시 한번 왕의 책임에는 경제적으로 착취당한 사람들을 구하고 정의를 실천해야 한다는 분명한 요구 사항이 포함되어 있다고 상기시켜 준다.[13] 예레미야의 같은 장에서 한 가지 더 예를 들어보자(우리는 이것을 제1장과 제6장에서 더 자세히 살펴보았다). 여기서 경제 정의와 관련하여 예레미야가 여호야김 왕에게 그의 아버지 요시야 왕과 비교하여 말하고 있다.

네가 백향목을 많이 사용하여 왕이 될 수 있겠느냐 네 아버지가 먹거나 마시지 아니하였으며 정의와 공의를 행하지 아니하였느냐 그 때에 그가 형통하였었느니라 그는 가난한 자와 궁핍한 자를 변호하고 형통하였나니 이것이 나를 앎이 아니냐 여호와의 말씀이니라 그러나 네 두 눈과 마음은 탐욕과 무죄한 피를 흘림과 압박과 포악을 행하려 할 뿐이니라(렘 22:15-17).

구약성경의 역사서와 예언서에서 언급하는 이스라엘 왕들의 악행은 충격적인 이야기가 아닐 수 없다. 그들은 경제 정의를 실천하지 않았다. 그러나 성경은 이 문제를 간과하지 않았다. 구약성경에서 우리는 완전한 의를 성취할 미래의 왕에 대한 예언을 읽을 수 있다. 그 예언 중 하나가 바로 다음 장인 예레미야 23:5-6에 언급된 모든 믿는 자들을 죄로부터 구속하실 그리스도에 대한 것이다.

이사야 11장에서 우리는 "이새의 줄기에서 한 싹이 나며"(1절), 그의 위에 여호와의 영이 강림하실 것(2절)이라는 예언을 읽을 수 있다. 그리고 신약성경에서 예수 그리스도로 드러난 이 왕에 관한 예언이 계속된다.

> 그가 여호와를 경외함으로 즐거움을 삼을 것이며 그의 눈에 보이는 대로 심판하지 아니하며 그의 귀에 들리는 대로 판단하지 아니하며 공의로 가난한 자를 심판하며 정직으로 세상의 겸손한 자를 판단할 것이며 그의 입의 막대기로 세상을 치며 그의 입술의 기운으로 악인을 죽일 것이며 공의로 그의 허리띠를 삼으며 성실로 그의 몸의 띠를 삼으리라(사 11:3-5).

얼마나 위대한 왕인가?

왕되신 예수 그리스도께서 그를 믿는 사람들에게 먼저 그의 나라와 그의 의를 구하라고 요청하신다(마 6:33). 구약성경에서 경제 정의를 실천하는 데 국가 지도자와 왕의 역할을 이해하려면, 예수 그리스도의 관점에서 보는 것이 매우 중요하다.

구약성경에서 살펴본 내용을 요약하면, 구약 시대의 이스라엘은 국가와 지역 사회 지도자, 특히 왕은 경제 정의를 실천하는 데 막중한 책무를 갖고 있었다. 그들은 무엇보다도 정의에 대한 모든 사람의 책임을 규정한 하나님의 율법을 준수해야 했다. 그들은 스스로 정의를 실행하는 사람이 되어야 했다. 그들은 가난하고 소외된 사람들을 보호하고 억압적인 경제적 착취를 막아야 했다.

1) 21세기의 상황과 적용 방안

독특한 시대적 상황 속에서 계시가 된 성경의 가르침을 우리의 상황에 적용하려면 항상 주의를 기울여야 한다. 이 책 전체에서 나는 성경으로부터 경제 정의의 원칙을 도출할 수 있다고 주장해 왔다. 이 원칙은 이 시대에 반드시 적용되어야 한다. 여기에는 경제 정의에 대한 국가와 지역 사회 지도자의 역할에 대한 구약성경의 교훈도 포함되어야 한다. 나는 다음과 같은 적용 방안을 제시한다.

첫째, 지도자들이 경제 생활과 관련된 내용을 포함하여 성경의 도덕적 가르침을 반영한 법을 지지하는 역할을 담당해야 한다(실제로 오늘날의 세속적 상황 속에서 지도자들은 그들이 지켜야 할 도덕적 가치가 궁극적으로 하나님의 말씀으로부터 나온 것으로 보거나 그렇지 않을 수도 있지만, 하나님이 모든 진정한 윤리적 가치의 유일한 근원이시다).

둘째, 지도자는 경제적 약자들에 대한 특별한 관심을 가져야 한다. 여기에는 경제적 약자들이 풍요로운 삶을 살 수 있도록 돕는 것도 포함된다. 우리가 살펴본 바와 같이, 구약성경 가르침의 핵심은 가난한 사람들이 물질적 축복을 포함한 하나님의 복에 참여할 수 있도록 그들에게 손을 내미는 것이다.

셋째, 지도자는 경제적 억압의 문제를 해결하기 위해 모든 노력을 기울여야 한다. 이 억압에는 부당한 무게와 함량, 법을 악용하여 사람들을 부당하게 대하는 행위, 고용주 혹은 권력 집단의 횡포 등을 포함한 모든 종류의 경제적 착취도 포함된다.

이 모든 것이 지나치게 광범위해 보일 수 있다. 그러나 어디까지 경제 정의를 적용해야 할지는 신중해야 한다. 성경은 사회 경제적 차원의 구체적인 대안을 제시하지 않는다. 따라서 우리는 성경의 가르침에 따라 이 시대의 상황에 적합한 방식을 합리적으로 추론할 수밖에 없다. 우리는 과장하지 않아야 한다. 앞서 언급한 성경의 원칙들을 실천하는 것은 우리에게 달려 있지만, 우리가 추론하여 고안해 낸 방식들에 대해 성경적 승인을 요구해서는 안 될 것이다.

구약성경에서 '억압'이라는 용어는 주로 과도한 경제 권력의 남용과 관련하여 사용되어 왔다. 이것은 확실히 내 생각에서 나온 것이다. 성경에는 '중앙집권화된 권력'의 위험을 경고하고 있다. 예를 들어 신명기에서 하나님이 먼저 이스라엘이 왕을 갖도록 하겠다고 말씀하셨다(신 17:16-17 참조). 우리는 사적이든 공적이든 특정 기관이나 지도자에게 너무 많은 경제적 권력을 주지 않는 것이 현명할 것이다.

그러나 오늘날의 경제 현실은 극도로 막강한 권력을 가진 기업들이 많다는 것이다. 그리고 타락하고 죄악이 관영한 세상에서 이들이 많은 사람에게 매우 해로운 방식으로 그들의 힘을 남용할 소지는 항상 존재하고 있다. 이런 상황에서 발생하는 문제를 방지하기 위한 가장 좋은 방법은 강력한 대안 기구를 갖는 것이다.

적절한 규모와 적법성을 갖춘 유일한 대안 권력은 아마도 국가 기관이 될 수도 있고, 더 나아가 여러 국가의 협력 기구가 될 수도 있다. 그 결과로 국가나 정부가 더 큰 경제 정의, 즉 경제 활동의 규제를 위해 노력할 수 있다.

2) 경제적 규제 당국의 역할

재화와 용역의 시장에는 많은 장점이 있다. 대다수의 경제학자가 이것을 인정하고 있다. 우리는 이전 장에서 위대한 철학자와 경제학자인 애덤 스미스의 통찰을 다룰 때 이것이 무엇을 뜻하는가를 살펴보았다. 그러나 경제학자 대부분은 시장(예를 들어, 국내 에너지 시장)이 자원을 효율적으로 분배하지 못할 때 발생하는 '시장의 실패'를 인정하고 있다.

예를 들어 공급 업체가 부과하는 가격에서 수요와 공급이 언제나 일치하는 것은 아니다. 혹은 시장의 기대보다 생산량이 부족하여 책정된 가격이 지나치게 높아진 것으로 판단될 수도 있다. 시장의 실패는 단 하나의 공급자가 시장 독점력을 남용하는 등과 같은 여러 가지 이유로 발생할 수 있다.

시장 실패의 또 다른 원인은 경제학자들이 흔히 말하는 '부정적 외부 요인'(negative externalities) 때문이다. 이산화탄소(CO_2) 배출량을 예로 들어보자. 제품 생산에는 해당 공장에서 일하는 사람들에게 직접 해로운 영향을 끼치기도 하지만 대기 오염 등으로 고통받는 다른 사람들은 생산자에게 보상이나 생산량을 줄이도록 요구할 방법을 찾기 어려울 때도 있다.

시장 실패의 상황에서 정부가 실패를 완화하기 위해 개입해야 한다고 강력하게 주장하는 사람들도 있다. 다시 말해, 강력한 규제 장치를 마련해야 한다는 것이다.

이 책은 시장 실패나 규제와 관련하여 제기된 많은 질문에 대해 자세하게 평가하는 것이 목표가 아니다. 그러나 시장 실패의 한 원인에는 어떤 개인이나 기업이 부당하게 행동한 결과로 인해 발생할 가능성이 있다는 것이다. 독점적 경제 권력의 남용이 그 분명한 사례가 될 수 있다.

그러므로 정부 당국은 이러한 불의한 행위를 근절하기 위해 적극적으로 감시하고 통제해야 한다. 특히 명백한 경제적 불의가 반복될 가능성이 큰 경우에는 단호하게 규제해야 한다. 이러한 접근 방식은 앞서 논의한 일반적인 주장과 부합한다. 국가와 지역 사회의 지도자는 타락한 세계에서 궁핍한 사람들을 대신하여 행동하고 압제적인 경제 행위에 대항하는 역할을 해야 한다.

7. 비정부 사회단체의 역할

이 장에서 우리는 국가와 정부가 어떻게 경제 정의를 수행해야 하는지 살펴보고 있다. 여기에는 몇 가지 중요하고 논쟁적인 문제가 있어서 국가 지도자와 정부의 역할에 상당한 시간을 할애해야 했다. 그러나 내가 주장한 바와 같이 경제 정의는 정부에 그 책임을 전가할 수 없다. 경제 정의는 모든 사람이 실천해야 한다. 따라서 비정부 사회단체들의 역할에 대한 논의도 필요한 것이다.

여기에는 자선 단체, 지역 사회 단체, 노동조합, 학교 및 사회적 기업 등도 포함된다. 이 부분은 비교적 짧게 다룰 것이다. 논쟁의 여지가 별로 없기 때문이다. 비록 이 항목은 짧지만 매우 중요한 부분이다. 우리에게는 이러한 사회단체를 통해 경제 정의를 실천할 엄청난 기회가 있다.

내가 소속되어 있는 지역 교회 공동체는 방글라데시에서 사역하는 선교 동역자인 데이비드(David)와 그의 아내 프리티(Priti)와 긴밀한 협력 관계를 유지하고 있다. 그들은 방글라데시에서 가장 가난한 사람 중 일부에게 유급 노동과 안정적인 수입을 제공하는 것을 목표로 사업을 시작한 그리스도인들이다. 이 기업은 전 세계 어디에나 판매할 수 있는 관을 생산한다. 이 기업을 '사회적 기업'이라고 부르기도 하고, '비즈니스 선교'(Business as Mission)라고 하기도 한다.

어떤 용어를 사용하든 이 관 제조 기업은 가난한 사람들에게 '자기 자본' 혹은 '수탁지분'을 제공하는 것을 목표로 한다. 이것이 경제 정의의 핵심이다. 그 선교사들은 경제적 약자들을 위해 일하고 있으며, 이 사람들이 경제적 축복을 포함하여 하나님의 복에 참여할 수 있도록 노력하고 있다.

사회단체가 경제 정의를 실천할 방법은 매우 다양하다. 예를 들어 학교는 가난한 가정의 어린이와 청소년에게 지식, 이해 그리고 기술 등의 인적 자본을 제공하여 생계를 유지할 뿐 아니라 더 큰 안정성을 누리도록 지원할 수 있다. 이런 지원은 서구와 비서구의 어디에서나 가능하다.

지역 사회와 교회에 기반을 둔 단체들도 이와 비슷한 일을 할 수 있다. 에티오피아에서 가장 큰 기독교 단체 중 하나는 많은 '자조집단'(self-help group)을 만들었다.[14] 매주 만나는 이 그룹은 두 가지 목표를 갖고 있다. 경제적으로 열악한 여성들이 핵심 기술을 배워 자신감을 키우고 '저축과 신용' 제도에 참여할 수 있도록 하는 것이다. 그리고 가장 중요한 것은 예수 그리스도의 복음을 나누고 토론할 수 있는 환경을 제공하는 것이다. 빈곤한 사람들에게 가난에서 벗어나도록 손을 내미는 경제 정의와 복음은 함께 가야 한다.

비정부 사회단체의 안과 밖에서 경제 정의를 실천할 수 있는 많은 방법이 있다.

1) 보완성: 권력 이양

우리가 비정부 단체의 역할에 대해 생각할 때 그 역동성과 혁신성의 장점에도 불구하고 '사회'가 '국가'와 같게 되기를 원하는 경향이 있다는 것이다. 즉 '경제 정의를 실현하기 위해' 정부에 점점 더 의존해야 한다는 압박이 있을 수 있다.

이 정부 집중화 현상은 많은 사람이 문제를 제기한 바 있다. 사회 경제적 문제에서 중앙 집중화 경향에 반대하는 가장 영향력 있는 조직 중 하나는 로마 가톨릭교회다. 그리고 여기서 중요한 개념 중 하나가 '보완성'(subsidiarity)이다. 이것이 '가톨릭 사회 교리'(Catholic Social Teaching, CST)

로 알려진 핵심 부분이다. 가톨릭 사회 교리는 더 이상은 아니지만 수십 년에 걸쳐 개발되었다.

돕는 것에 관한 '보완성'은 경제 정의와 밀접한 관련이 있다. 보완성이 무엇인가에 대한 가장 명확한 진술 중 하나는 1931년에 출판된 교황 문서에서 나온 것이다.

> 작은 조직(예를 들어, 지역 사회 단체)이 효율적으로 수행할 수 있는 기능을 (국가 정부와 같은) 더 크고 더 높은 조직이 자체적으로 다루는 것은 불의한 것이고 중대한 악이며 질서를 교란하는 행위이다. … 본질적으로, 모든 사회 활동의 목표는 사회의 개별 구성원을 돕는 것이지 절대 그들을 파괴하거나 흡수하는 것이 아니다.[15]

이러한 보완성 개념은 국가 지도자와 정부의 중앙 집권화에 대한 성경적 경과와 잘 일치하는 것으로 보인다. 그리고 이 개념은 사회(비정부)단체와 집단의 역할 특히 경제 정의의 수행에서 역할에 대해 생각할 때 매우 중요한 것이다.

8. 범세계적 경제 정의 실천

이 장에서 이미 경제 정의의 세계적 측면을 살펴보았다. 우리는 여전히 극심한 빈곤에 처한 수많은 사람을 주목했다. 또한, 우리는 국가와 정부가 부당한 행위로 권력을 남용할 수 있는 거대 기업을 감시하고 통제하는 역할을 할 수 있다는 것도 다루었다. 그리고 사회(비정부)단체의 몇 가지 사례도 살펴보았다.

그러나 이 마지막 항목에서 나는 세계화에 대해 간략하게 언급하고자 한다. 이 용어는 지난 20년에서 30년 동안 전 세계에서 일어나고 있는 경제적 상호연결성(통합)의 강화 현상을 뜻한다. 세계화에는 무역 증가, 세계 자본 시장의 확장 및 빠른 속도로 퍼지는 지식의 확산도 포함되어 있다.

세계화가 더 큰 경제 정의 혹은 불의를 가져오는가?

특히 극빈층에 속한 세계 인구의 10퍼센트와 관련하여 우리가, 또 다른 사람들이 경제 정의를 실천할 기회를 어떻게 활용할 수 있겠는가?

우리는 세계화에 참여하고 있다. 우리는 인터넷을 통해 수천 킬로미터가 떨어진 먼 나라의 옷을 구매하기도 한다. 우리 가운데 대다수는 은행과 기타 계좌에 돈을 가지고 있으며 이 돈은 은행가들이나 다른 사람들에 의해 순식간에 전 세계에서 전자금융거래를 통해 활용된다.

세계화가 과연 경제 생활에서 정의나 불의의 원동력이 될 수 있는가?

나는 둘 다라고 생각한다.

이 입장은 마치 내가 양다리를 걸치고 있는 것처럼 보일 수 있을 것이다. 그러나 세계화가 경제 정의에 대한 성경적 규범과 원칙에 따라 평가될 때 유익하기도 하고 동시에 해로운 결과를 가져오기도 하는 많은 증거가 있다. 따라서 세계화와 관련하여 이처럼 의도적으로 이중적 평가를 하는 것이 타당할 것이다. 이것은 "나는 결정할 수 없다"라는 의미가 아니라 증거에 비추어 의도적으로 '의도적 모호성'의 견해를 밝히는 것이다.

긍정적인 측면에서, 2018년 9월에 세계은행의 김용 총재가 말한 것을 다시 언급하고자 한다.

> 지난 25년 동안 10억 명이 넘는 사람이 극심한 빈곤에서 벗어나게 되었고, 세계 빈곤율은 역사상 가장 낮은 수치를 나타내고 있다.[16]

세계화 현상이 극심한 빈곤층의 수를 많이 감소시키는 데 이바지한 것은 의심의 여지가 없다. 많은 빈곤 국가의 국내총생산(GDP) 증가, 비서구 세계에서 생산된 제품을 전 세계에 판매할 기회, 지식 및 금융의 이용 가능성 증가 등을 포함한 세계화 현상이 사람들을 빈곤에서 벗어나게 하는 데 크게 도움이 되었다. 사람들은 일과 직업을 통해 그리고 선진국의 성공 사례를 배움으로써 더 많은 수입을 올릴 수 있게 되었다.[17]

이 책 전체에서 살펴본 바와 같이, 성경의 경제 정의는 가난하고 소외된 사람들에게 특별한 관심을 두는 것이다. 그리고 물질적 축복을 포함하여 모든 사람이 하나님의 복에 참여하는 것이다. 따라서 많은 사람이 극심한 빈곤에서 벗어날 수 있게 된 것은 경제 정의의 측면에서 볼 때 긍정적인 현상이다. 그리고 세계화는 이 변화에 매우 크게 이바지했다.

그러나 부정적인 측면에서는 세계화에 대한 두 가지 주요 관심사가 있다.

첫째, 비서구 세계의 많은 노동자의 근로 환경이 참담하다는 것이다. 우리는 2장에서 이 문제를 다루었다. 운동화와 같은 상품을 제조하는 공장의 끔찍한 근무 여건과 강제 노동 그리고 현대판 노예 제도가 만연해 있다.

둘째, 빠른 경제 성장을 경험하는 국가에서 많은 사람이 여전히 극심한 빈곤으로 어려움을 겪고 있다는 것이다. 2018년 10월에 발행된 세계은행 보고서(World Bank Report)는 다음과 같이 주장한 바 있다.

> 세계에서 가장 인구가 많은 남아시아(인도와 방글라데시) 그리고 사하라 남부 아프리카(나이지리아, 에티오피아, 콩고민주공화국)에 극빈층이 가장 많이 살고 있다. 2015년에 1억 7천만 명이 넘는 빈곤층을 가진 인도는 전 세계 빈곤층의 거의 1/4을 차지한다.[18]

따라서 '세계화'라는 과정은 경제 정의를 더 많이 실현했지만, 여전히 많은 불의를 허용하고 있다. 우리는 두 가지 측면을 함께 고려해야 한다. 세계화는 여전히 많은 논쟁의 대상이 되는 복잡한 문제이다. 그러나 이 책의 목적은 세계화의 모든 문제를 평가하는 것이 아니다.[19]

내가 제시하는 의도적 모호성은 특히 비서구 세계의 사람들과 관련하여 경제 정의를 실천할 때 중요하다. 이 관점은 실천 가능한 행동 방안을 모색하기 위한 솔직한 접근에 도움이 될 것이다. 예를 들어 세계은행이 제안한 것처럼 국가나 지역에서 극심한 빈곤을 해결하는 데 심각한 장애가 있는 것처럼 보일 경우, 단순히 새로운 행동에 돌입하기보다는 먼저 이러한 장애의 근본적인 원인을 파악하는 것이 더 중요할 것이다.

성경적 경제 정의의 주된 목표는 경제적 약자에게 손을 내밀어 주는 것이다. 실제적으로는 사람들이 꾸준한 수입을 올릴 수 있도록 도와주는 것이다. 또한, 기술과 지식 등의 인적 자본을 제공하여 토지나 자산의 지분을 포함한 자기 자본을 확보할 수 있도록 돕는 것이 중요하다는 것을 살펴보았다. 실제로 이 목표를 성취하는 것은 결코 쉬운 일이 아니다. 그러나 이 목표는 경제 정의의 핵심 요소이다.

9. 결론

 이 장에서 나는 더 넓은 사회에서 경제 정의를 실천하는 것에 대한 방법을 제시했다. 이 책은 앞서 언급한 바와 같이 '방법'에 대한 책이 아니다. 국가 지도자와 정부가 경제 정의를 실현하는 일에 대해 확고한 성경적 관점을 이해하는 것이 중요하다. 우리가 본 것처럼 비정부 기관과 단체들을 통해서도 많은 일을 할 수 있다.

에필로그

사도 베드로는 이렇게 고백했다.

> 우리는 그의 약속대로 의가 있는 곳인 새 하늘과 새 땅을 바라보도다 (벧후 3:13).

이 모습을 상상해 보라.
이 소망을 품고 있는가?
여기서 '의'로 번역된 단어(*dikaiosynē*)에도 정의의 의미가 담겨 있다.
이 시대에 공의를 위한 모든 갈등과 복잡한 문제들 속에서 우리는 새 하늘과 새 땅을 바라보고 있는가?
하나님이 요한에게 예수 그리스도에 대한 계시를 주셨다(계 1:1). 그 일부가 여기에 있다.

> 또 내가 새 하늘과 새 땅을 보니 처음 하늘과 처음 땅이 없어졌고 바다도 다시 있지 않더라 또 내가 보매 거룩한 성 새 예루살렘이 하나님께로부터 하늘에서 내려오니 그 준비한 것이 신부가 남편을 위하여 단장한 것 같더라 내가 들으니 보좌에서 큰 음성이 나서 이르되 보라 하나님의 장막이 사람들과 함께 있으매 하나님이 그들과 함께 계시리니 그들은 하나님의 백

성이 되고 하나님은 친히 그들과 함께 계셔서 모든 눈물을 그 눈에서 닦아 주시니 다시는 사망이 없고 애통하는 것이나 곡하는 것이나 아픈 것이 다시 있지 아니하리니 처음 것들이 다 지나갔음이러라(계 21:1-4).

우리가 경제 정의를 추구할 때, 이 시대에 나타날 하나님의 영광을 위해 그리고 영광스러운 미래의 비전을 함께 바라보며 앞으로 나아가자.

이 본문은 하나님의 백성을 이 시대의 '예루살렘'을 초월하여 평화의 도성이라는 뜻을 가진 '새 예루살렘'의 거룩한 성으로 묘사했다.

우리가 극도로 세속화된 문화 속에 살고 있어서 하나님을 우리 삶의 변두리로 밀어내어 버린 결과로 이 놀라운 새 하늘과 새 땅이 도래하리라는 것은 믿기 어려울 수 있다.

그러나 하나님이 우리에게 이 환상을 주셨다!

그는 항상 약속을 지키는 분이시다. 왜냐하면, 그의 말이 진실하고 영원하기 때문이다. 죽음에서 부활하신 예수 그리스도는 하나님 능력의 실재를 보여 주며, 그가 살아계신 하나님의 아들이라는 확실한 증거가 된다.

그가 부활하신 이후 2천여 년 동안 이 세상에서 보여 주신 하나님의 주권과 역사는 우리를 격려하는 강력한 증거가 아닐 수 없다. 예를 들어 수많은 실패와 박해에도 불구하고 성장하는 교회를 생각해 보라. 그리고 전세계 특히 지난 200여 년 동안 그리스도께로 돌아온 사람들의 이야기를 생각해 보라. 하나님의 나라는 절대 패배하지 않는다.

요한이 본, 이 환상은 선지자 이사야를 통한 하나님의 약속에 근거한 것이다. 잠깐 시간을 내어 이 말씀을 묵상해 보자.

보라 내가 새 하늘과 새 땅을 창조하나니 이전 것은 기억되거나 마음에 생각나지 아니할 것이라 너희는 내가 창조하는 것으로 말미암아 영원히 기뻐하며 즐거워할지니라 보라 내가 예루살렘을 즐거운 성으로 창조하며 그 백성을 기쁨으로 삼고 내가 예루살렘을 즐거워하며 나의 백성을 기뻐하리니 우는 소리와 부르짖는 소리가 그 가운데에서 다시는 들리지 아니할 것이며 (사 65:17-19).

우는 소리와 부르짖는 소리가 사라진 세상이 다가온다는 것은 참으로 큰 위안이 아닐 수 없다. 앞서 언급했듯이, 성경의 큰 그림은 네 가지 행위로 이루어진 실제 드라마이다.

창조 → 타락 → 구속 → 새 창조

하나님이 약속하신 새 창조는 이사야와 요한계시록의 이 영광스러운 말씀에서 나온 것이다. 그리고 이 두 권의 책에 계시가 된 종말의 비전에는 경제 생활에서의 아름다운 공의의 모습이 포함되어 있다. 이사야 65장을 다시 돌아가 보자.

거기는 날 수가 많지 못하여 죽는 어린이와 수한이 차지 못한 노인이 다시는 없을 것이라 곧 백 세에 죽는 자를 젊은이라 하겠고 백 세가 못되어 죽는 자는 저주 받은 자이리라 그들이 가옥을 건축하고 그 안에 살겠고 포도나무를 심고 열매를 먹을 것이며 그들이 건축한 데에 타인이 살지 아니할 것이며 그들이 심은 것을 타인이 먹지 아니하리니 이는 내 백성의 수한이 나무의 수한과 같겠고 내가 택한 자가 그 손으로 일한 것을 길이 누릴 것이며 그들의 수고가 헛되지 않겠고 그들이 생산한 것이 재난을 당하지 아니하리니 그들은 여호와의 복된 자의 자손이요 그들의 후손도 그들과 같을 것임이라(사 65:20-23).

우리는 다른 사람이 내가 정당한 권리를 갖고 사는 곳을 차지하거나, 내가 먹을 것을 빼앗으면 부당하다는 것을 알고 있다(22절). 새 창조에서는 결코 그런 일이 일어나지 않을 것이다. 경제 생활에 다시는 불의가 없을 것이다.

우리는 이 현재의 질서가 타락과 죄의 결과에 직간접적으로 영향을 받고 있는 것임을 알고 있다. 23절에서 그 두 가지의 결과는 헛된 노동, 장기적인 이익이 없는 수고 그리고 자신의 수명을 다 누리지 못하는 아이를 낳는 것으로 나타나 있다. 그러나 하나님은 이사야에게 자신의 새 창조를 엿볼 수 있게 하셨다. 일의 열매는 오랫동안 누리게 될 것이다(22절). 더 이상 불행과 슬픈 울음이 없을 것이다. 정의와 기쁨이 경제 생활을 지배할 것이다. 그리고 이 모든 것을 통해 하나님이 영광을 받으실 것이다.

성경은 새 창조의 일상이 어떤 모습일 것인가에 대해 자세히 설명하지 않는다. 그러나 분명한 사실은 새 창조라는 것이다. 여기에는 물질적인 차원이 있을 것이다. 물리적으로 육체인 예수 그리스도의 부활한 몸은 이것에 대한 강력한 증거가 되며 우리에게 이것을 보증한다.

창세기 1-2장의 에덴동산은 요한계시록 21-22장의 성곽이 될 것이다. 이 새 창조에는 반드시 물질적이고 경제적인 차원이 있을 것이다. 그러나 더 이상 불의나 울음은 없을 것이다.

1. 정의와 심판, 회개와 믿음

예수 그리스도께서는 산 자와 죽은 자를 심판하기 위해 영광 가운데 다시 오실 것이다.

기독교 신앙의 역사적 고백 중 하나인 니케아 신조(the Nicene Creed)의 이 고백은 당신과 내가 해야 할 결정을 상기시켜 준다. 이 시대가 끝날 때 (그리스도께서 다시 오실 때) 최종 심판이 있을 것이다. 새 창소는 의로움의 집 그리고 정의의 집이 될 것이다.

당신이 이 집의 구성원이 될 것인가, 아닌가?

예수 그리스도의 초대에는 차별이 없이 모든 사람에게 열려 있다.

> 예수께서 갈릴리에 오셔서 하나님의 복음을 전파하여 이르시되 때가 찼고 하나님의 나라가 가까이 왔으니 회개하고 복음을 믿으라 하시더라 (막 1:14-15).

하나님의 나라는 참으로 좋은 소식이다. 그리스도께서 왕으로서 다스리시는 하나님의 나라는 좋은 소식이 아닐 수 없다.

그러나 어떻게 하나님 나라에 들어갈 수 있는가?

회개와 믿음으로 들어갈 수 있다. 회개한다는 것은 하나님에 대한 우리의 죄, 즉 죄를 인정하고 그분께 돌아오는 것을 의미한다. 좋은 소식을 믿으려면 죄인의 형벌을 받아 우리를 대신하여 십자가에서 죽으시고 부활하신 예수 그리스도를 믿어야 한다.

이것은 우리 각자가 직면한 매우 중요한 결정이다.

회개와 믿음으로 하나님께 돌아갈 것인가?

거부할 것인가?

지중해의 가이사랴 항구에서 사도 베드로가 한 말을 들어보자. 그는 청중들과 동료들에게 나사렛 예수 그리스도에 대해 들려주었다.

> 우리는 유대인의 땅과 예루살렘에서 그가 행하신 모든 일에 증인이라 그를 그들이 나무에 달아 죽였으나 하나님이 사흘 만에 다시 살리사 나타내시되 모든 백성에게 하신 것이 아니요 오직 미리 택하신 증인 곧 죽은 자 가운데서 부활하신 후 그를 모시고 음식을 먹은 우리에게 하신 것이라 우리에게 명하사 백성에게 전도하되 하나님이 살아 있는 자와 죽은 자의 재판장으로 정하신 자가 곧 이 사람인 것을 증언하게 하셨고 그에 대하여 모든 선지자도 증언하되 그를 믿는 사람들이 다 그의 이름을 힘입어 죄 사함을 받는다 하였느니라(행 10:39-43).

하나님은 의롭고 자비로우신 분이시다. 그는 우리가 마땅히 받아야 할 형벌로부터 구원의 길을 예비해 주셨다. 나는 당신이 하던 일을 잠깐 멈추고 이 문제에 대해 심사숙고하기를 바란다. 만약 당신이 아직 예수 그리스도를 통해 하나님을 만나지 못했다면, 이 진리를 탐구하는 데 우선순위를 두기 바란다.

이 책을 마무리하면서 구약성경에서 나타난 그리스도와 그가 성취할 정의에 대한 놀라운 말씀을 나누고자 한다. 예수 그리스도께서 이 땅에 오시기 수백 년 전에 선지자 이사야는 그가 오실 것에 대해 예언했다. 장차 오실 메시아를 이사야는 '하나님의 종'이라고 불렀다.

> 내가 붙드는 나의 종, 내 마음에 기뻐하는 자 곧 내가 택한 사람을 보라 내가 나의 영을 그에게 주었은즉 그가 이방에 정의를 베풀리라 그는 외치지 아니하며 목소리를 높이지 아니하며 그 소리를 거리에 들리게 하지 아니하며 상한 갈대를 꺾지 아니하며 꺼져가는 등불을 끄지 아니하고 진실로 정의를 시행할 것이며 그는 쇠하지 아니하며 낙담하지 아니하고 세상에 정의를 세우기에 이르리니 섬들이 그 교훈을 앙망하리라(사 42:1-4).

여기서 '섬들'이라는 표현은 가장 먼 곳, 심지어 가장 먼 섬에 사는 사람들을 지칭하는 것이다. 가까이 있든 멀리 있든 사람들이 지구상의 어느 곳에서나 예수 그리스도에게 소망을 둘 수 있다. 예수 그리스도께서는 하나님의 은혜로 인류를 구원하고 정의를 완성하기 위해 먼 곳으로 오셨다.

성찰과 토론 그리고 실천을 위한 토의 질문

제1장 경제 정의란 무엇인가?

1. 이 장에서 이 시대에 '경제 정의'가 무엇인지에 대해 큰 혼란이 있다고 말했다. 이 장을 읽지 않았다면, '정의'가 권리, 필요, 혹은 대가에 근거를 두고 있다고 생각하는가?

2. 만약 정의가 하나님의 본질과 성품에 근거를 두고 있다면 이것은 무엇을 의미하는가?

    어떤 차이가 있는가?

3. 이 장은 하나님의 피조물 안에 정의가 내재해 있다고 주장한다. 하나님이 창조하시고 유지하시는 세상에는 정당한 질서가 있다.

    이 관점이 세속적 혹은 비기독교적 관점과 어떻게 다른가?

4. 이 장은 경제 정의에 대한 성경적 관점의 네 가지 요소를 제시하고 있다.

    이 중에서 당신에게 가장 의미 있는 것은 무엇인가?

    이 성경적 관점이 21세기의 세상 사람들이 생각하는 '경제 정의'와 어떤 차이가 있는가?

5. 경제 정의는 우리가 경제 생활을 할 때 하나님이 정하신 규범과 원칙에 따라 다른 사람들을 대하는 것을 의미한다. 하나님은 우리가 번창할 수 있도록 규범과 원칙을 주셨다.

성경에 나타난 하나님의 명령이 단순히 '복종' 그 자체에 목적이 있는 것인가? 아니면 우리가 풍성한 삶을 살도록 돕기 위해 하나님이 예비하신 규범인가? 둘 다 포함된 것은 아닌가?

6. 하나님을 알고 그분과 교제하는 것과 가난한 사람을 돌보는 것이 어떤 관계가 있는가?

    가난한 사람을 돌보는 것과 경제 정의는 어떤 관계가 있는가?

    이것이 당신에게는 어떤 의미가 있는가?

7. 이 장은 경제 정의에는 상호 관계와 책임이 포함된다고 주장한다.

    이것이 당신에게 의미하는 바는 무엇인가?

    이 상호 관계와 책임에 관한 성경적 사례와 교훈은 무엇인가?

8. 성경적 경제 정의의 네 번째 요소인 "자원 분배의 정의는 모든 사람이 물질적 축복을 포함하여 하나님의 복에 참여하는 것이다"라는 주장은 수치와 통계상의 평등과 어떤 차이가 있는가?

    정의에 대한, 이 성경적 관점에 동의하는가?

    이 주장에 대한 실제적인 적용 방안은 무엇이라고 생각하는가?

제2장 소비자의 경제 정의 실천

1. 이 장에서 의류 회사의 71퍼센트가 그 공급망에 있어서 노예 생활에 가까운 열악한 근로 여건이 존재할 가능성이 크다고 보고한 바 있다.

    이 정보에 대한 당신의 견해는 무엇인가?

2. 이 장에서 이 공급망의 어디에선가 극도로 열악한 근로 조건을 강요하는 기업에 대해, 인터넷으로 어렵지 않게 조사할 수 있다고 제안했다. 더 나아가 이와 같은

노예 계약을 개선하고자 하는 도덕적 책임을 준수하지 않는 기업을 소비자가 감시해야 한다고 말했다.

당신도 이 활동에 참여할 수 있는가?

소비자로서 어떻게 경제 정의를 실천할 수 있겠는가?

3. 이 장에서 '윤리적 쇼핑'의 문제를 지적하고 있다.

여기서 제기된 문제에 대한 당신의 견해는 무엇인가?

4. 우리는 '소비지상주의와 돈에 대한 사랑' 그리고 '하나님에 대한 사랑과 그의 정의를 실천해야 하는 책무' 사이에서 분명한 선택을 해야 하는 문제에 직면해 있다. 그러므로 소비지상주의를 극복하는 것이 경제 정의의 실천에 중요한 과제로 대두되고 있다. 따라서 매우 신중한 소비 생활을 해야 할 필요가 있다.

이것에 대해 어떻게 생각하는가?

5. 하나님이 당신에게 맡기신 돈에 대한 당신의 태도는 무엇인가?

당신에게 '돈에 대한 사랑'은 어떤 의미가 있는가?

돈에 대한 당신의 태도에 변화가 필요하다면, 어떻게 변화를 시도할 것인가?

6. 이 장에서는 우리가 재량권을 갖고 사용할 수 있는 돈으로 경제 정의에 영향을 미칠 수 있다고 제안한다.

이것이 당신의 소비 생활에 어떤 변화를 가져올 수 있겠는가?

7. 소비자로서 경제 정의를 실천하려면 우리 주변의 사람들을 올바로 대해야 한다. 이것은 팽배해 있는 기존의 소비문화의 관행과는 완전히 다른 것이다.

이 차이를 인식하는가?

당신은 이 차이를 개선하기 위해 무엇을 할 수 있는가?

제3장 직장에서의 경제 정의 실천

1. 이 장에서 2015년도에 영국에서 실시한 한 설문 조사에서 "일은 돈을 벌기 위한 수단일 뿐이다"라는 말에 동의한 사람이 49퍼센트에 달한다고 언급했다. 당신의 견해를 진술해 보라.
2. 이 장에서는 "피조물은 청지기로서의 목적이 있고 생산적인 활동인 일은 하나님의 큰 그림의 중심이 된다"라고 주장한다.

    당신의 일을 이와 같은 관점에서 바라본 적이 있는가?

    당신의 직장은 어떤 면에서 하나님이 죄와 타락으로부터 회복을 가져 오는 상소가 될 수 있겠는가?
3. 이 장에서는 성경이 직장에서 정의를 실천하는 것에 대해 매우 철저한 교훈을 주고 있다는 것에 대해 다루었다.

    당신은 골로새서와 에베소서가 제시하는 교훈에 대해 동의할 수 있는가?
4. 이 장에서는 '직장에서의 관계'에 대해 많은 이야기를 하고 있다.

    직장의 관계적 측면에서 경제 정의에 대해 생각해 본 적이 있는가?

    이 성경의 가르침이 당신의 일상적인 직장 생활 속에서 어떤 영향을 미치고 있는가?
5. 이 장은 기업의 경영자나 고위직 책임자가 관계적 측면에서 경제 정의를 실천할 수 있는 네 가지 영역을 소개하고 있다.

    당신은 어떻게 생각하는가?

    만약 당신에게 기업을 관리해야 할 책임이 있다면 어떻게 이 제안을 실천할 수 있겠는가?

6. 당신은 많은 사람에게 일은 자신의 욕구를 충족시키고 목표를 달성하고 경력을 쌓고 여가를 위해 돈을 버는 수단일 뿐이라는 진술에 대해 어떻게 생각하는가?

   일과 직장에 대한 당신의 관점은 무엇인가?

   당신은 그리스도인으로서 기존의 직장 문화의 변화에 어떻게 기여할 수 있겠는가?
7. 직장에서 경제 정의를 실천하기 위해 우리는 어떻게 기도해야 하는가?

제4장 교회: 경제 정의의 등불

1. 당신이 속한 교회 공동체를 생각해 보라.

   정의의 등불이 되는 것이 교회의 비전 가운데 포함되어 있는가?

   만약 그렇지 않다면, 그 이유가 무엇이라고 생각하는가?
2. 이 장에서는 교회 공동체의 두 가지 목표 즉 가난한 사람을 자비로운 마음으로 돕는 것과 그들이 스스로 생계를 유지할 수 있도록 지원하는 것을 제시했다.

   당신은 이 두 가지의 목표에 대해 어떻게 생각하는가?
3. 이 장을 포함한 이 책 전체에서 오늘날의 그리스도인과 교회가 적용해야 할 경제 정의의 원리를 성경에서 도출할 수 있다고 주장한 바 있다.

   이와 같은 관점에서 성경을 묵상하고 적용해 본 경험이 있는가?

   이와 같은 방식으로 우리가 도덕적, 사회·경제적 원리를 도출할 수 있는 또 다른 성경적 가르침은 무엇인가?
4. 이런 접근 방법을 사용할 때 어떤 위험이 있을 수 있는가?

   그 위험을 어떻게 보완할 수 있겠는가?
5. "너희 중에 가난한 자가 없으리라 … 땅에는 언제든지 가난한 자가 그치지 아니하겠으므로"(신 15:4, 11).

이 장에서는 성경에 기록된 대로 이 두 문장 사이의 긴장을 다루고 있다.

당신의 교회 상황에서는 이 긴장이 어떻게 나타나고 있는가?

6. 당신의 교회는 가난한 성도를 어떻게 돕고 있는가?

만약 당신이 잘 모른다면, 어떻게 알 수 있는가?

이 장의 내용에 비추어 볼 때 당신의 교회가 부족한 부분을 어떻게 보완할 수 있겠는가?

7. 당신의 교회에 소속된 가난한 성도가 자신과 가족을 부양할 수 있도록 돕기 위해 교회가 할 수 있는 일은 무엇인가?

8. 만약 당신의 교회가 부유한 지역에 있어서 가난한 사람들이 많지 않은 것처럼 보일 경우, 가난한 사람들을 돌보라는 성경적 가르침을 어떻게 실천할 수 있겠는가?

상대적으로 덜 부유한 지역의 교회와 어떻게 협력할 수 있겠는가?

9. 당신의 교회가 지역 사회의 가난한 사람들을 어떻게 도울 수 있겠는가?

이 장에서 언급한 실제 사례들을 참고하라.

상황에 따라 이 사례들을 어떻게 적용할 수 있겠는가?

당신과 당신의 교회가 가난한 사람을 돕기 위해 신용조합 혹은 또 다른 방식의 지원 방안(예를 들어, 빈곤 퇴치를 위한 재정 자문 프로그램 개설 등)에 참여하는 것은 어떻게 생각하는가?

만약 이런 일에 참여할 수 없다면, 이 장의 내용을 참조하여 다른 방안을 모색해 보라.

10. 이 장의 마지막 부분은 복음의 전파와 사회적 책임을 분리하지 않아야 한다고 말한다.

당신이 속한 교회는 이 두 가지의 사명을 어떻게 실천하는가?

어느 한쪽으로 치우쳐 있지는 않은가?

당신의 상황 속에서 이 두 가지의 사명을 어떻게 조화롭게 실천할 수 있겠는가?

제5장 회사와 법인

1. 이 장은 그리스도인이 기업이나 어떤 단체의 고용인이나 고용주로서 어떻게 경제 정의를 실천할 수 있는가에 대해 다루고 있다. 이것은 제3장에서 언급한 직장에서의 개인적인 관계 속에서 경제 정의를 실천하는 것과는 차이가 있다.

   당신이 소속된 기업이나 단체에 어떤 영향을 줄 수 있는가?

   이것이 성경적으로 바람직한가?

   얼마나 실현 가능한가?

2. 이 장은 성경적으로 경제 정의가 단순한 상황적 필요에 의한 것이 아니라 어떤 사람이나 조직이 다른 사람을 어떻게 대하는가에 대한 것이라고 주장한다.

   이 주장에 어느 정도로 동의하는가?

   이 접근이 경제 정의란 무엇인가에 대한 다른 관점들과 어떻게 다른가?

3. 당신이 알고 있는 기업이나 단체의 실제 상황을 생각해 보라. 당신이 이 기업이나 단체에 소속된 고용인일 수도 있고, 경영을 책임지고 있는 고용주일 수도 있다.

   이 기업이나 단체가 경제 정의에 대한 하나님의 규범을 어느 정도로 실천하고 있다고 생각하는가?(이 장에서는 이와 관련하여 당신이 활용할 수 있는 세부적인 기준과 질문을 포함하고 있다)

4. 이 장은 이윤의 창출과 경제 정의의 실천을 동시에 실현할 수 있다고 주장한다.

   여기에 동의하는가?

어떤 일이 발생할 때 이 둘 사이의 균형이 무너질 수 있는가?
5. 기업이 고용을 창출함으로써 경제 정의를 실천할 수 있다는 주장에 대해 당신은 어떻게 생각하는가?
6. 저임금의 열악한 근무 환경 가운데서 일하는 고용인을 위해 기업이 할 수 있는 일은 무엇인가?
7. 대기업이 높은 투자 수익률을 요구하는 주주의 반대에 직면할 때 정의를 실천하기 위해 무엇을 할 수 있는가?
8. 이 장은 최근 기업 고위직 임원의 급여가 경제 정의에 대한 심각한 의문을 제기한다고 주장한다.

    당신은 어떻게 생각하는가?

    이 문제에 대해 기업 경영자의 위치에 있는 그리스도인에게는 어떤 책임이 있는가?

제6장 은행과 금융 기관

1. 하나님이 당신에게 맡기신 돈에 대한 당신의 관점은 무엇인가?

    돈에 대한 사랑을 어떻게 생각하는가?
2. 신약성경은 "탐심이 … 곧 우상숭배"(골3:5)라고 가르치고 있다. 그런데도, 탐심은 오늘날의 서구 사회에서 강력한 삶의 동기가 되고 있다.

    돈에 대한 탐심이 어느 정도로 당신의 사고방식을 지배하는가?

    이 탐욕을 극복하기 위한 당신의 방안은 무엇인가?

3. 이 장에서는 과도한 대출과 융자가 불의하고 현명하지 못한 행위라고 말한다.

    주택 담보 대출, 신용카드 대출, 자동차 할부금 그리고 은행 대출 등을 포함한 현재 당신의 부채는 얼마인가?

    성경적 관점에 비추어 볼 때, 당신의 부채를 어떻게 이해해야 하는가?

    당신이 돈을 빌렸을 때 개인이든 금융 기관이든 그들과 관계를 맺고 있다는 사실을 생각해 보았는가?

    차용인으로서 당신의 태도에는 어떤 차이가 있는가?

4. 이 장에서는 성경적 경제 정의의 핵심 요소들을 살펴보았다.

    만약 당신이 은행이나 금융 기관에서 일하고 있다면 성경적 관점에 비추어 볼 때 이 장에서 언급한 어떤 요소가 당신의 직장에 가장 큰 도전이 되는가?

    당신이 속한 은행이나 금융 기관이 직면해 있는 불의한 행위는 무엇인가?

    만약 당신이 그리스도인이라면, 당신의 은행이나 금융 기관이 성경적 규범을 준수할 수 있도록 어떻게 영향을 끼칠 수 있겠는가?

    만약 당신이 관리자의 직책을 담당하고 있다면, 정의를 실천하기 위해 어떤 변화를 가져올 수 있겠는가?

    조직의 지배적인 가치와 풍조에 어떤 영향을 줄 수 있겠는가?

5. 만약 당신이 은행이나 금융 기관에서 일하고 있다면, 당신의 일상 생활 속에서 어떻게 경제 정의를 더 충실하게 실천할 수 있겠는가?(직장에서의 지위에 따라 서로 다른 선택의 여지가 있을 수 있다)

    지위가 무엇이든 당신이 직장에서 정의를 실천한다는 것은 당신의 '관계'에 어떤 의미가 있는가?

6. 대다수 사람은 은행 계좌를 갖고 있다.

    당신은 은행의 불의한 행동 때문에 거래 은행을 바꿀 것을 고려해 본 경험이 있는가?

    이 장에서 제시한 성경적 가르침을 내가 어떤 은행과 거래할 것인가에 적용해 본 경험이 있는가?

7. 이 장에서 가난한 사람들을 위한 대출은 영리적 목적이 아닌 자비에 근거를 둔 대출이어야 한다고 주장했다.

    여기에 어느 정도로 동의하는가?

    만약 당신이 '소액 단기 대출'을 사용하고 있다면, 이 장이 당신의 생각과 행동에 어떤 영향을 줄 수 있겠는가?

8. 가난하거나 수입이 적은 사람들을 위해 사회적 은행이나 각종 대안적 저비용 대출 제도를 활성화하기 위해 당신이 할 수 있는 일은 무엇이겠는가?

    당신이나 당신이 알고 있는 사람이 어떤 역할을 담당할 수 있겠는가?

9. 2007년에 시작된 금융 위기는 큰 피해를 줬다. 이 장에서는 탐욕, 교만, 어리석음 그리고 자만이 이 위기를 초래한 결정적인 원인이 되었다고 주장한다.

    이 주장에 동의할 수 있는가?

    잠시 시간을 내어 당신이 속한 문화적 상황을 생각해 보라.

    당신이 속한 문화의 어떤 영역에서 탐욕과 자만을 볼 수 있는가?

    회개와 예수 그리스도에 대한 믿음의 진리가 이 문화에 어떤 영향을 줄 수 있겠는가?

    어떻게 인간의 물질적 탐욕과 자만을 복음 증거를 위한 출발점으로 사용할 수 있겠는가?

제7장 더 넓은 사회: 국가와 세계

1. 소득과 부의 불평등이 심각한 사회 문제가 되고 있지는 않은가?

   경제, 사회 생활에서 국가가 어느 정도의 역할을 해야 하는가?

   이와 같은 질문들이 보수와 진보의 정치적 논란의 대상이 되고 있다.

   이 질문에 대한 당신의 견해는 무엇인가?

   왜 그렇게 생각하는가?

2. 이 장에서는 세계의 절대 빈곤, 소득과 부의 불평등에 대한 통계와 추세를 제시하고 있다.

   이 통계 자료로부터 배울 수 있는 교훈은 무엇인가?

3. 이 장에서는 "성경은 경제 정의의 책임을 국가나 정부에 전가하지 않고, 모든 사람이 경제 정의를 실천해야 할 책임이 있다"라고 주장한다.

   이 주장에 대한 당신의 견해는 무엇인가?

   왜 그렇게 생각하는가?

4. "성경적 경제 정의의 원칙은 정치적 보수와 진보 진영 모두에 걸쳐 적용할 수 있다. 즉, 경제 생활 면에서 정부가 더 큰 역할을 하는 나라와 그 책임이 더 적은 나라 모두에 적용된다."

   이 주장에 대한 당신의 견해는 무엇인가?

   그 이유는 무엇인가?

5. 이 장은 중요한 것은 평등의 어떤 수치적 척도가 아니라 각 개인과 가정이 의미 있는 자기 자본을 갖고 있고, 번창하는 것이라는 경제 정의에 대한 성경적 비전을 제시하고 있다.

당신은 어떤 면에서 자기 자본이나 자산(equity or trusteeship) 등이 개인과 가정의 경제 생활에 변화를 가져올 수 있다고 생각하는가?

6. 이 장에서는 경제 정의 면에서 국가 지도자들이 성경의 윤리적 가르침을 반영하여 법을 준수하며, 경제적 약자에게 관심을 가져야 하고, 경제적 착취와 억압의 문제를 해소해야 한다고 주장한다.

   당신은 어떻게 생각하는가?

   당신이 속한 사회에서는 이 세 가지 분야 중에서 국가 지도자들이 어떤 부분에 더 큰 관심을 기울여야 한다고 생각하는가?

   이 문제를 해결하는 데 도움이 될만한 제안이 있는가?

7. 경제 정의를 실천할 때 다양한 비정부 사회단체나 기관이 담당할 수 있는 광범위한 역할이 있다. 이 장에서는 몇 가지 최근의 사례를 제시하고 있다.

   국가와 세계의 차원에서 당신의 견해나 제안은 무엇인가?

8. 다시 서론으로 돌아가서, 이 책은 그리스도인이 복음을 위해 우리 주변의 세상과 역동적으로 상호 작용해야 한다는 요청과 함께 시작되었다. 경제 정의의 실천은 이 역동적 참여의 일부이다. 경제 활동을 포함하여 이 세상 속에서 살아가고 일하는 일상 생활을 통해서 예수 그리스도의 복음을 전파할 수 있는 더 큰 기회를 얻게 된다.

   당신의 생활 속에서 구체적으로 어떤 기회가 있는가?

9. 이 책의 마지막 부분에서 하나님은 공평과 정의의 집인 '새 하늘과 새 땅'을 창조하실 것을 약속하셨다는 것을 다루었다.

   이와 같은 새 창조에 대한 믿음으로 살아갈 때 다른 사람과 무슨 차이가 있겠는가?

   이 믿음이 당신의 사고방식과 기도 그리고 행동에 어떤 영향을 주고 있는가?

미주

서론

1 www.licc.org.uk/about-licc, (2015년 3월 27일 열람).
2 Os Guinness, *Renaissance: The Power of the Gospel However Dark the Times* (Downers Grove: InterVarsity Press, 2014), 28.
3 Guinness, *Renaissance*, 88.

제1장 정의란 무엇인가?

1 www.webster-dictionary.org/definition/justice, (2018년 6월 14일 열람).
2 대다수 문헌은 이 두 개의 범주를 '교환적 정의'(commutative justice)와 '분배적 정의'(distributive justice)로 분류한다. 자세한 내용은 나의 책 *What Is Economic Justice? Biblical and Secular Perspectives Contrasted* (Carlisle: Paternoster, 2007), 제5장을 참고하라.
3 문제는 정의의 속성이 무엇인지에 대한 보편적인 관점이 없다는 것이다. 만약 정의의 속성에 대한 이해가 불확실하면 생산과 소비의 정의와 분배의 정의를 결합하는 것은 불가능할 것이다.
4 구약성경의 많은 본문처럼, 이 구절은 '의'(righteous)와 '정의'(justice)라는 두 개의 중요한 단어와 매우 밀접한 관련이 있다. 구약성경에서 '의'와 '정의'는 수많은 본문에서 한 쌍으로 나온다(시 37:6; 48:10-11; 렘 22:3 등). 이 책의 후반부에서는 이 부분에 대해 더 많은 이야기가 나올 것이다. 자세한 내용은 나의 책 *What Is Economic Justice?*, 제2장을 참고하라.
5 출애굽기 20장; 시편 19:7-14; 119편; 마가복음 7:1-13; 요한복음 17:17; 디모데후서 3:14-17; 히브리서 1:1-2 등에서 그 사례를 찾아볼 수 있다. 예수님은 바리세인

과 대화하던 중에 성경을 "하나님의 계명"(막 7:8)과 "하나님의 말씀"(막 7:13)이라고 말씀하신다.

6　이 장(그리고 이 책 전체)에서 나는 성경적 경제 정의에 대한 '나'의 이해와 관점을 다루고 있다. 나는 의도적으로 일반적인 관점이 아닌 '나'의 주관적인 관점을 제시한다. 비록 성경이 우리에게 경제 정의가 무엇인지에 대한 진리를 보여 주고 있다고 확신하지만, 특히 죄인이며 불완전한 인간으로서 성경이 가르치는 바를 완전하게 이해하고 정확하게 표현하는 나의 역량이 부족하기 때문이다. 그래서 경제 정의에 대한 성경의 진리에 대한 나의 이해를 심화시키고 기독교 신앙의 공동체 속에서 그들과 함께 배우고 공유해 왔지만, 나의 지식과 통찰에는 여전히 의심할 여지가 없이 많은 결점이 남아 있다. 따라서 이 책에서 제시하는 것은 경제 정의에 대한 나의 견해일 뿐이다. 나는 2008년에 쓴 *What Is Economic Justice?*에서 경제 정의에 대한 성경적 근거에 대해 훨씬 더 폭넓게 다루었다. 그 책은 내가 2003년에 런던킹스칼리지(King's College, London)에서 작성한 박사 학위 논문을 토대로 쓴 것이다.

7　이 책의 제2장에서 나는 성경의 '의'와 '정의'에 대해 더 자세하게 다룰 것이다.

8　레위기 19:35-36에도 비슷한 내용이 언급되어 있다.

9　바울이 같은 원칙을 고린도전서 9:1-14에서도 가르치고 있다. 이 본문에서도 그의 가르침에 예수님의 말씀을 인용하고 있다.

10　성경의 여러 본문에서 이와 비슷한 내용을 찾아볼 수 있다. 신명기 7:6-11을 보라.

11　신명기 6장을 비롯한 여러 성경 본문에서 이와 같은 내용을 언급하고 있다.

12　14절의 '정의'에 대한 성경의 원문은 '미쉬파트'(*mišpāṭ*)이다. 마찬가지로 내가 인용한 시편 103:6도 같은 의미가 있다.

13　여기서는 히브리어 '*dîn*'을 '정의'로 번역한 것이고, '*mišpāṭ*'를 '변호'로 번역했다.

14　13절에서 고용인이 정당한 대가를 받지 못하는 것은 불의한 것이라는 사실에 주목하라. 이것은 곧 고용인이 정당한 보수를 받는 것이 정의라는 것을 의미한다. 또한, 이것은 경제 정의는 근본적으로 하나님이 주신 규범과 원칙에 따라 사람을 적절하게 대우하는 것이라는 것을 보여 주는 하나의 사례이다.

15　15절의 '정의'는 히브리어 '*mišpāṭ*'를 번역한 것이다.

16　4절의 '공의'는 히브리어 원문의 '*mîšôr*'를 번역한 것이다.

17　17절의 '정의'("억울하게 하지 말며", 개역개정-역자 주)는 히브리어 원문의 '*mišpāṭ*'를 번역한 것이다.

18　신명기 10:17-19은 외국인 거주자를 포함하여 이스라엘이 이방인을 어떻게 돌봐야 하는지를 잘 보여 준다.

19 자세한 내용은 Michael Schluter, 'Christian Morality Relating to Credit and Debt', in Andrew Hartropp (ed.), *Families in Debt: The Nature, Causes and Effects of Debt Problems and Policy Proposals for Their Alleviation*, Jubilee Centre Research Paper 7 (Cambridge: Jubilee Centre, 1988), 3-17을 참고하라.

20 신명기 15장에 언급된 요구 사항은 다른 사람에게 종으로 팔려간 이스라엘 백성을 7년째에 풀어 주어야 한다는 것이다. 이런 경우는 일반적으로 극심한 빈곤 상태에서만 발생한다(레 25:35-46 참조).

21 이것은 그 당시의 사회적 상황 속에서 주어진 교훈이었다. 성경 전체를 볼 때, 나는 이 원리가 시대를 초월하여 모든 상황에서 적용되어야 한다고 생각하지 않는다. 특정한 성경의 가르침을 다른 사회경제적 상황에 적용하는 방법은 이 책의 다른 부분에서 다룰 것이다.

22 John D. Mason, 'Assistance Programmes in the Bible', *Transformation* 4.2 (April-June 1987), 1-14.

23 사람들은 그러한 '희년'이 실제로 일어났는지 의문을 갖기도 한다. 지금 나의 대답은 "그것은 논점을 벗어난 질문이다"라는 것이다. 여기에서 논점은 하나님이 주신 규범과 원칙에 대한 것이다. 하나님의 백성이 이 규범과 원칙을 준수하지 않아도, 그 불순종이 규범과 원칙을 훼손할 수는 없기 때문이다.

제2장 소비자의 경제 정의 실천

1 'Unboxing the Truth', www.trust.org/unboxing-the-truth, (2018년 7월 20일 열람).

2 영국이 유럽연합(EU)을 떠나는 것을 지지하는 2016년 영국의 국민투표 이후, 공급망에 대한 논의가 브렉시트(Brexit)에 관한 논쟁의 중심을 이루었다. 이는 영국과 EU 사이의 경제와 산업의 매우 긴밀한 상호연결성 때문이었다. 이 책의 집필을 끝낼 무렵인 2019년 봄에도 실제로 영국이 EU를 떠날지에 대한 문제는 여전히 미해결 상태로 남아 있었다.

3 '5 Supply Chain Management Tips', www.raconteur.net/business/5-supply-chain-management-tips, (2018년 7월 20일 열람).

4 이 글을 쓰는 시점에서 미래의 공급망 구조가 조금 더 단순해질 수 있을지에 대한 논의가 있지만, 큰 변화는 기대하기 어려운 것이 현실이다.

5 인터넷에서 간단하게 '공급망의 불공정'(supply chain injustice)으로 검색해 봐도 기업의 공급망과 관련된 도덕적 문제에 대처할 수 있도록 도와주는 수많은 자료를

열람할 수 있다.
6   'Unboxing the Truth'를 참고하라.
7   나의 주장에 반대하는 사람들은 만약 우리가 불의한 기업의 제품을 구매하지 않아서 기업의 수익이 줄어들거나 폐쇄한다면 착취당하고 있던 노동자들이 더 큰 불이익을 당할 것이라고 주장한다. 이것은 실제로는 확실한 반론이 될 수 없다. 착취당하는 노동자를 돕기 위한 가장 효과적인 방법은 더욱더 정의로운 기업의 상품을 구매하는 것이다. 이렇게 할 때, 시간이 지남에 따라 "좋은 돈이 나쁜 돈을 몰아낼 수 있다." 다시 말하면, 좋은 도덕적 가치를 실천하는 기업이 그렇지 않은 기업보다 생존하고 성장할 가능성이 커지는 것이다. 내가 할 수 있는 또 다른 일은 불의한 기업이 올바른 행동을 할 수 있도록 요구하는 캠페인에 참여하는 것이다. 그러나 불의한 기업의 상품을 계속 구매하여 그들의 배를 불리는 것으로는 더 나은 변화를 가져올 수 없다.
8   예를 들어 'Ethical Consumer', www.ethicalconsumer.org, (2018년 8월 7일 열람)에는 이 두 가지 요소를 모두 포함하고 있다.
9   이 부분에 대한 자세한 내용은 내가 저술한 *What Is Economic Justice? Biblical and Secular Perspectives Contrasted* (Carlisle: Paternoster, 2007), ch. 2, esp. 15-17을 참고하라.
10 헬라어 어군에는 '디카이오스'(*dikaios*, 정의로운 혹은 올바른) 그리고 '디카이오쉬네'(*dikaiosyne*, 정의 혹은 의로움) 등이 포함되어 있다. 로마서 1:17; 3:21-26; 4:1-6, 9-12; 갈라디아서 2:15-21; 3:6-14 등을 참고하라.
11 공급 업체가 소비자의 생각, 감정 그리고 행동에 영향을 미치기 위해 큰 노력을 기울이고 있다. 마케팅과 광고에 기업이 지출하는 재정 규모를 생각해 보라. 그러나 이와 같은 기업의 노력도 소비자 자신이 가진 막강한 영향력을 감소시킬 수는 없는 것이다.
12 이러한 항목을 '필수품'이라고 할 수도 있지만, '필수'와 '필요'라는 단어를 사용하면서 실제로는 '불필요'한 사치품을 구매하거나 이 둘의 차이를 구분하지 않는 것에 대해 주의해야 한다. 그러나 이 주장은 마치 어떤 것은 '필수품'이고, 어떤 것은 '사치품'인 것처럼 들리기 때문에 논쟁의 여지가 있다. 어떤 사람에게는 '사치품'인 물건이 다른 사람에게는 '필수품'인 것처럼 보일 수 있으므로 주관적인 평가 기준이 될 수밖에 없을 것이다.
13 www.startups.co.uk/what-is-social-enterprise, (2018년 8월 14일 열람).

14 이전 장에서 살펴본 바와 같이 구약성경에 명확하게 규정되어 있는 가난한 사람에게 돈을 빌려주는 것에 대한 원칙은 지역 교회가 정의를 실천하는 방법을 다루는 다음 장에서 더 구체적으로 살펴볼 것이다.

제3장 직장에서의 경제 정의 실천

1 www.leadersinheels.com/career/6-management-styles-and-when-best-to-use-them-the-leaders-tool-kit, (2018년 8월 21일 열람).
2 *British Social Attitudes 33*, 2016년 7월 발행. www.bsa.natcen.ac.uk/latest-report/british-social-attitudes-33/work.aspx, (2018년 8월 20일 열람).
3 많은 학자가 이 주제를 다루고 있다. 예를 들어 Donald A. Hay, *Economics Today: A Christian Critique* (Leicester: Apollos, 1989), 73-75; Alan Storkey, *Transforming Economics: A Christian Way to Employment* (London: SPCK, 1986), 제5장을 참고하라.
4 Michael Rhodes and Robby Holt with Brian Fikkert, *Practicing the King's Economy: Honoring Jesus in How We Work, Earn, Spend, Save and Give* (Grand Rapids: Baker, 2018), 40.
5 Campbell R. McConnell and Stanley L. Brue, *Economics: Principles, Problems and Policies*, 13th edn (New York: McGraw-Hill, 1996), 1.
6 골로새서 1:15-20은 그리스도안에서의 하나님의 새 창조의 약속에 대해 놀랍고도 광대한 설명을 하고 있다.
7 비슷한 내용이 골로새서 3:1-10에 언급되어 있다.
8 비슷한 내용이 에베소서 6:5-9에 언급되어 있다.
9 '정의'는 헬라어의 디카이오스(*dikaios*)를 번역한 것이다. 더욱더 원문에 가깝게 번역하면 '종에게 공평하고 정의로운 대우를 보장하다'가 될 것이다.
10 Peter T. O'Brien, *Colossians, Philemon*, WBC (Word: Waco, 1982), 232.
11 더 자세한 내용은 앞의 책과 같은 성경 주석을 참고하라.
12 '노예'(slave)라는 단어에 대해 *Illustrated Bible Dictionary*, ed. J. D. Douglas et al. (Leicester: Inter-Varsity Press, 1980), part 3, 1464-1466의 자료를 참고하라.
13 바울이 빌레몬에게 보낸 편지는 노예 제도를 약화시키는 역할을 한 것으로 널리 인정받고 있다. 빌레몬에게는 도망친 오네시모(Onesimus)라는 이름의 노예가 있었다. 지금은 둘 다 예수 그리스도를 믿는 사람들이다. 바울은 빌레몬에게 "아마 그가 잠시 떠나게 된 것은 너로 하여금 그를 영원히 두게 함이리니 이 후로는 종과

같이 대하지 아니하고 종 이상으로 곧 사랑 받는 형제로 둘 자라 내게 특별히 그러하거든 하물며 육신과 주 안에서 상관된 네게랴"(몬 1:15-16)라고 말했다. 이것은 곧 그리스도 안에서 새롭게 형성된 관계는 오네시모를 이제는 '노예'로 볼 수 없다는 것을 의미한다.

14 '주인'에 해당하는 헬라어는 "주"(22절)와 같은 뜻의 '퀴리오스'(*kyrios*)이다.
15 여기서도 자주 '주님'으로 번역되는 '주인'의 헬라어가 '퀴리오스'(*kyrios*)이다.
16 www.clarabridge.com/blog/employees-your-most-important-asset (2018년 8월 28일 열람).
17 Rodger Dean Duncan, www.forbes.com/sites/forbesleadershipforum/2013/08/20/nine-ways-to-keep-your-companys-most-valuable-asset-its-employees/#766579e32eab, (2018년 8월 28일 열람).
18 Duncan, www.forbes.com/sites/forbesleadershipforum/2013/08/20/nine-ways-to-keep-your-companys-most-valuable-asset- its-employees/#766579e32eab.
19 Duncan, www.forbes.com/sites/forbesleadershipforum/2013/08/20/nine-ways-to-keep-your-companys-most-valuable-asset- its-employees/#766579e32eab.

제4장 교회: 경제 정의의 등대

1 사도행전 9장에서는 다비다가 병에 걸려 죽었지만, 놀랍게도 하나님은 사도 베드로를 통해 다시 살리셨다. 자세한 내용은 사도행전 9장을 참고하라.
2 경제 관계에 있는 사람을 적절하게 대우하는 것은 교회와는 직접적인 관련이 없을 수 있다. 교회 내의 관계는 서로 물건을 사고파는 관계가 아니기 때문이다. 예를 들어 커피는 교회의 각종 모임을 마친 후에 무료로 제공된다. 그리고 구제가 필요한 경우에 주로 자발적으로 기부한다. 교회 공동체가 목회자나 직원을 고용하기 때문에 공정한 임금 지급에 대한 문제가 발생할 수 있다. 그러나 제2장에서 이미 신약성경의 교회에 적용되었던 고용의 성경적 원칙에 대해 논의했다. 여기에 더 추가할 것은 거의 없어 보인다.
3 이와 관련된 구약성경의 자료는 크리스 라이트(Chris Wright)가 잘 설명했다. 그가 저술한 *Old Testament Ethics for the People of God* (Leicester: Inter-Varsity Press, 2004)를 참고하라. 라이트는 일련의 구약성경의 가르침과 율법 그리고 규범 등에 대한 선택적 수용이 아닌 전체적 수용의 중요성과 오늘날의 하나님의 백성들에게도 적용되어야 한다는 의미에서 '패러다임'(paradigm)이라는 용어를 사용한다. 오늘날의 상황 가운데서 구약성경의 가르침을 어떻게 충실하게 적용할 수 있는지에 대한

질문은 매우 중요한 것이다. 이 책은 이 질문에 대한 많은 지침을 제공하는 데 그 목적이 있다.

4　나는 여기에서 구약성경의 가르침에 대한 전체적인 개요를 제시하지는 않을 것이다. 이 주제와 관련된 보다 자세한 내용은 라이트의 훌륭한 분석을 참고하라.

5　그리스도인이든 아니든 상관없이 대다수의 서구 사람들이 이 원칙을 받아들일 것이다. 우리는 이것에 감사해야 할 것이다. 사람들이 이것을 받아들인다는 사실은 유대-기독교 사상이 지난 수 세기 동안 영향을 미쳤을 가능성이 있다. 따라서 유대-기독교 사상의 근간이 되는 성경을 탐구하는 것은 도움이 될 뿐만 아니라 매우 중요한 것이다.

6　제2장에서 언급했듯이, '셋째 해'는 모든 경작지에 해당하는 것으로 보인다. 즉, 어떤 해에도 최소한 일부 밭은 '셋째 해'에 있는 것이다. 이것은 곧 해마다 가난한 사람들이 먹을 수 있는 식량이 공급되었다는 것을 의미한다.

7　이 요구 사항은 레위기 19:9-10과 신명기 24:19-22에도 언급되어 있다. 구약성경의 가르침과 관습에 대한 매우 유용한 분석을 보려면, Roland de Vaux, *Ancient Israel: Its Life and Institutions* (London: DLT, 1973)를 참고하라.

8　레위기 25장에 대한 최근의 해석을 이해하려면, Michael Rhodes and Robby Holt with Brian Fikkert, *Practicing the King's Economy: Honoring Jesus in How We Work, Earn, Spend, Save and Give* (Grand Rapids: Baker, 2018)의 제7장을 참고하라.

9　토지의 원래 주인이 다시 사들일 능력이 없으면 희년까지 기다려야 했다(레 15:28).

10　무함마드 유누스(Muhammad Yunus) 교수는 이 분야의 업적을 인정받아 노벨상을 받았다. 2006년도 노벨 평화상 수상자인 그는 빈곤 퇴치와 가난한 여성의 직업 역량을 강화하는 일로 국제적 인정을 받고 있다. 그는 주로 소규모 자영업자인 빈곤 계층에 소액의 운영 자본을 제공하는 신용 기관인 그라민은행(Grameen Bank)을 설립하여 자본주의와 사회적 책임을 성공적으로 융합했다는 평가를 받고 있다. 1976년에 행동 연구 프로젝트에서 시작된 그라민은행은 방글라데시 전역의 82,072개의 마을에서 750만 명의 고객에게 무담보 대출을 제공하는데 그중 97퍼센트가 여성이다. www.grameenfoundation.org/muhammad-yunus, (2018년 20월 10일 열람). 소액 금융은 이제 매우 다양한 기관들이 제공하고 있으며, 그중의 다수는 기독교 재단이 설립하여 운영하고 있다.

11　어느 정도의 이자를 어떤 조건으로 대출하는 것이 도덕적으로 적합한지에 대한 질문을 포함하여 무이자 대출이나 저금리 대출에 대한 많은 논쟁이 있다. 그러나 나는 이 책에서 이러한 논쟁에 깊이 관여하지 않을 것이다. 나의 관심은 구약성경

이 가난한 사람들을 위한 자비로운 대출의 원칙을 제시하고 있다는 것을 강조하는 데 있다. 이 원칙은 분명히 성경적 근거가 있으며, 오늘날의 상황에도 적용되어야 할 필요가 있다는 것이 나의 관점이다. 이자와 관련된 다양한 견해를 파악하려면, Paul Mills, 'Finance', in Michael Schluter and John Ashcroft (eds.), *Jubilee Manifesto: A Framework, Agenda and Strategy for Christian Social Reform* (Leicester: Inter-Varsity Press, 2005), 196-215과 Ben Cooper, *The Ethics of Usury*, Latimer Studies 77 (London: Latimer Trust, 2012) 등을 참고하라.

12 일부 영어 성경은 'should' 대신 'will'로 번역했는데, 이것은 언약의 측면을 강조한 것이다. 그러나 이 언약(목적)은 이스라엘 백성의 순종과 밀접한 관련이 있다. 만약 이 언약이 성취되지 않았다면, 그것은 이스라엘 백성들의 불순종 때문이었다.

13 여기에서 긴장은 하나님 나라와 관련된 긴장과 비슷한 측면이 있다. 하나님의 나라는 이미 도래했지만 예수 그리스도께서 영광 가운데서 산 자와 죽은 자를 심판하러 오시기 전까지는 완성되지 않을 것이다. 하나님 나라가 도래했는가? 그렇기도 하고 그렇지 않기도 하다!

14 또한, 마가복음 14:1-11과 마태복음 26:6-13을 참고하라. 신명기 15장과 마찬가지로 이 말씀에서 예수님은 언제나 가난한 사람들이 항상 우리와 함께 있을 것이며, 우리가 원할 때는 언제든지 그들을 도울 수 있지만, 예수님은 항상 우리와 함께 있지는 않을 것이라고 말씀하셨다. 그리고 그 기름 부은 여성이 좋은 일을 했다고 칭찬하셨다(막 14:7). 이 말씀에서 "항상 너희와 함께 있으니"와 "항상 함께 있지 아니하리라"가 대조를 이루고 있다. 예수님이 가난한 사람을 돕는 것은 하나의 선택 사항일 뿐이라고 말씀하신 것인지에 대해서는 명확하지 않다. 오히려 그 반대인 것으로 보인다.

15 사도행전 4:34-35은 모든 재산을 팔고 일체의 소유물을 보유하지 않는 '완전한 공산주의'를 추구하는 것이 아니라는 사실을 분명히 밝히고 있다. 오히려 "필요를 따라"라는 표현에 주목할 필요가 있다. 헬라어의 '팔다'라는 동사는 불완전한 시제로 사람들이 한꺼번에 모든 것을 팔지 않았다는 것을 보여 준다. 이런 이유로 NIV는 "때때로"(from time to time)라고 번역했다. 그러나 그들은 모든 사람의 필요를 충족하기 위해 그들의 재산을 파는 관례가 있었다. 아나니아와 삽비라가 땅을 팔았지만, 그 돈의 일부를 감추었다. 이것은 사람에게는 거짓말이 아니었지만, 하나님에게는 거짓말을 한 것이었다(행 5:1-11).

16 바울은 로마의 신자들에게 이 헌금에 대한 자신의 의도를 보고하고(롬 15:25-31), 벨릭스 총독 앞에서 심문을 받을 때 그 결과를 언급했다(행 24:17). 고린도후서

8장과 9장에서 바울은 고린도에 있는 성도들에게 마게도냐의 성도들이 보여 준 관대하고 희생적인 나눔을 본받으라고 가르쳤다(고후 8:1, 10-11).
17 사도행전 6장에서 헬라파 유대인들이 매일의 구제에서 자기들의 과부들이 제외된다고 히브리파 유대인들에게 불평했다. 그 결과 '집사'를 임명하여 구제 활동을 담당하게 함으로써 사도들이 기도와 하나님의 말씀을 전파하는 일에 전념할 수 있게 되었다.
18 Bruce W. Winter, *Seek the Welfare of the City: Christians as Benefactors and Citizens* (Grand Rapids: Eerdmans; Carlisle: Paternoster, 1994), 64.
19 Rhodes, Holt and Fikkert, *Practicing the King's Economy*, 142.
20 이 책의 다른 장들과 마찬가지로, 나는 '상세한 설명서'를 제공하지는 않을 것이다. 그것은 이 책의 범위를 넘어서는 것이고, 또한 나의 능력을 넘어서는 것이다.
21 어느 시점에서 도움을 받는 당사자가 허용할 때 교회가 그들의 곤경과 교회의 지원에 대해 알게 하는 것은 무방할 것이다. 그러나 이것은 사전 협의가 있어야 한다.
22 트루셀 트러스트(The Trussell Trust)가 전자에 해당하고, 기독교빈곤퇴치기구(Christians Against Poverty)가 후자에 속한다.
23 Rhodes, Holt and Fikkert, *Practicing the King's Economy*, 115.
24 Rhodes, Holt and Fikkert, *Practicing the King's Economy*, 115.
25 팀 체스터(Tim Chester)와 스티브 티미스(Steve Timmis)는 *Total Church: A Radical Reshaping Around Gospel and Community* (Nottingham: Inter-Varsity Press, 2007)에서 말과 행동의 관계에 대해 매우 명료하게 설명하고 있다.
26 Christopher J. H. Wright, *The Mission of God: Unlocking the Bible's Grand Narrative* (Nottingham: Inter-Varsity Press, 2006).
27 Kevin DeYoung and Greg Gilbert, *What Is the Mission of the Church? Making Sense of Social Justice, Shalom and the Great Commission* (Wheaton: Crossway, 2011).
28 Andrew Hartropp and Oddvar Sten Ronsen, 'Evangelism Lost? A Need to Redefine Christian Integral Mission', *Mission Studies* 33.1 (2016), 66-84.

제5장 회사와 법인

1 사회적 기업을 포함한 비영리 단체의 역할도 여기서 주목할 만하지만, 지면의 제약으로 여기서 자세하게 다루지는 않을 것이다. 최근 몇 년간 다양한 조직을 포괄하는 용어인 '사회적 기업'이 점점 늘어나고 있지만 다양한 방식으로 사회적 목표

와 기업적 목표의 융합을 추구하고 있다.
2   www.ippr.org/research/publications/prosperity-and-justice, (2018년 10월 30일 열람). CEJ는 경제 정의의 여섯 가지 원칙을 제시한다(24-25). 이 원칙은 이 책에서 제시한 경제 정의의 성경적 근거와 비슷한 부분이 있다. 그러나 명백한 차이도 있다. 예를 들어 CEJ는 경제 정의에서 관계의 질적인 측면을 간과하고 있다. 또한, 경제 관계에서의 상호 책임에 대한 이해가 부족한 것으로 보인다. CEJ는 경제 정의에 대한 성경적 기초를 확립하려고 하지 않는다. 따라서 경제 정의를 실천하는 데 하나님의 규범과 원칙의 중요성을 인정할 만한 상황이 아니다.
3   www.ippr.org/research/publications/prosperity-and-justice-executive-summary, (2018년 10월 30일 열람).
4   Milton Friedman, *Capitalism and Freedom*, 40th edn (Chicago: University of Chicago Press, 2002), 133. www.bfi.uchicago.edu/news/feature-story/corporate-social-responsibilty-friedmans-view, (2018년 10월 30일 열람). 프리드먼(Friedman)은 기업이 사회의 필요를 채우는 일을 직접 시도하기보다는 효율적으로 기업의 이익에 중점을 두어야 한다고 주장한다. 그러나 기업이 효율적으로 이익을 추구하는 것으로도 더 나은 사회를 만들 수 있다. 예를 들면 자원이 과거보다 효과적으로 분배되어 많은 사람이 더 많은 재화와 용역의 혜택을 누릴 수 있게 된다. 따라서 프리드먼의 '기업의 사회적 책임'과 관련하여 나는 기업이 정의로운 방식으로 이윤을 추구해야 할 도덕적 책임이 있다는 것을 주장한다. 기업이 이윤을 추구하는 것과 정의를 실천하는 것은 통합적으로 이루어져야 한다.
5   이와 같은 분석에 경제학자들은 '다른 것은 평등하다'라는 말을 선호하는 경향이 있다. 그러나 실제로 다른 것이 평등하지 않은 경우가 많이 있다. 예를 들어 일부 고용인들에 대한 임금 삭감은 다른 고용인들의 부정적인 반응을 유발할 수 있다. 그리고 그 기업이 가장 취약한 고용인들의 급여를 삭감한다는 것을 알고 있는 고객이나 소비자도 부정적인 반응을 보일 수 있다.
6   Duane Windsor, 'Shareholder Wealth Maximization', in John R. Boatright, *Finance Ethics: Critical Issues in Theory and Practice* (New Jersey: Wiley, 2010), ch. 23.
7   인간을 구성하는 항목에 '환경'을 포함함으로써 환경에 인간적 속성을 부여하고자 하는 경향을 보이기도 한다. 그러나 이것은 단순한 언어적 표현일 뿐이며, 나는 물리적 환경에 인간적 속성을 부여하지 않는다.
8   2006년에 제정된 기업법에 대한 정보는 John Davies, 'A Guide to Directors' Responsibilities Under the Companies Act 2006' (Association of Chartered Certified

Accountants 출판)을 참고하라. www.accaglobal.com/content/dam/acca/global/PDF-technical/business-law/tech-tp-cdd.pdf, (2018년 10월 31일 열람)

9 SVM과 관련하여 단기 및 장기 이익의 극대화에 대한 구체적이고 기술적인 질문이 있지만, 여기에서 다룰 필요는 없을 것이다.

10 www.gov.uk/government/consultations/corporate-responsibility-call-for-views, (2018년 10월 31일 열람).

11 www.theguardian.com/sustainable-business/blog/companies-embrace-corporate-responsibility-annual-reporting, (2018년 10월 31일 열람).

12 데이비스가 말하는 '집단 구성원'(their members collectively)이라는 용어는 하나의 집단으로서의 기업 주주들을 의미한다. 그리고 '외부 관계자'(external parties)는 주주를 제외한 이해 관계자를 뜻한다.

13 데이비스는 이 요소들이 완전한 것은 아니라고 지적한다.

14 기업이 실제로 적용할 수 있는 뿌리 깊은 가치를 파악하려면, Colin Mayer, *Firm Commitment: Why the Corporation Is Failing Us and How to Restore Trust in It* (Oxford: Oxford University Press, 2014)을 참고하라.

15 Adam Smith (1776), *An Inquiry into the Nature and Causes of the Wealth of Nations* (Oxford: Clarendon, 1869), vol. 1, bk. 1, ch. 2.

16 애덤 스미스는 경제 활동에서 도덕성을 매우 중요하게 다루고 있다. 이는 그가 쓴 『국부론』(*The Wealth of Nations*)보다 수십 년 앞서 펴낸 책인 『도덕감정론』(*The Theory of Moral Sentiments*)에서 명백하게 언급하고 있다. 이 두 책이 지향하는 바는 서로 다르지 않다. 따라서 누군가가 '시장 세력'과 냉혹하게 사리사욕을 추구하는 세계의 실체를 이해하려면 스미스 이외의 다른 자료를 살펴봐야 할 것이다.

17 이 계명은 모세를 통해 하나님이 주신 것이다(레 19:18).

18 경제 분석의 관점에서 볼 때, 그들은 소수 기업이 제품 시장을 지배하는 '과점'(oligopoly) 세력이나 하나의 기업이 장악하는 '독점'(monopoly) 권력을 형성할 수 있다. '불완전 경쟁'과 유사한 '독점적 경쟁'(각각 약간씩 차별화된 제품을 보유한 소규모 생산자)의 경우, 상황에 따라 지급하는 임금 수준이 다를 수 있다.

19 '우버'(Uber)나 '딜리버루'(Deliveroo)와 같은 기업의 성장은 이러한 새로운 추세를 잘 보여 주고 있다.

20 개인 혹은 단체가 주식이나 채권 등을 보유하지 않은 상태에서 매도하는 행위를 뜻하는 '공매도'(short selling)는 주가 하락이 예상되는 시점에 시세차익을 내기 위한 하나의 방법이다.

21 Colin Mayer, *Firm Commitment: Why the Corporation Is Failing Us and How to Restore Trust in It* (Oxford: Oxford University Press, 2014), 201. 콜린 메이어(Colin Mayer)는 옥스퍼드대학교 사이드경영대학원(Said Business School)의 피터 무어 교수(Peter Moores Professor)이다.
22 Chartered Institute of Personnel and Development and High Pay Centre, 'Executive Pay: Review of FTSE 100 Executive Pay Packages', Research Report, August 2017, www.cipd.co.uk/knowledge/strategy/reward/executive-pay-ftse-100, (2018년 11월 6일 열람).
23 Chartered Institute of Personnel and Development and High Pay Centre, 'Executive Pay: Review of FTSE 100 Executive Pay Packages'.
24 Economic Policy Institute, www.epi.org/publication/ceo-pay-continues-to-rise/, (2018년 4월 3일 열람).
25 1992년부터 기업의 고위직 임금에 관한 연구가 폭발적으로 증가했으며, 많은 사람이 이 새롭고 놀라운 상승 추세의 원인을 이해하려고 시도하고 있다.
26 이 둘 사이의 원인과 결과의 방향은 평가하기가 매우 어려운 것이 사실이다.
27 Patrick Jenkins, 'How Paying Chief Executives Less Can Help Corporate Performance', *Financial Times,* 13 February 2017, www.ft.com/content/10952312-ee30-11e6-930f-061b01e23655, (2018년 4월 26일 열람).
28 'Neither Rigged Nor Fair: Bosses' Pay in the Rich World Is Not a Fix, but It Is Flawed', *Economist*, (2016년 6월 25일).
29 Jeremy Bowyer, www.christiantoday.com/article/are.christians.allowed.to.get.rich.billionaire.christian.shares.his.view.on.business.and.making.money/107974.htm, (2019년 2월 5일 열람).

제6장 은행과 금융 기관

1 마태복음 6:24에 기록된 예수님의 말씀.
2 www.imf.org/external/np/exr/center/mm/eng/mm_dt_01.htm, (2018년 11월 7일 열람).
3 비우량 주택 담보 대출은 신용이 낮은 사람을 위한 사람들을 위한 높은 금리의 주택 담보 대출이다.
4 위험은 수치와 통계로 평가된다. 이러한 수치와 통계는 추정치일 뿐이며 미래를 아무도 모르기 때문에 가능한 한 신중하게 위험을 평가해야 한다.

5   최근 수십 년의 서구 경제의 특징 중 하나는 기업의 차입액이 많이 증가했다는 것이다. 여기에는 다양한 원인이 작용하고 있다. 그러나 많은 기업이 지속해서 대출에 의존할 수 없다는 것을 알게 되었다. 그들에게는 분명히 그들의 행동에 대한 도덕적 책임이 있다. 케임브리지에 본사를 둔 희년센터(The Jubilee Centre) 및 관련 연구자들은 이 분야의 연구에 크게 이바지한 바 있다. Michael Schluter and John Ashcroft (eds.), *Jubilee Manifesto: A Framework, Agenda and Strategy for Christian Social Reform* (Leicester: Inter-Varsity Press, 2005)에 언급된 '경제'(196-216)와 '금융'(216-233) 등의 항목을 참고하라. 나는 모든 대출에 적용되는 구약 시대의 이자 금지법에 대한 폴 밀(Paul Mill)의 견해에 동의하지 않지만, 부채의 막대한 증가에 대한 그의 분석은 매우 중요하다. 2011년에 발간된 밀의 케임브리지보고서 'The Great Financial Crisis: A Biblical Diagnosis'를 참고하라. www.jubilee-centre.org/the-great-financial-crisis-a-biblical-diagnosis-by-paul-mills, (2018년 11월 8일 열람).

6   Andrew Hartropp, 'The Current Economic and Financial Crisis: Where Are We Now?', *Ethics in Brief*, 16.2 (summer 2010), www.klice.usertest.mws3.csx.cam.ac.uk/uploads/Ethics%20in%20Brief/Hartropp%20v16.2%20pub.pdf, (2018년 11월 6일 열람).

7   이것은 신명기 15:9-10에 명백하게 언급되어 있다. 이것은 몇 가지의 부채에만 국한된 것이 아니다. 롤랜드 드 보(Roland de Vaux)는 '매 7년의 마지막 해 곧 면제년에 정기적으로 실시됐던 일반적인 법'이었다고 말한다 (*Ancient Israel: Its Life and Institutions* [London: DLT, 1973], 174). 이 면제 년에는 부채를 면제해 주는 것뿐만 아니라 노예도 풀려주게 했다(신 15:12-15). 이 제도는 노예가 부채를 지급할 수 없었기 때문에 마련되었다는 사실을 이해해야 한다. 따라서 이 모든 규범과 원칙은 통합적으로 이해해야 한다.

8   *Life on Debt Row*, www.rsph.org.uk/uploads/assets/uploaded/75b46b96-10e8-48a3-bc597f3d65d91566.pdf, (2018년 11월 12일 열람).

9   www.theguardian.com/business/2014/dec/16/wonga-cuts-cost-borrowing-interest-rate, (2018년 11월 13일 열람).

10   www.theguardian.com/business/2014/dec/16/wonga-cuts-cost-borrowing-interest-rate.

11   *Life on Debt Row*를 보라.

12 Andrew Bailey, 'High-Cost Credit: What Next?', speech published 2 May 2018; www.fca.org.uk/news/speeches/high-cost-credit-what-next, (2018년 11월 13일 열람).
13 Bailey, 'High-Cost Credit: What Next?'.
14 Bailey, 'High-Cost Credit: What Next?'.
15 www.grameenfoundation.org/muhammad-yunus, (2018년 10월 1일 열람).
16 앞서 언급한 앤드루 베일리(Andrew Bailey)의 연설에서 그는 다음과 같은 내용을 강조한 바 있다. "우리(FCA)는 또한 고금리 대출에 대한 대안의 개발과 규모를 연구하고 있다. 여기서 중요한 문제는 대안적인 신용 제공 업체의 지속 가능한 자본 확보, 이러한 접근 방식에 대한 비판적 지원 체계 구축, 채권자의 위험 수용 범위와 비용 회복의 적정 범위 선정 그리고 임차인의 생계 유지를 위한 지원 등이다."
17 www.reuters.com/article/us-usa-economy-geithner-idUSBRE83P01P20120426, (2018년 11월 14일 열람).
18 루시 오캐롤(Lucy O'Carroll, Aberdeen Asset Management의 수석 경제학자), 'Hubris and Nemesis: Financial Crisis Insights', www.aberdeenstandard.com/en-us/us/investor/insights-thinking-aloud/article-page/hubris-and-nemesis-insights-into-the-financial-crisis, (2018년 11월 14일 열람).
19 나의 정의는 기본적으로 사전의 정의와 같다. 예를 들면, "부, 권력 또는 음식에 대한 강렬하고 이기적인 욕망", www.en.oxforddictionaries.com/definition/greed, (2018년 11월 14일 열람), "음식이나 돈을 더 많이 지속해서 얻고자 하는 강한 바람", www.dictionary.cambridge.org/dictionary/english/greed, (2018년 11월 14일 열람).
20 G. J. Pigott, 'Covetousness', in David J. Atkinson and David H. Field, *New Dictionary of Christian Ethics and Pastoral Theology* (Leicester: Inter-Varsity Press, 1995), 267-268.
21 C. S. Lewis, *Mere Christianity* (Glasgow: Collins/Fount, 1955), 106.
22 '어리석음'은 '케실'(*kĕsîl*)을 번역한 것이다. Derek Kidner, *Proverbs*, TOTC (Leicester: Inter-Varsity Press, 1964), 40.
23 Richard Layard, 'Happiness and Public Policy: A Challenge to the Profession', *Economic Journal* 116.510 (2006), C24-C33.
24 Layard, 'Happiness and Public Policy: A Challenge to the Profession'.
25 로마서 1:18에 언급된 '불의'(wickedness)는 '아디키아'(*adikia*)를 번역한 것이다. 이것은 하나님의 성품인 '의로움'(디카이오스, *dikaios*)과 정반대의 의미가 있다.

26 이 예언은 마지막 부분(18절)에서 더 명확해진다. 우리는 이 말씀을 제2장에서 살펴보았으며, 가난한 사람들에 대한 정의와의 밀접한 관련성을 언급했다. 그러나 여기서 우리는 이 말씀이 우리에게 탐욕과 교만 그리고 불의와 어떤 연관이 있는지에 대해 초점을 맞추고 있다.

27 「파이낸셜 타임스」(*Financial Times*)의 2018년 8월 30일 기사인 "Wonga Collapses After Surge of Customer Complaints"를 참고하라. www.ft.com/content/df6bcbdc-ac2a-11e8-89a1-e5de165fa619, (2018년 11월 12일 열람).

제7장 더 넓은 사회: 국가와 세계

1 기독교 신학자와 경제학자에 의한 최근의 이러한 주장에 대해서는 Wayne Grudem and Barry Asmus, *The Poverty of Nations: A Sustainable Solution* (Wheaton: Crossway, 2013), 210-211을 참고하라.

2 www.worldbank.org/en/news/press-release/2018/09/19/decline-of-global-extreme-poverty-continues-but-has-slowed- world-bank, (2018년 11월 20일 열람).

3 2015년에 발표된 이 통계에서 세계은행은 하루 1.9불 미만으로 사는 계층을 절대 빈곤층이라고 규정했다. 그 이전의 기준은 하루에 1.25불(그전에는 1불) 미만이었다. 이와 같은 차이는 합리적인 것으로 보인다. www.blogs.worldbank.org/developmenttalk/international-poverty-line-has-just-been-raised-190-day-global-poverty-basically-unchanged-how- even, (2018년 11월 20일 열람).

4 Thomas Piketty, *Capital in the Twenty-First Century* (Cambridge, Mass.: Harvard University Press, 2014).

5 여기에 사용된 자료는 Jesper Roine, *Pocket Piketty* (London: Zed, 2017), 35에서 인용한 것이다.

6 이 시점에서 CEJ는 Piketty의 책을 인용했다. 'Commission on Economic Justice', www.ippr.org/research/publications/prosperity-and-justice, (2018년 10월 30일 열람).

7 CEJ, *Prosperity and Justice*, 'Executive Summary', 8, www.ippr.org/research/publications/prosperity-and-justice-executive-summary, (2018년 10월 30일 열람).

8 이 시점은 아마도 정치적 진영의 극단에는 적용되지 않을 수 있다. 사회 전체가 완전한 공산주의(한쪽 극단)와 파시즘(다른 극단)을 추구하는 국가는 근본적으로 성경적 원칙과 규범에 근본적으로 충돌하여 성경적 의미의 경제 정의를 실천하기가

어려울 수 있다. 그러나 오늘날 세계에서 이와 같은 극단주의를 추구하는 국가는 거의 남아 있지 않다.

9   Michael Rhodes and Robby Holt with Brian Fikkert, *Practicing the King's Economy: Honoring Jesus in How We Work, Earn, Spend, Save and Give* (Grand Rapids: Baker, 2018).

10 Rhodes, Holt and Fikkert, *Practicing the King's Economy*, 168.

11 Rhodes, Holt and Fikkert, *Practicing the King's Economy*, 172-173. 로즈(Rhodes), 홀트(Holt) 그리고 피커트(Fikkert)가 언급한 대로, 일부에서는 희년이 지켜졌는지 아닌지에 대해 의문을 제기한다. 희년이 항상 지켜졌는지에 관한 질문은 중요하지만, 이 책에서 다루지는 않을 것이다. 하나님이 그들에게 명령했다는 사실이 훨씬 더 중요한 것이다. 로즈와 그의 동료 저자들은 "하나님이 명령하셨다. 그들은 이 명령을 준수해야 했다. 끝!"이라고 강조한 바 있다(Rhodes, Holt and Fikkert, *Practicing the King's Economy*, n. 9, 301).

12 적어도 이 비전이 완전한 상태의 평등이 아니라면 말이다. 그러나 오늘날에는 이 것을 주장하는 사람이 거의 없다.

13 이스라엘의 역사에서 느헤미야는 왕에게 요구되는 공의를 실천한 지도자였다. 느헤미야 5장에 나타난 그의 행동을 살펴보라.

14 나의 친구 데스타(Desta)가 이 중요한 일을 하도록 도와주었다.

15 Pope Pius XI, *Quadragesimo Anno* (London: Catholic Truth Society, 1931), 37; 이 선언문에 언급된 '돕는 것'은 라틴어 원문의 '수브시디움'(*subsidium*)을 번역한 것이다. 이 문장은 '가톨릭 사회 교리'(CST)에 채택되었다. National Conference of Catholic Bishops, *Economic Justice for All: Pastoral Letter on Catholic Social Teaching and the U.S. Economy* (Washington, DC: United States Catholic Conference, 1986).

16 www.worldbank.org/en/news/press-release/2018/09/19/decline-of-global-extreme-poverty-continues-but-has-slowed-world- bank, (2018년 11월 20일 열람).

17 파이낸셜타임스의 경제 해설가인 마틴 울프(Martin Wolf)는 2004년에 처음 출판된 책에서 세계화에 대해 중요한 평가를 했다. 이것은 이 책에서 인용한 세계은행의 최근 자료보다 14년 전이었는데, 이는 2000년대 초반 이후로 빈곤 문제가 계속해서 악화했다는 것을 보여 준다. 극심한 빈곤 계층 감소에 대한 증거를 자세히 검토한 결과, 울프 교수는 "빈곤층이 줄어든 이유가 경제가 성장했기 때문이라고 말하는 것은 그럴 듯해 보인다. 이는 중국에서처럼 이동성이 제한된 국가에서도 마찬가지다"라고 평가했다(*Globalization Works* [New Haven: Yale Nota Bene, 2005], 163). 세계화는 이 모든 것의 핵심 요소이다.

18 www.worldbank.org/en/research/brief/poverty-and-shared- prosperity-2018-piecing-together-the-poverty-puzzle-frequently-asked-questions, (2018년 11월 22일 열람).

19 이러한 논쟁을 살펴보려면, 울프(Wolf)의 책을 조셉 E. 스티글리츠(Joseph E. Stiglitz)의 *Globalization and Its Discontents* (New York: Norton, 2003)와 비교해 보라. 이 책들이 출판된 이후로도 세계화에 관해 많은 글을 썼지만, 이 두 권의 책은 주요 논쟁의 핵심을 잘 보여 준다.

경제 정의 관련 기관

그리스도인이 경제 생활에서 정의를 실천할 때 도움이 되는 많은 자료가 있다. 여기에 있는 목록은 그 일부에 불과하며 완전한 것이 아니다.

1. 영국

1) **기업시장윤리센터**(The Centre for Enterprise, Markets and Ethics, CEME)

옥스퍼드에 본사를 둔 CEME는 기독교 신학, 경제 및 비즈니스의 통합을 연구하는 사회적 기업이다.
웹사이트에 따르면,

> CEME의 독특성은 믿음의 가치를 기업 경제에 그리고 기업 경제의 가치를 믿음에 적용하는 데 있다. CEME의 목표는 기업의 변화를 이끌어 빈곤 퇴치에 대한 사명과 진실성 그리고 도덕성을 바탕으로 하는 기독교적 관점에서 시장 경제를 촉진하는 것이다(www.theceme.org/about-us, [2019년 4월 11일 열람]).

2) 가난에 대항하는 그리스도인(Christians Against Poverty, CAP)

CAP는 영국의 기독교 자선 단체이다. 최근 몇 년 동안 부채와 빈곤의 원인을 해결하기 위해 서비스를 확대했다.

웹사이트에 따르면,

> CAP은 'CAP Debt Help' 프로젝트뿐만 아니라 'CAP Job Clubs'을 통해 사람들이 취업할 수 있도록 지원하고, 'Fresh Start'와 새로운 프로젝트인 'CAP Life Skills'를 통해 사람들이 자신의 습관적 의존성을 통제할 수 있도록 도와준다. CAP의 비전은 전국의 CAP 프로젝트 네트워크를 통해 모든 공동체의 가난한 사람에게 자유와 복음을 전하는 것이다(www.capuk.org/about-us, [2019년 4월 10일 열람]).

3) 희년센터(Jubilee Centre)

케임브리지에 있는 희년센터는 현대 사회의 주요 문제들에 대한 성경적 관점을 제시하는 기독교 사회 개혁 조직이다(www.jubilee-centre.org/about-us, [2019년 4월 10일 열람]).

4) 커비래잉기독교윤리연구소(The Kirby Laing Institute for Christian Ethics, KLICE)

2006년에 설립된 KLICE는 현대 사회의 성경적, 신학적, 윤리적 문제에 대해 기독교 관점으로 영국을 비롯한 세계에 공헌하는 것을 목표로 한다. KLICE는 성경 연구에 대한 국제적인 명성을 가지고 있으며 케임브리지대학교의 틴데일하우스(Tyndale House)에 속해 있다.

웹사이트에 따르면,

> 우리의 비전은 틴데일하우스(Tyndale House)에 속한 KLICE를 윤리 분야의 역동적인 국제 연구 기관으로 발전시켜 영국을 비롯한 전 세계 대학의 관련 기관들과 공유하고, 일반 대중들도 쉽게 접근할 수 있는 최고 수준의 정보를 제공하는 것이다. 이처럼 KLICE는 교회를 위한 높은 수준의 학문적 연구와 모든 창조물의 번영을 지향한다(www.klice.co.uk/index.php/about, [2019년 4월 11일 열람]).

5) 런던현대기독교연구소(The London Institute for Contemporary Christianity, LICC)

웹사이트에 따르면,

* 매일의 일상에서 그리스도인이 세상을 변화시킬 수 있도록 역량을 강화한다.
* 교회 공동체가 그 일을 할 수 있도록 교회 지도자들을 돕는다.
* 우리나라를 갱신하기 위한 운동을 촉진한다.

(www.licc.org.uk/about, [2019년 4월 10일 열람]).

6) 티어펀드(Tearfund)

웹사이트에 따르면,

우리는 빈곤 퇴치에 헌신한 그리스도인이다. 우리는 지역 교회를 통해 사람들의 잠재력을 발굴하고, 빈곤 문제에 대한 해답이 자신 안에 있음을 발견하도록 돕기 위해 그 필요가 가장 큰 곳에서 그리스도를 따르고 있다. 우리는 재해가 발생하면 신속하게 대응한다. 우리는 빈곤이 멈출 때까지 활동을 멈추지 않을 것이다. 티어펀드(Tearfund)는 복음주의 기독교 단체로서 신앙과 삶, 역사와 영원 그리고 복음의 선포와 사회적 참여가 통합된 삶을 실천하도록 부름을 받았다(www.tearfund.org와 www.tearfund.org/about_you/jobs/tearfund_statement_of_faith, [2019년 4월 11일 열람]).

2. 북아메리카

1) 카두스(Cardus)

Cardus는 캐나다 중심부에 있는 독립적인 싱크 탱크(think tank)이다. 1974년에 '직업연구재단'(Work Research Foundation)으로 설립된 Cardus는 기독교 신앙 전통의 풍요로움을 공동의 선으로 바꾸려는 열망에서 시작되었다.

웹사이트에 따르면,

> 다양성 속에서 조화로운 삶을 추구하고 주요 정책 문제에 대한 대중적인 논의를 확대하기 위해 독립적인 연구를 수행하고 균형잡인 논평을 제공하며 북미 전역에서 다양한 관련 프로젝트를 실시한다(www.cardus.ca/who-we-are/our-story, [2019년 4월 11일 열람]).

2) 공적정의연구소(The Center for Public Justice, CPJ)

웹사이트에 따르면,

> CPJ는 정책 연구와 시민 교육에 전념하는 초당파적 조직이다. 우리는 잘 알려진 보수나 진보 혹은 자유주의의 범주 밖에서 일하면서 시민과 공무

원이 정의를 수행하라는 하나님의 부르심에 응답하도록 돕기 위해 노력한다. 우리의 사명은 하나님을 섬기고, 정의를 발전시키고, 공공 생활의 변화를 추구하며, 시민을 양성하고 지도자를 육성하며 정책을 개발하는 것이다. … CPJ는 포괄적인 기독교 정치 재단으로서 연구, 출판, 훈련 및 홍보 활동을 주목적으로 한다. CPJ는 1977년에 정치 서비스와 책임 있는 정부에 대한 통합된 성경적 견해를 개발하고 전달하는 데 관심이 있는 시민들에 의해 설립되었다. 그 후, 현재와 같이 CPJ는 정의로운 국가를 건설하고 유지해야 하며 국가 간의 관계를 촉진할 필요성을 인식하고 있다(www.cpjustice.org/public/page/content/about_us, [2019년 4월 11일 열람]).

3) 차머스경제개발센터(The Chalmers Center for Economic Development)

차머스경제개발센터는 교회가 가난한 사람들과 함께하면서 빈곤의 영적, 사회적, 물질적 연결고리를 끊을 수 있도록 준비시키는 데 그 목표가 있다.

웹사이트에 따르면,

이러한 변화는 우리가 하는 모든 일이 교회에서 시작하고 교회에서 끝나는 이유이다. 빈곤의 규모가 압도적으로 보일 수 있지만, 모든 교회는 사람들과 협력하여 빈곤의 연결고리를 끊을 수 있다(www.chalmers.org/about, [2019년 4월 11일 열람]).

4) 에즈라현대기독교연구소
(The Ezra Institute for Contemporary Christianity, EICC)

캐나다에 본사를 둔 EICC는 2009년에 조셉 부트(Joseph Boot)에 의해 복음주의 싱크 탱크 및 세계관 훈련 조직으로 설립되었다. 부트는 전 세계를 여행하는 가운데 기독교 변증학과 문화 및 선교 신학 분야의 연구를 위해 EICC를 설립했다.

웹사이트에 따르면,

> EICC는 창립 때부터 서구 문화의 기관과 제도가 인본주의적이고 점점 이교도적인 사상에 의해 지속적으로 잠식되어 왔기 때문에 하나님의 백성으로부터 시작하여 복음 중심의 문화 개혁의 시급한 필요성을 인식해 왔다. 이처럼 다양한 종교 사상이 우리 문화의 규범을 바꾸고 진정한 악을 불러일으키며 서구 사회를 그리스도로부터 근본적으로 멀어지게 할 뿐 아니라 복음으로부터 오는 자유와 희망을 포기하게 했다. 나이아가라 반도에 있는 이 연구소는 이제 우리의 연구, 저술 및 출판의 기반이자 기독교 세계관, 문화학, 기독교 철학의 새로운 교수, 훈련 및 연구 프로그램 개발을 위한 전략적 장소가 되고 있다(www.ezrainstitute.ca/about/our-story, [2019년 4월 11일 열람]).

주제 색인

로마자

C
C. S. 루이스(C. S. Lewis) 203

G
G. J. 피곳(G. J. Pigott) 282

J
J. D. 더글라스(J. D. Douglas) 273

한국어

ㄱ
가난에 대항하는 그리스도인(Christians Against Proverty, CAP) 287

가톨릭 사회 교리(Catholic Social Teaching, CST) 244, 284

경제정의위원회(Commission on Economic Justice, CEJ) 148, 162, 217, 218, 219, 220, 278, 283

고금리 대출(High-interest loans) 9, 178, 193, 195, 196, 199, 201, 282

고위직 임원 급여(Corporate executive pay) 169

공급망(Supply chain) 66, 67, 68, 69, 70, 75, 258, 271

공산주의(Communism) 276, 283

교황 비오 11세(Pope Pius XI) 284

규정(Regulation) 107

그라민은행(Grameen Bank) 199, 275

그레그 길버트(Greg Gilbert) 277

김용(Yong Kim) 216, 247

ㄴ
노동조합(Trade union) 98, 214, 243

노예(Slavery) 25, 32, 55, 58, 59, 65, 96, 97, 98, 111, 113, 149, 150, 179, 197, 248, 258, 259, 273, 274, 281

ㄷ
데릭 키드너(Derek Kidner) 204, 282

데이비드 H. 필드(David H. Field) 282

데이비드 J. 앳킨슨(David J. Atkinson) 282

데이비드 그린(David Green) 174

도널드 A. 헤이(Donald A. Hay) 2, 17, 273

두에인 윈저(Duane Windsor) 278

ㄹ

로비 홀트(Robby Holt) 92, 131, 139, 273, 275, 277, 284

로저 딘 던컨(Rodger Dean Duncan) 105, 106, 109, 274

롤랜드 드 보(Roland de Vaux) 275, 281

루시 오캐롤(Lucy O'Carroll) 202, 203, 205, 282

리처드 레이어드(Richard Layard) 204, 205, 282

ㅁ

마이클 로즈(Michael Rhodes) 92, 131, 139, 227, 229, 273, 275, 277, 284

마이클 슐루터(Michael Schluter) 271, 276, 281

마틴 울프(Martin Wolf) 284, 285

무이자 대출(Zero-interest loans) 123, 127, 197, 198, 275

무함마드 유누스(Muhammad Yunus) 275

밀턴 프리드만(Milton Friedman) 151, 152, 278

ㅂ

배리 아스머스(Barry Asmus) 283

벤 쿠퍼(Ben Cooper) 276

부정적 외부 요인(Negative externalities) 241

부채(Debt) 57, 58, 125, 137, 138, 177, 179, 180, 181, 182, 184, 185, 189, 190, 191, 192, 193, 202, 210, 265, 271, 281, 287

불평등(Inequality) 4, 5, 98, 148, 214, 215, 216, 217, 218, 219, 220, 223, 224, 225, 229, 267

브라이언 피커트(Brian Fikkert) 92, 131, 139, 273, 275, 277, 284

브렉시트(Brexit) 271

브루스 W. 윈터(Bruce W. Winter) 130, 277

비우량 주택 담보 대출(Sub-prime lending) 181, 188, 189, 194, 280

빈곤(Poverty) 5, 68, 126, 129, 138, 200, 214, 216, 217, 220, 223, 224, 225, 229, 230, 245, 247, 248, 262, 267, 271, 275, 277, 284, 286, 287, 289, 291

ㅅ

사회적 기업(Social enterprise) 82, 83, 214, 243, 277, 286

세계은행(World Bank) 216, 247, 248, 283, 284

세계화(Globalization) 66, 67, 214, 246, 247, 248, 284, 285

소액 대출(Microfinance) 123, 193, 199

스탠리 L. 브루(Stanley L. Brue) 273

스텐 론센(Sten Ronsen) 277

스티브 티미스(Steve Timmis) 277

신용(Credit) 135, 193, 196, 199, 200, 244, 271, 275, 280, 282

신용조합(Credit unions) 198, 199, 262

주제 색인 295

ㅇ

애덤 스미스(Adam Smith) 158, 159, 160, 241, 279

앤드루 베일리(Andrew Bailey) 195, 196, 282

앤드루 하트로프(Andrew Hartropp) 2, 4, 9, 19, 21, 271, 277, 281

앨런 스토키(Alan Storkey) 273

억압(Oppression) 32, 48, 52, 53, 69, 240, 268

영국 금융감독원(Financial Conduct Authority, FCA) 194, 195, 199, 200, 282

오스 기니스(Os Guinness) 28, 29, 269

왕립공중보건학회(Royal Societyh for Public Health) 193

웨인 그루뎀(Wayne Grudem) 283

유럽연합(European Union, EU) 271

윤리적 쇼핑(Ethical shopping) 72, 73, 74, 75, 259

이삭 줍기 원리(Principle of gleaning) 225, 233

이윤(Profit) 1, 147, 151, 152, 153, 154, 156, 157, 164, 174, 198, 199, 263, 278

이자율(Interest rate) 123, 182, 187, 188, 194, 199, 200

이해 관계자(Stakeholder) 7, 150, 153, 154, 155, 167, 279

임금(Wages) 35, 47, 48, 49, 69, 101, 103, 104, 105, 148, 149, 153, 158, 160, 161, 162, 163, 164, 165, 166, 167, 168, 170, 171, 172, 218, 274, 278, 279, 280

ㅈ

자기 자본(Equity) 227, 228, 229, 230, 243, 249, 267, 268

전도(Evangelism) 143, 255, 277

제레미 보이어(Jeremy Bowyer) 174, 280

제스퍼 로인(Jesper Roine) 283

조셉 E. 스티글리츠(Joseph E. Stiglitz) 285

존 D. 메이슨(John D. Mason) 271

존 R. 보트라이트(John R. Boatright) 278

존 애슈크로프트(John Ashcroft) 276, 281

존 데이비스(John Davies) 155, 278, 279

존 메이너드 케인즈(John Maynard Keynes) 181

주주(Shareholder) 150, 153, 154, 155, 156, 157, 167, 168, 172, 173, 179, 264, 278, 279

주주 가치(Shareholder value) 154, 155

ㅋ

캠벨 R. 매코넬(Campbell R. McConnell) 273

케빈 드영(Kevin DeYoung) 277

콜린 메이어(Colin Mayer) 168, 169, 279, 280

크리스 라이트(Chris Wright) 274, 275

ㅌ

탐욕(Greed) 53, 151, 171, 172, 178, 201, 202, 203, 204, 205, 206, 207, 208, 209, 210, 211, 237, 264, 266, 283

토마스 피케티(Thomas Piketty) 217, 283

트루셀 트러스트(Trussell Trust) 277

팀 체스터(Tim Chester) 277

ㅍ

파시즘(Fascism) 283

패트릭 젠킨스(Patrick Jenkins) 280

평등(Equality) 5, 31, 37, 61, 215, 216, 217, 223, 224, 225, 228, 229, 230, 258, 267, 284

폴 밀스(Paul Mills) 276

피터 T. 오브라이언(Peter T. O'Brien) 273

ㅎ

하나님의 나라(Kingdom of God) 25, 26, 78, 80, 87, 251, 254, 276

희년(Jubilee) 9, 62, 121, 225, 226, 227, 228, 229, 271, 275, 276, 281, 284, 287